马克思主义经典文本的当代解读与中国道路
丛书主编 吴晓明

国家出版基金项目
NATIONAL PUBLICATION FOUNDATION
重庆市出版专项资金资助项目

《1844年经济学哲学手稿》的当代解读与中国道路

吴晓明 编著

A Brief Introduction to 1844 Philosophical and Economic Manuscripts

重庆出版集团 重庆出版社

图书在版编目(CIP)数据

《1844年经济学哲学手稿》的当代解读与中国道路 / 吴晓明编著. —重庆：重庆出版社, 2024.4
ISBN 978-7-229-18582-4

Ⅰ.①1… Ⅱ.①吴… Ⅲ.①《1844年经济学哲学手稿》—马克思著作研究 Ⅳ.①A811.21

中国国家版本馆CIP数据核字(2024)第076036号

《1844年经济学哲学手稿》的当代解读与中国道路
《1844 NIAN JINGJIXUE ZHEXUE SHOUGAO》DE DANGDAI JIEDU YU ZHONGGUO DAOLU

吴晓明 编著

责任编辑：吴 昊
责任校对：何建云
装帧设计：刘沂鑫

重庆出版集团
重庆出版社 出版

重庆市南岸区南滨路162号1幢 邮政编码：400061 http://www.cqph.com
重庆出版社艺术设计有限公司制版
重庆天旭印务有限责任公司印刷
重庆出版集团图书发行有限公司发行
E-MAIL:fxchu@cqph.com 邮购电话：023-61520656
全国新华书店经销

开本：889mm×1194mm 1/32 印张：11.375 字数：180千
2024年4月第1版 2024年4月第1次印刷
ISBN 978-7-229-18582-4

定价：45.00元

如有印装质量问题，请向本集团图书发行有限公司调换：023-61520678

版权所有　侵权必究

总序

吴晓明

当中国的历史性实践进入到新的历史方位时,"世界历史"正面临着百年未有之大变局。为了理解这一变局并把握住它的根本趋势,我们尤其需要以马克思主义的理论来作为思想武器和分析工具,以便能够真正深入到"世界历史"变局的本质之中。因为直到今天,没有一种学说像马克思的学说那样,如此深刻而透彻地洞穿了现代世界的本质并将其带入到"历史科学"的掌握之中。正如海德格尔所说:马克思在体会到异化的时候,是深入到历史的本质性的一度中去了,所以马克思主义关于历史的观点比其余的历史学优越。这种优越性首先在于它的基本方法,在于这种方法将本质性导回到社会—历史的现实之中,从而要求根据特定的社会条件和时代状况展开具体化的理论研究和思想探索。

为了理解和掌握这种方法,我们就必须进入到马克思主义的经典文本之中——这是一个尽管初步但却是绝对必要的环节。如果认为马克思主义从根本上诉诸"现实",因而就以为文本、原则或原理等乃是无关紧要的和可以忽忽的,那么,这从一开始就已经误入歧途了。须知"现实"并不是知觉能够直接给予我们的东西,并不是我们睁眼就能看到的;真正的"现实",按黑格尔的说法,是"本质与实存的统一",是"展开过程中的必然性"。既然"现实"包含着本质和必然性,那么,把握"现实"就是一种很高的理论要求,就需要有理论高度上的原则或原理。所谓"经典文本",就是最集中地体现原则或原理的文献。为了将马克思主义理论把握为强大的思想武器和锐利的分析工具,首先就必须通过经典文本的广泛阅读来学习马克思主义的原则或原理——舍此没有他途。我们正是为此目的而编选这套马克思主义经典文本解读系列的。

但是,马克思主义的理论绝不停留于抽象的原则或原理,也绝不意味着只是将抽象的原则或原理先验地强加给任何对象(外在反思)。对于马克思主义来说,它的基本方法最坚决地要求使原则或原理进入到全面的具体化之中。我们知道,黑格尔早就说过:没有抽象的真理,真理是具体的;一个哲学上的原则或原理,即使是真的,只要它仅仅是一个原则或原理,它就已经是假的了。我们同样知道,马克思在《政治经济学批判导言》中,将他的方法简要地概括为"从抽象到具体";而我们耳熟能详的一句名言说:"具体情况具体分析是马克思主义的活的灵魂。"在这样的意义上,辩证法就意味着:普遍的东西要摆脱它的抽象性而经历特定的具体化。对于黑格尔和马克思来说,这样的具体化主要有两个向度,即社会的向度和历史的向度;而这就意味着:抽象普遍的东西必须经过中介——根据特定的社会条件和特定的时代状况——来得到具体化。

举例来说,马克思主义的原则或原理乃是普遍的。但正如恩格斯所说,除非这样的原则或原理能够根据特定的社会条件和时代状况被具体化,否则它就会沦为"恶劣的教条",就会转变为"唯物史观的对立物"。而根据中国特定的社会条件和时代状况得到具体化的马克思主义,就是中国化时代化的马克思主义。事实上,与中国的历史性实践建立起本质联系的,不是抽象的马克思主义,而是中国化时代化的马克思主义。同样,在"世界历史"的基本处境中,现代化乃是普遍的。如《共产党宣言》所说,任何民族——如果它不想灭亡的话——都必然被卷入到现代化的进程之中,也就是说,现代化已成为每一个民族之普遍的历史性任务。但是,除非这样的普遍任务能够根据特定的社会条件和时代状况被具体化,否则,它就没有现实性可言，它就会遭遇到巨大的挫折和严重的困境。而根据中国特定的社会条件和时代状况得到具体化的现代化进程，就意味着中国式现代化，就意味着中国特色现代化道路的积极开启和现实展开。事实上，正是中国式现代化的历史性进程才使得中国的现代化开辟出立足于自身之上的发展道路，并取得了举世瞩目的伟大成就。由此可见，在这样一种具体化的理论进程和实践进程中，就像马克思主义必然要成为中国化时代化的马克思主义一样，中国的现代化实践也必然要成为中国式的现代化。

我们的这套解读系列之所以加上"当代解读与中国道路"的标识，就是试图积极地提示马克思主义的基本方法，提示这一方法从根本上来说的具体化承诺。毫无疑问，任何一种经典文本的解读，首先要求对原著的基本理解，要求掌握它的原则或原理。同样毫无疑问，马克思主义经典文本的解读还要求原则或原理的具体化——根据特定的社会条件和时代状况而来的具体化。如果这个解读系列的尝试能够帮助读者更加全面地阅读和理解经典作家的原著，那么，我们的目的就基本达到了；如果这一尝试还能够使读者在理解原著的基础上牢记具体化的必要性并学会掌握它，那么，马克思主义的基本方法就会真正成为我们的研究指南和分析利器。凭借着这样的指南和利器，我们不仅能够更加深入地思考中国道路的本质与必然性，而且能够更加积极地回应"世界历史"变局中正在出现的重大问题与严峻挑战。

我们由衷地感谢为这套解读系列付出辛勤劳动的诸多学者和整个出版社团队，我们也真诚地希望读者们能够从中得到思想理论上的有益启示和多重收获。

2023年冬初于复旦大学

目录

总序 /1

原著解读 /1

前言 /3

一、《1844年经济学哲学手稿》的研读准备 /4
(一)《手稿》在马克思主义发展史中的大致地位 /4
(二)《手稿》的发表及影响 /9
(三)理论准备:费尔巴哈哲学和国民经济学 /17
(四)《手稿》的基本结构 /32

二、以"异化劳动"为核心的国民经济学批判 /38
(一)国民经济学的二律背反 /39

(二)异化劳动的概念及基本规定 /44
(三)国民经济学批判 /54

三、以"异化的积极扬弃"为核心的共产主义学说 /62
(一)自我异化的扬弃同自我异化走的是一条道路 /63
(二)共产主义的三种形态 /69
(三)异化的扬弃与哲学变革 /79

四、以"对象性的活动"为核心的哲学批判 /91
(一)费尔巴哈的伟大功绩及对辩证法的解释 /93
(二)重新检审黑格尔辩证法的"活动"原则 /99
(三)辩证法与劳动的本质 /106
(四)"对象性的活动" /115

五、《1844年经济学哲学手稿》的当代意义 /127
(一)《手稿》在思想史和文献学上的意义 /128
(二)《手稿》对于理解马克思整个学说之性质的意义 /134
(三)《手稿》对于分析和把握当代世界的意义 /147

原著选读 /161

序言 /164

笔记本Ⅰ /170
工资 /170

目录

资本的利润 /180

地租 /200

［异化劳动和私有财产］/219

［笔记本Ⅱ］/240

［私有财产的关系］/240

［笔记本Ⅲ］/250

［对笔记本Ⅱ第ⅩⅩⅩⅥ页的补充］/250

　［私有财产和劳动］/250

［对笔记本Ⅱ第ⅩⅩⅩⅨ页的补充］/257

　［私有财产和共产主义］/257

　［对黑格尔的辩证法和整个哲学的批判］/279

　［私有财产和需要］/316

［增补］/325

［片断］/333

　［分工］/333

　［货币］/341

《1844年经济学哲学手稿》的
当代解读与中国道路

原著解读

A BRIEF
INTRODUCTION TO
1844 PHILOSOPHICAL
AND ECONOMIC
MANUSCRIPTS

前言

马克思的《1844年经济学哲学手稿》（以下或简称《手稿》）是马克思主义思想史中一部极其重要的著作，是马克思理论创立过程中的一个具有决定性意义的里程碑，并因而成为理解和把握马克思整个学说之形成和性质的关键文本之一。该《手稿》是马克思在巴黎写成的，大约写于1844年4月至8月，故又称《巴黎手稿》或《1844年手稿》。

本书将从思想史和理论内容方面解读马克思的这部早期重要著作，以便读者在总体上把握这部著作的同时，对其基本立场和主要观点形成一定认识，了解其在马克思主义学说发展史中的重要意义和历史地位。在对主要内容进行解读的基础上，我们还尝试对其现实意义作出必要的阐述，以便揭示这部著作对当代世界和当代中国的思想理论领域所产生的影响。

一、《1844年经济学哲学手稿》的研读准备

为了能够较为全面、系统、深入地理解马克思的《1844年经济学哲学手稿》需要对其基本情况和理论背景有大致的了解，以便为深入研读作基本的准备。读者需要了解的方面有：第一，《手稿》在马克思主义发展史中的大致地位；第二，《手稿》的发表及其影响；第三，理论准备：费尔巴哈哲学和国民经济学；第四，《手稿》的基本结构。以下就此四项分别述说之。

（一）《手稿》在马克思主义发展史中的大致地位

在进入到一个文本的具体内容之前，往往需要对该文本有一个大致的定位，以便通过这样的定位——历史的或

思想史的规定——来恰当地理解和把握该文本的内容及其性质。这种定位最简易的方法是：正确确定某一文本的"前件"与"后件"，从而使该文本的历史性质和历史意义在两者之间得到大致的规定并部分地呈现出来。虽说这种方法的使用是需要特定条件的，但对于《手稿》的大体思想史定位来说却是再适宜不过的了。

《1844年经济学哲学手稿》的"前件"是马克思1843年的著述，即《德法年鉴》时期的作品（主要包括《黑格尔法哲学批判导言》和《论犹太人问题》），其性质在哲学上大体从属于费尔巴哈的人本学唯物主义，用阿尔都塞的话来说，从属于"费尔巴哈的总问题"；而其"后件"则是马克思1845年的著作，主要是《关于费尔巴哈的提纲》和《德意志意识形态》，其基本性质如恩格斯所说，是新世界观的"天才萌芽"和唯物主义历史观的"起源"，约言之，是以马克思的名字来命名的学说之真正开端。因此，最简单也是最抽象地说来，《1844年经济学哲学手稿》的大体定位就在1843年和1845年之间，在《黑格尔法哲学批判导言》和《关于费尔巴哈的提纲》之间，在人本学唯物主义和新世界观之间。由此得到初步提示的是：《手稿》是马克思思想进程中一个非常重要的阶段。这个阶段之所以至关重要，是因为它几乎直接导致了新世界观，导致了唯物主义历史观的产生；换言之，这个阶段可以说是马克思得以创立自己学说的最后一站，即最后一个准备阶段。

在这个意义上，如果说对《手稿》内容的大致定位一方面需要确定其"向何处去"，那么，另一方面就必须把握其"从何处来"。正是这两个方面在马克思主义思想史上大体规定了《1844年经济学哲学手稿》之全部内容的基本来历、性质和取向，而这样的来历、性质和取向又理应成为我们对《手稿》进行阐释和解读的必要基础。倘若缺失这一基础，对《手稿》的解读就会成为非历史的，而对其性质的判断尤其会陷入混淆之中。就像有些解读会把《手稿》的哲学内容完全等同于旧哲学一样，另一些解读则将其经济学观点与《资本论》等量齐观。为了避免这样的混淆，初始地把握《手稿》在思想史上的大致定位是完全必要的。

但是，这样一种初始的大致定位并不就是答案或结论，它尤其不能用来代替对《手稿》的实际解读，而只能帮助我们解读，亦即为解读的正确路径提供某种指示罢了。因为《手稿》的全部内容是一个生动活跃的思想进程或思想"机体",对它的解读不可能仅仅满足于简单的思想史定位,而是要揭示这样的定位如何在思想发展史的各种交错和丰富性中全面地展现出来。在这个意义上说,对《手稿》在马克思主义发展史中的大致定位,就不仅意味着一种提示性的解读指引,而且意味着深入于内容本身的一项解读任务了。

例如,众所周知,《德法年鉴》时期,马克思在哲学上有一个重要的改弦更张,亦即从先前的黑格尔主义立场转移到费尔巴哈的人本学唯物主义立场,并从这个立场出发开展对黑格尔哲学——特别是黑格尔法哲学——的批判。因此,正是从《德法年鉴》开始,马克思对费尔巴哈哲学表示热忱的欢迎,并给予极高的评价,而这样的好评在《手稿》中达于顶点。"费尔巴哈的著作越不被宣扬,这些著作的影响就越扎实、深刻、广泛和持久;费尔巴哈著作是继黑格尔的《现象学》和《逻辑学》之后包含着真正理论革命的惟一著作。"[①]然而,我们同样知道,在1845年春的《关于费尔巴哈的提纲》中,马克思却对费尔巴哈哲学进行了全面的批判,而这一批判又是同对全部旧哲学

---

① 《马克思恩格斯全集》第3卷,人民出版社2000年,第220页。

的清算、同"新世界观"的开启步调一致的。换句话说，在《手稿》给予费尔巴哈哲学几乎是最高评价的仅仅几个月之后，马克思就通过对这一哲学的彻底批判而摆脱了对全部旧哲学的依傍，从而为新世界观拟定了基本的理论前提。因此，需要追究的是：这个决定性的转折是怎样发生的？在这一转折中包含着哪些重大而隐秘的思想—理论事件？而这些事件又如何造成一种态势，使得马克思同费尔巴哈哲学的批判性脱离成为不可避免的？毫无疑问，这些问题的答案隐藏在《1844年经济学哲学手稿》的具体内容之中。因此，除非能够真正深入地把握这些内容，否则我们就只能满足于完全抽象的观念，而把马克思在哲学上的根本变革仅仅看作是一种"破天荒的"和"奇迹般的"事情了（阿尔都塞对《手稿》的解读就局限在这样的抽象观念中）。

由此可见，对《手稿》的深入解读，在思想史上的大体定位是完全必要的；但只有当这种定位能够真正引导对内容进行深入的具体化解读时，它才是积极的和具有实际效用的。不仅如此，由于《手稿》处于马克思思想进程中一个非常独特的位置——最为切近于新世界观的"前站"，以至于我们可以在某种意义上把它理解为马克思学说的

"诞生地和秘密"。所以，初始的定位将召唤这样一种解读任务：在《手稿》之复杂而又生动活跃的思想内容中，揭示出新世界观在此诞生地中的酝酿和发育，也揭示出马克思学说在此思想历程中的曲折和隐秘。

（二）《手稿》的发表及影响

在很长一段时间内，人们似乎根本不知道马克思曾经写过这样一部著作，甚至恩格斯是否知晓这部《手稿》，也还存在着不同意见。事实上，在20世纪初，马克思和恩格斯世界观形成时期的著作还是鲜为人知的。马克思的博士论文在档案库里搁置了60多年；即使是已经发表过的《神圣家族》，也只有为数极少的人读过；至于恩格斯写于1844年以前的著作，除了马恩本人之外，几乎没有人知道。而在马恩早期著作的发现、整理和出版方面首先做出贡献的，是梅林编辑的三卷本《马克思恩格斯和拉萨尔遗著》（1902年）。这部选集不仅第一次发表了马克思的博士论文，而且收录了大量已被遗忘的马恩早期著作，特别是《莱茵报》时期和《德法年鉴》时期的作品。但是，正如梅林后来所指出的,由于仍有许多材料尚付阙如,所以马克思思想形成过程中的某些重要问题,仍然很不容易搞清楚。例如,梅林的名著《马克思传》(1919年)在谈到1844年春夏之际马克思的理论活动时不无惋惜地说,除了卢格有一些零星的从旁记述外,关于马克思这一时期所进行的研究,没有保存下来任何材料。①当然,后来我们已经有了可靠的文献资料,表明马克思当时主要在从事《1844年经济学哲学手稿》的研究和写作。

经过巨大的努力,距离写作时间已过88年,马克思的这部手稿终于在1932年得以发表。当年发表的《1844年经济学哲学手稿》有两个分别进行编辑和出版的版本——德文版和俄文版。比较起来,德文版颇为粗疏,存在不少淆乱讹误,几乎不堪使用;而俄文版无论在原稿释读和整理方面,还是在考订和编辑方面都要精致得多,因而成为后来各种版本之更新和调整的主要基础。俄文版的优越性要归功于当时苏维埃国家的巨大理论兴趣,归功于"马克思恩格斯列宁研究院"的长期努力,也要归功于研究院诸多专家和研究者(特别应该提到卢卡奇)的积极参与。1932

---

① [德]弗兰茨·梅林:《马克思传》上卷,樊储等译,人民出版社1965年,第99—100页。

年以后，《1844年经济学哲学手稿》被译成了多种文字，中文版本除部分节译外，主要有以下三种：一是刘丕坤译单行本；二是《马克思恩格斯全集》中文第1版，载于全集第42卷；三是《马克思恩格斯全集》中文第2版，载于全集第3卷。

然而，《手稿》发表后所产生的极其巨大的影响，却完全出乎人们的意料。一般来说，某个思想家的一部未知手稿的问世，可能会引起学派内部的兴趣，而且主要是一部分思想史研究者的兴趣，因而其影响往往是相当有限的。但《1844年经济学哲学手稿》的发表，却不啻一个惊雷，几乎震动了整个西方思想界。这种震动似乎首先牵涉到对马克思学说之性质的理解和意义的估计。在《手稿》发表的当年，就有一批西方学者声称他们从中发现了"真正的马克思"；而在后来的若干年中，由《手稿》引出的"新发现"更是层出不穷。德国社会民主党人朗兹胡特和迈耶尔声称：《手稿》是"真正的马克思主义的启示录"，是某种意义上"最重要的著作"和马克思思想发展的"关节点"。德曼以"新发现的马克思"为标题的论文断言：1843年至1848年是"马克思的成熟的顶点"，而晚期著作却"暴露出他的创作能力的某种衰退和削弱"。而美国哲学家悉尼·胡克则在《手稿》中看到了"马克思的第二次降世"："他穿着哲学家和道德家的外衣走出来，宣告关于超越阶级、政党和派别的狭隘眼界的人类自由的消息。"①不仅如此，由《手稿》而引发的对马克思思想（特别是早期思想）的讨论似乎还变得愈益广泛起来，参加讨论的不仅有社会民主党人和西方马克思主义者，而且还有新黑格尔主义者、存在主义者、实证主义者、弗洛伊德主义者、教权主义者和实用主义者等等。

　　显而易见的是，《手稿》的发表所造成的深远影响决不局限于马克思主义学派内部，更不局限于狭义的思想史题材之中。如果说《手稿》的发表仅只是在学理方面具有历史编纂学意义的话，那么，它至多也只能引起少数研究者的个人兴趣或学院内部的学术兴趣。然而，马克思学说的性质以及《手稿》的发表从一开始就表明，其重大影响和深刻意义总是与特定的时代背景相联系的，是在人类历史所面临的严峻困境中生成的。约言之，如果《手稿》的发表不是处于这样一个特定的时代背景下，如果这一时代的人们不是遭遇着如此尖锐的挑战和危机，那么，这部著

―――――――
①　《西方学者论〈1844年经济学哲学手稿〉》，复旦大学哲学系现代西方哲学研究室编译，复旦大学出版社1983年，第3—6页。

作所激起的影响就会有限得多，而其意义的取向也就会相当不同了。

《手稿》发表于1932年，其时代的基本规定如果用一句话来概括，那就是：它处在两次世界大战之间。虽说第一次世界大战对于我们来说已渐渐远去，但其作为标识性的历史意义却是如此深刻，以至于伽达默尔把它看作是20世纪的真正开端，看作是由此开启出一种"真正划时代的意识"。这种划时代的意识意味着："……资产阶级时代把对技术进步的信仰同对有保证的自由、至善至美的文明的满怀信心的期待统一起来，但这个时代已经终结。这种终结不仅仅是意识到离开了一个时代，更主要的是有意识地退出这个时代，而且是对这个时代最尖锐的拒斥。"[①]这就是说，伴随着第一次世界大战，那个使现代资本主义文明获得信念支撑的整个观念体系——理性的国家、理性的社会、永久和平的设计、经济和科技的无限制发展，以及在一切领域中的"公理战胜"——第一次全面地、不可挽回地坍塌了。如果说先前对资本主义世界的批判，无论多么激进的批判，都没有彻底清除一般意识中的理性乐观主

[①] ［德］伽达默尔:《哲学解释学》，夏镇平译，上海译文出版社1994年，第108页。

义，那么，第一次世界大战确实完成了这一决定性的颠覆。20世纪头30年的西方思想界非常清晰地表明了这一点：1915年斯宾格勒写成的《西方的没落》，1914年马克斯·舍勒的《资本主义的未来》，以及1930年雅斯贝尔斯的《时代的精神状况》等，确凿无疑地反映着一种普遍的划时代意识的形成。这种意识甚至还远涉重洋影响到中国的知识界，我们只要读一读梁启超的《欧游心影录》，就能对此有一个大概的了解。对于西方思想意识的这个重大转折来说，最有说服力的事件或许要数对尼采的重新发现了。这位先前曾默默无闻，甚至被看成疯子的"哲学畸人"，在大战之后很快被当作先知而受到推崇。陷入迷惘的人们似乎一下子就认同了他的著名说法——"欧洲虚无主义的降临"。就像伽达默尔指证尼采为整个20世纪哲学的真正"后盾"一样，海德格尔对尼采的话"上帝死了"作出这样的阐释：这话意味着超感性世界腐烂了，坍塌了，不再具有约束力了。

构成《手稿》发表背景的时代状况，不仅第一次世界大战，而且还有如晴天霹雳般震惊了整个世界的十月革命。部分地作为大战的后果，部分地作为国际共产主义运动的独特产物，十月革命出人意料地在俄国取得了巨大的成功。当许多欧洲的知识分子眼望着这场史无前例的革命在"半东方的"、落后的俄国取得如此突如其来的胜利时，他们在惊愕之余感到的是兴奋，因为这场伟大的社会主义革命无论如何是在一战已然造成的文明废墟上投下了一缕希望的光明。

然而，事情却远没有那么乐观，一个更加严重的危机正在逼近欧洲——我们知道，那时第二次世界大战正在快速地酝酿中。对于敏感的知识分子来说，他们开始感受到种种还并不十分明显的纷乱征兆；而对于试图真正揭示和把握这种征兆的思想家来说，重要的任务不仅在于将这一时代状况的危机非常明确地道说出来，而且在于从现代文明的根基处对之作出批判性的分析。这一思想任务的开启，当时在思想理论界主要集中于所谓的"异化问题"；而马克思《手稿》的核心主题似乎就是异化问题。这样一来，《手稿》的发表看来恰逢其时地满足了当时思想界的极大诉求和迫切需要，以至于其产生的影响实际上远远超出了文献学和思想史的范围。

有两个例子可以充分表明异化问题在当时受到怎样的关注。一个例子是卢卡奇的《历史与阶级意识》（1923年）。这部著作在《手稿》发表之前便突出地强调了马克思对异化现象的尖锐批判，并将之广泛地运用于对当代资本主义世界的分析。正如卢卡奇后来回顾时（1967年）所说的那样，在估价《历史与阶级意识》在当时的影响以及在今天的意义时，异化问题乃是一个比任何细节问题都更为重要的问题；甚至《历史与阶级意识》的一个重大失误——将任何一种对象化（Vergegenständlichung）等同于异化——也对这部著作的成功起了极大的作用。① 另一个例子是海德格尔的《存在与时间》（1927年）。这部著作的主题可以被更加突出地概括为异化问题，并且由于它的巨大影响，这部著作连同异化问题成了当时以及后来哲学争论的中心。"重要的是，人的异化是我们时代的关键问题，并且无论资产阶级还是无产阶级的思想家，无论政治上和社会上的右派还是左派思想家都看到和承认这一点。"②

因此，《手稿》发表时的社会—历史状况即时代状况，是处在两次世界大战之间的生活现实；正是这样的现实使得异化问题成为当时各种思想围绕着旋转的枢轴——一方

---

① ［匈］卢卡奇:《历史与阶级意识》，杜章智等译，商务印书馆1992年，第16页、第19页。
② ［匈］卢卡奇:《历史与阶级意识》，杜章智等译，商务印书馆1992年，第17页。

面是由于一战所造成的观念破灭，另一方面则是来自于对二战的危险预感。无论如何，当很多人为困惑和疑惧所折磨而思想家们开始探索异化现象时，《1844年经济学哲学手稿》——马克思这位大哲对异化的批判性分析——所能激起的思想波澜也就可想而知了。正是《手稿》发表的时代状况使得其产生的影响如此之大，以至于根本不是文献学或学术史所能容纳得了。诚然，《手稿》的文献学价值和学术史意义无疑是存在的，并且是相当巨大的，但由于它所处的思想史位置至为关键（即新世界观的真正"前夜"），所以，对于《手稿》的学术史—文献学研究就不能不接触到对马克思学说之性质的基本判断，不能不涉及到对马克思学说之理解的整体方案。

（三）理论准备：费尔巴哈哲学和国民经济学

对《1844年经济学哲学手稿》的解读，在理论上所需要的准备一方面是哲学，特别是费尔巴哈哲学；另一方面是经济学，即政治经济学——马克思按照当时德国人的先例，将其称为"国民经济学"。马克思在《手稿》的序言中写道,"我的结论是通过完全经验的、以对国民经济学进行认真的批判研究为基础的分析得出的";而"对国民经济学的批判,以及整个实证的批判,全靠费尔巴哈的发现给它打下真正的基础"。①因此,为了较为深入地解读《手稿》的内容并把握其思想进程,我们需要了解费尔巴哈哲学的大要以及国民经济学的梗概。

1. 理论准备中有关费尔巴哈哲学的内容

费尔巴哈哲学意味着德国哲学在经历了自康德到黑格尔的整个发展之后所出现的一个具有决定性意义的转折:它终于从存在论(ontology)的根基上摆脱了德国古典哲学的唯心主义(或称"观念论")立场。马克思当时把费尔巴哈的哲学立场称之为"实证的人道主义和自然主义";而按恩格斯后来的说法,费尔巴哈是"直截了当地使唯物主义重新登上王座"②。作为讲解《手稿》的准备材料,费尔巴哈哲学的主要内容涉及以下诸项:

(1)对宗教的人本学批判。费尔巴哈的哲学变革首先表现为对宗教的人本学批判。这一批判的根据是:人创造了宗教,而不是宗教创造了人。我们知道,黑格尔去世之

---

① 《马克思恩格斯全集》第3卷,人民出版社2000年,第219—220页。
② 《马克思恩格斯选集》第4卷,人民出版社1995年,第222页。

后，青年黑格尔派的批判工作主要集中在宗教领域。首先是施特劳斯对宗教进行了所谓"历史的批判"，这一批判把圣经神话（故事）理解为早期基督教教团之集体的无意识创作，并试图经由这一批判去发现圣经故事之神话部分的"历史的真实性内核"；从哲学上说，施特劳斯大体上立足于黑格尔哲学的"实体"原则。与此不同，布鲁诺·鲍威尔则对宗教提出了更为激进的批判，按照他的观点，圣经神话乃是一些个人之主观的有意识的杜撰，其中根本不包含任何历史的真实性；因而从哲学上说，鲍威尔立足于黑格尔哲学的"自我意识"原则（我们知道，马克思在"博士俱乐部"时是与鲍威尔的立场颇为一致的）。这两派虽然在宗教批判方面取得了积极的进展，但在哲学上却并未真正超出黑格尔的思辨立场，而只是各执黑格尔哲学的片段并使之趋于极端的发展罢了。

当上述的宗教批判还纠缠在"实体"和"自我意识"的纷争中时，费尔巴哈却以全新的面目展开了他的宗教人本学批判，这一批判的哲学立足点被表述为"现实的人"，而所谓人的现实性又是以全面拒斥黑格尔的思辨立场为前提的。在费尔巴哈看来：上帝的本质无非是人的本质。由于人来到世间没有带着镜子，所以他们就创造出一个对象

（上帝）并把自己的本质赋予这个对象，以便在这个对象中直观到他自己的本质——这就是宗教的对象化。费尔巴哈把宗教的对象化称作"宗教真理"，而"宗教真理"因此也就是人本学。然而在宗教的对象化过程中，却发生了宗教的异化：当人把自己的本质赋予上帝时，他却在上帝面前丧失了这样的本质，并由上帝的本质来支配和统治自己。费尔巴哈把这种宗教异化叫做"宗教反思"，即神学。因此，费尔巴哈对宗教的人本学批判完成了一个了不起的勋业：它把宗教的本质归结于人的本质，把宗教世界归结于它的世俗基础。正是在这个意义上，马克思在1843年写道："就德国来说，对宗教的批判基本上已经结束；而对宗教的批判是其他一切批判的前提。"[①]

（2）对一般哲学—形而上学的批判。当费尔巴哈在宗教批判的立场上超出黑格尔哲学之际，他还把对宗教的人本学批判直接扩展为对哲学本身的批判。虽说这一批判的重点集中于黑格尔哲学，但其矛头所指并不是某一种哲学，而是一般哲学—形而上学（特别是其现代形式）；因此在这一批判中，黑格尔哲学毋宁说是被当作一般哲学之

---

① 《马克思恩格斯选集》第1卷，人民出版社1995年，第1页。

完成了的本质来把握的。正如马克思在《手稿》中概述费尔巴哈的第一项"伟大功绩"时所说：他"……证明了哲学不过是变成思想的并且通过思维加以阐明的宗教，不过是人的本质的异化的另一种形式和存在方式；因此哲学同样应当受到谴责。"①既然哲学在黑格尔看来和宗教具有同样的对象（即绝对者—上帝），既然哲学不过是另一种形式的宗教，那么，对宗教的人本学批判就同样适用于对哲学—形而上学的批判，并且理应将之把握为人的本质之异化的形式。正是在这个意义上，费尔巴哈把思辨哲学直接叫做"思辨神学"，并声称斯宾诺莎是近代思辨神学的罪魁祸首，谢林是它的复兴者，而黑格尔是它的完成者。

这一哲学批判（亦即对一般形而上学之批判）的意义是至为深远的，虽说费尔巴哈没有——也不可能——完成这一批判，但由于他首先揭示了哲学的神学本质，由于他把哲学的神学本质把握为人的本质之异化，所以费尔巴哈为后来几乎所有的哲学—形而上学批判开辟了道路。海德格尔在《尼采的话"上帝死了"》一文中指出，所谓"上帝死了"，意味着超感性世界腐烂了，坍塌了，不再具有

---

① 《马克思恩格斯全集》第3卷，人民出版社2000年，第314页。

约束力了；因而意味着"形而上学终结了，对尼采来说，就是被理解为柏拉图主义的西方哲学终结了"①。毫无疑问，在对超感性世界的批判性揭示方面，因而也在这个世界之"消极解体"的过程中，费尔巴哈的宗教批判和哲学批判是有开启之功的。

(3) 现实性：感性—对象性。费尔巴哈宗教批判和哲学批判的出发点是"现实的人"；由于现实的人是自然界的一部分，所以这一出发点同时亦包括"现实的自然界"。费尔巴哈哲学由此得名为"人道主义和自然主义"。在这里，人和自然界的现实性乃成为其哲学立场上的关键问题，而对此问题的应答遂成为费尔巴哈学说之决定性的原理。在费尔巴哈看来，人和自然界的现实性，或一般来说所有的现实性，皆在于"感性"，在于"对象性"。所谓感性的现实，首先意味着在思维和理性之外的存在，在一切"超感性领域"之外的存在；其次意味着唯独这样的存在才是现实的存在，是真正具有现实性的存在；最后，由于这样的存在乃是感性的，所以它是"为感觉"的存在，是直接经由我们的感官被确认的存在。这种"感性的、个别

---

① 《海德格尔选集》下卷，上海三联书店1996年，第771页，并参看第774—775页。

的存在的实在性,对于我们来说,是一个用我们的鲜血来打图章担保的真理"①。将现实性把握为感性,确实是哲学史上一个颠覆性的革命;因为在一般哲学——形而上学中,亦即在整个柏拉图主义的传统中,所谓真理、现实或本质等等,总是以各种方式被最终归诸"超感性世界"的。

然而在费尔巴哈那里,现实性不仅是感性,而且还是对象性。对象性的原理被简要地概括在以下两个命题中:其一,没有了对象,主体就成了"无";其二,主体必然与其发生本质关系的那个对象,是这个主体固有而又客观的本质。对象性的原理首先拒斥了所谓"绝对主体",或一切形式的"绝对者——上帝"的观念,正如马克思在《手稿》中所说,"非对象性的存在物是非存在物(Unwesen)"②。其次,这一原理乃是费尔巴哈宗教批判的立足点:上帝的本质无非是人的本质,而现实的人的本质是通过对象性来获得规定的;作为宗教真理的人本学因此把上帝理解为人的本质的对象化,并将神学批判地把握为这种本质之对象化的异化了的形式。最后,也是最重要的,感性——对象性的原理构成费尔巴哈整个哲学的真正基石。由

———
① 《费尔巴哈哲学著作选集》上卷,商务印书馆1984年,第68页。
② 《马克思恩格斯全集》第3卷,人民出版社2000年,第325页。

于现实的人和现实的自然界是根据感性—对象性来确立的，所以，人和自然界的全部现实性必依此原理来得到真正的阐述：人以自然界作为对象，因而自然界是人固有而又客观的本质；人（我）以另一个人（你）作为对象，因而"你"是"我"固有而又客观的本质；人又以上帝作为对象，因而上帝——人本学的上帝——乃是人固有而又客观的本质（类本质）。正是依据这样一种感性—对象性的原理，费尔巴哈的人本学唯物主义把人理解为自然的存在物、社会的或文化的存在物，以及最高的类存在物。最后还需要提到的是：当费尔巴哈将现实性把握为感性—对象性时，这种对象性的反思形式是直观（对象性的直观为感性辩护并与思辨的思维相对立），而且仅仅是直观。之所以要特别提到这一点，是因为马克思在《手稿》中固然和费尔巴哈一样把现实性理解为感性—对象性，但对象性的反思形式已不再局限于"直观"，而是被提升为"活动"（对象性的活动）了。

2.理论准备中有关国民经济学的内容

除了费尔巴哈哲学，我们还必须提到国民经济学，因为马克思在《手稿》中，第一次展开了他对国民经济学的全面批判。由于国民经济学乃是现代经济生活的理论表现，所以马克思对国民经济学的批判，也就是对现代经济生活即资本主义生产方式的批判。关于国民经济学或政治经济学，作为解读《手稿》的准备材料大致包括以下几个方面：

（1）重商主义（包括货币主义）体系。一般的经济学说史把货币主义和重商主义看作是同一体系，货币主义乃是重商主义的早期形态或不发达阶段，它还对货币采取直接的和幼稚的态度。重商主义并不具备经济学的科学形态，因而被看作是政治经济学的"前史"，主要是经济政策的一个体系，它的典型形式出现在英国。早期重商主义的代表人物是威廉·斯塔福特（1554—1612），而发达期的代表人物则是托马斯·孟（1571—1641）。重商主义讨论的主要问题是，如何保持英国（或某一国）的繁荣？而在问题的解答方面，其决定性的原理有两条：一是流通是财富的源泉；二是货币财产具有决定性的意义。在这里得到体现的乃是商业资本的意识形态（现代经济的发展，首先是商业资本的主导地位，尔后才是产业资本的领导权），而这一意识形态又体现了资本主义生产方式的前提条件，即：一方面集中货币财产，另一方面使集中起来的货币财产在流通过程中增殖，从而使之转化为资本（商业资本）。

我们知道，商业资本之充分而必要的前提条件是商品流通，商品流通的一般过程为

W（商品）—G（货币）—W（商品）

商业资本的出现并取得主导地位决定性地改变了这一过程，其公式变为

G—W—G′（G′=G+ΔG）

这两个公式之间的差别体现出一个具有世界历史意义的变革。前一个公式可以被概括为"为买而卖"，其出发点和目的乃是特定的使用价值；后一个公式可以被概括为"为卖而买"，其出发点是积累起来的货币，其目的则是增殖了的货币。由此可见，G—W—G′之在经济生活中取得普遍的主导地位，正意味着形成资本主义生产方式得以发展的前提条件，也就是说，意味着在特定阶段上形成商业资本的领导权。作为商业资本的意识形态，重商主义的决定性原理可以最简要地从G—W—G′的公式中直观到：由于G′的出发点是G，所以重商主义声称货币财产具有决定性的意义；由于整个过程在流通领域中产生出G′，即增殖了的货币财产，所以重商主义断言流通是一切财富的源泉。总体而言，就像这一时期的商业资本乃是产业资本的"前期历史"一样，重商主义作为前科学的政策体系和观

念体系乃是政治经济学的"前期历史"。具有科学形态的经济学尚未真正出现,它还只是处在准备性的酝酿阶段。

(2)国民经济学的奠基。就国民经济学的决定性奠基而言,首先应当提到的是威廉·配弟(1623—1687),他被称为"现代政治经济学之父"。配弟之所以获得这一称号,主要是由于他的两个重大贡献:第一,他严格地提出了经济学科学的问题。与以往作为政策体系的重商主义的问题方式完全不同,配弟的问题是:市场价格所环绕着涨落的那个平均价格,是由什么决定的?他对这一问题的回答是:商品的自然价格(平均价格的实体,亦即后来称之为"价值"者),是由生产该商品时所消耗的劳动的数量来决定的;因而自然价格又是同劳动的生产率成比例关系(反比例关系)的。如果说,我们在配弟对问题的回答中看到了劳动价值论的滥觞,那么,他提出的问题乃是真正经济学科学的理论问题——在这里,"问题是在于现象的基础,而不是现象本身"。

第二,配弟使经济学科学获得了严整的方法。他不再使用先前谈论经济问题时的那种杂乱无章的想象或传统的方法,而是把自然科学已经发展起来的方法即经验科学的方法应用到政治经济学上,以代替过去单纯的搜集事实和散漫解释；不仅如此，他还为其方法加上了数学的形态——"政治算数"。正是由于配弟的两大基本贡献，国民经济学开始获得科学的形态。但是，配弟仍然具有重商主义倾向，突出地表现在这样一种观念上：不是一切种类的劳动都创造交换价值，只有消耗在金银生产上的劳动，才真正创造交换价值；其他种类的劳动，只是在它的产品同金银交换的范围内创造出价值来。因此，配弟的学说又被称为修正的重商主义。

（3）重农主义。使国民经济学从重商主义的局限性中解放出来，亦即使经济学从单纯的流通领域摆脱出来而真正进入到生产领域，是重农主义的突出成就。重农主义的纯粹形式出现在法国：由于同英国的竞争，法国的重商主义政策破产了，在这样的背景下，作为法国特色的经济学理论便开始要求把商业资本的领导权转移到农业资本。重农学派的领袖与核心人物是魁奈（1694—1774），他研究过各种科学，并且是路易十五的宫廷御医，从60岁开始研究经济问题。其学说的基本观点是：财富的真正源泉在自然界（土地），因为农业是物质本身的创造和增加（"纯产品"的出现），即使用价值的增加，魁奈将之称为财富的"增加"（multiplication）；而在加工工业中，只有财富的"加算"（addition），只是物质结合，价值却并未增加，甚至还减少了。因此，工业是"不结果实的"，更不用说商业了。

虽然魁奈的学说把真正的生产仅仅归结为农业生产，虽然其价值论属于"生产费用论"（与配弟相比是一个退步），但它却完成了经济学上的一个具有决定性意义的进步：价值完全是生产的产物，而不是流通的产物；换言之，以价值形态表现出来的纯产品，完全是在生产范围内创造出来的。这就彻底废止了"流通是一切财富之源泉"的重商主义观念，从而把价值和剩余价值从重商主义的流通范畴变成了生产范畴。因此，魁奈最伟大的功绩，便是把研究工作转移到生产的领域中去；整个国民经济学都是跟着他走上这条道路的。马克思之所以称魁奈是"政治经济学的真正祖师"，或说魁奈和配弟"平分了创始者的荣誉"，正是因为重农主义者把剩余价值的来源问题从流通领域移进了直接的生产领域，从而为对资本主义生产的分析奠定了基础。

（4）国民经济学的完成。众所周知，国民经济学的定型与完成是以亚当·斯密（1723—1790）和大卫·李嘉图（1772—1823）为标志的。正像牛顿使古典力学得以完成一样，斯密和李嘉图使国民经济学取得了决定性的理论基点，确定了真正的研究范式和研究领域，克服了各种重大的纷争和理论障碍，形成了严整的体系并使之得到了逻辑上彻底一贯的发挥。我们大体上可以把斯密看成是设计者和布局者，因为古典经济学的基本格局是由他来制定的：劳动价值论；一般生产领域；三个基本阶级的三种收入——工资、利润和地租；资本的作用及其构成分析；以及作为政策定向的自由主义或放任主义。我们大体上也可以把李嘉图看成是定型者和完成者，因为他的学说虽然承续着上述的基本格局，但却是从批评斯密的不足、混乱和矛盾开始的。李嘉图最引人注目的理论特点便是其逻辑上的彻底性和一贯性，因此他致力于排除在斯密学说中尚未获得一致性的混杂表现，特别是在价值理论、利润理论和地租理论等方面。不难想象，在其理论逻辑要求彻底性的地方，先前的原理就不能不依循此种彻底性而得到相应的调整和改变。

就我们讨论的主题而言，在国民经济学的完成过程中，最为根本并且最具决定意义的"理论主干"便是劳动价值论：正像斯密的整个理论布局依此主干来建构一样，李嘉图所要求的体系之彻底性亦通过此主干来实现。在这个意义上，劳动价值论构成整个国民经济学的出发点、立足点和实质；在这个意义上，国民经济学与它的"前史"不同：货币主义和重商主义只是抓住了外部财富（货币及其增殖表现），而国民经济学则把握住了财富的"主体本质"（劳动）；因此，也是在这个意义上，马克思在《手稿》中把货币主义者和重商主义者称为"拜物教徒"或"天主教徒"，而把已获得劳动价值论基点的学说称为"启蒙国民经济学"，把斯密称为"国民经济学的路德"[①]。

（5）西斯蒙弟的补充。在国民经济学的完成中，还必须提到一位重要的代表人物，他就是法国的西斯蒙弟（1773—1842）。他的学说被称为经济学浪漫主义：一方面是把古代世界理想化，另一方面则表现为对现代经济生活的感伤主义批判。西斯蒙弟是一位重要的历史学家，然而他在经济学说方面则提出了关于资本主义生产之矛盾的问题，从而也就提出了进一步分析的任务。他论证了现代经济生活中危机的不可避免性，从而使古典经济学否认了自己最主要的结论之一，即资本主义生产无限制发展的可能性。他到处指证资本主义生产的反面：工业和农业中小生

---

① 《马克思恩格斯全集》第3卷，人民出版社2000年，第289页。

产者的破灭、工人被机器排挤、收入和消费的低落趋势，以及由矛盾引起危机的必然性等等。因此，西斯蒙弟的经济学乃是一种关于限制资本主义生产之必要性的学说——它预告了国民经济学本身之危机的来临。正是在这个意义上，马克思指出：如果说，以李嘉图为代表的政治经济学不顾一切地得出了自己的最后结论，并以此告终，那么，西斯蒙弟则以他对政治经济学的怀疑补充了这个结果。

我们在这里撮要概述国民经济学的主要内容就是这些；在它的开端处和终结处都站着一位英国人和一位法国人：在它的开端处是配弟和魁奈，在它的终结处则是李嘉图和西斯蒙弟。

（四）《手稿》的基本结构

在马克思的各种著作和手稿中，《1844年经济学哲学手稿》也许是最难阅读和把握的了。之所以如此，不仅是因为它是一部始终未经马克思本人或恩格斯整理编订过的手稿，而且是因为各种思想资源在《手稿》中的巨大汇集：其中有哲学的主题，有特别来自于法国的社会主义或共产主义的主题，还有第一次进入马克思"思想武库"的国民经济学主题。很容易想象的是：当这样一些思想材料初次汇聚并开始碰撞、摩擦、冲突和缠绕之际，其间的各种关系不仅是极其复杂的，而且是高度紧张的。更为重要的是，马克思当时的理论立场正在酝酿着一场前所未有的重大转变：在《手稿》中得到极高评价的费尔巴哈哲学在几个月后就遭遇到马克思的全面清算（《关于费尔巴哈的提纲》，1845年春），而这一清算本身又意味着以马克思的名字来命名的学说开始诞生。因此，就《手稿》本身来说，它表现为这样一个活动的区域，其中的思想内容是丰沛活跃的，但同时又是高度不稳定的。"黎明前的黑暗"是一个比拟性的说法——我们用它来提示一种生动的不稳定性，因为黑夜和白昼可以用来表示较为稳定的性质。

因此，《手稿》在理解和把握上的困难就在于：这部手稿正处于思想材料迅速汇集、理论内容急剧扩张、新旧概念活跃交替、思想发育快速展开而又曲折前行的重要关头。在这样的关头，本身是相当不稳定的但又是异常活跃的理论格局内部，正酝酿发生着各种因素之间的交叉、骚动、徘徊和调整。这种情形甚至对于马克思本人来说，也绝不是轻松的，而是处于一种——用比喻的说法——"临产前的阵痛"之中。梅林在写《马克思传》时还不知道《1844年经济学哲学手稿》的存在,为了填补这段空白他引用了卢格致费尔巴哈的一封信(1844年5月)。卢格在信中写道:马克思读了许多书,并且正在非常勤奋地写作,但是一无所成;工作总是中断,然后一次又一次地沉浸到无边无际的书海里;马克思变得暴躁易怒了,特别是在他累病了和一连工作三四夜不睡觉以后。①如此看来,卢格的描述是与马克思当时理论活动的特定时期相当吻合的。

正是由于《手稿》的这种独特性质,所以对它的理解就变得困难起来。我们当然可以说,马克思的思想是经常不断地发展变化着的,这种发展变化显然在1841年至1845年间特别显著,但尤以1844年的《手稿》为最。因为在此之前,马克思的思想是或多或少有所依傍的(黑格尔、费尔巴哈及其他);在此之后,马克思自己学说的基石已然确定——而《手稿》正处在这两者之间。它就仿佛是一个冶炼独特金属的熔炉:在它里面加入了燃料、各种各样的原料,还有催化剂等;最后,当烈焰升腾起来的时候,其中的一切都开始分解与化合,并且活跃震荡起来,而一种

---

① [德]弗兰茨·梅林:《马克思传》上卷,樊集等译,人民出版社1965年,第99—100页。

创造性的融合与重铸就在它内部积极地熔炼升华开来。如果我们因此在《手稿》中见到那种流变的不确定性，那么这同时正是它的优长之处：由于《手稿》独特地处在思想之决定性变革的待产状态中，由于《手稿》的特殊形式忠实地记录了这一稍纵即逝的理论动荡、开阖与融铸的过程，并因而完整地保留着各种思想资源之间具体而微妙的关系，所以它对于理解马克思早期思想的重大发展来说，特别是对于把握这一思想发展之行将到来的革命性变革来说，具有不可替代的意义。也正是在这个意义上，马克思的《手稿》甚至可以说是"新世界观"的秘密与诞生地。

因此，为了能够真正把握这部手稿的基本性质和庞杂内容，在阅读中就必须审慎地分辨马克思当时思想的各种"因素"，特别是辨明各因素交织汇合的主流（所谓统摄一切的"普照的光"），以取得一种既是思想史上又是理论逻辑上的总体定向。这种总体定向就其思想史的一面而言，如前所述，乃是从马克思思想进程的"上下文"中取得基本规定的：正像《手稿》直接的"上文"出现在《德法年鉴》时期的作品中一样，它的"下文"在《关于费尔巴哈的提纲》和《德意志意识形态》中得到最初的表现。而这种总体定向就其理论逻辑的一面而言，则必须从《手稿》本身的基本结构中取得规定。换言之，虽说《手稿》的思想内容纷然杂陈，理论头绪曲折繁复，但所有这一切都是通过理论之特定的基本结构被规定的，并依循这样的结构规定来获得其准确的意义。因此，为了使《手稿》的内容在阅读中变得较为容易，尤其是为了使这些内容在阅读中得到较为准确的理解和把握，这里有必要首先简单地提示出《手稿》的基本结构，并在后面的实际阐述中使之经由内容的展开而得以充实和具体化。

《手稿》的基本结构通过以下两个方面表现出来：第一，理论的主要部分。这些部分对理论总体具有决定性意义并全面地支撑该理论总体。第二，理论之主要部分的核心概念。这样的核心概念不仅在各主要部分中起主导的枢轴作用，而且它们本身在总体上是内在地协调一致的。根据这两个要求，我们可以把《手稿》的基本结构最为简要地表述如下：第一，以"异化劳动"为核心的国民经济学批判；第二，以"异化的积极扬弃"为核心的共产主义学说；第三，以"对象性的活动"为核心的哲学批判。

借助于这种依基本结构来定向的理解方案，我们就会发现，尽管《手稿》从表面上看来是庞杂纷繁、动荡曲折的，但其主流的结构和取向却是相当明确和严整的：马克思主义学说的"三个来源"和"三个组成部分"第一次完整地出现在《手稿》的基础架构中。不仅如此，这些可区分的来源和组成部分在马克思的学说中还表现为"一整块钢板"，也就是说，表现为一个有机的整体——《手稿》可以说是在理论的开端处非常清晰地表明了这一点。因此，我们为了提示《手稿》的基本结构而作出的那种简单区分，决不意味着抽象理智的机械分割，而只不过是为了方便阅读和理解的"脚手架"罢了。如果我们在《手稿》中时常发现经济学的主题与哲学或共产主义的主题千丝万缕地交织在一起，那么这决不意味着思想或理论上的混杂，而只不过意味着它们在马克思的学说中本来便共属一体。

下面，我们就按《手稿》之基本结构的三个主要部分来展开叙述，以便对《手稿》的理论内容作出进一步的解读。由于篇幅有限，整个解读将主要在各部分中厘清层次，并根据核心概念及其理论逻辑的主导线索来加以展开。

二、以"异化劳动"为核心的国民经济学批判

国民经济学的主题进入到马克思的学说之中,是以《1844年经济学哲学手稿》为起点的(此前只有一些零星的涉及)。在前面所概述的国民经济学中,我们看到,那些代表人物除了英国人之外,就是法国人,而根本见不到德国人的身影。正如恩格斯所说:"德国人早已证明,在一切科学领域内,他们与其余的文明民族不相上下,在大部分领域内甚至超过它们。只有一门科学,在它的大师们当中,没有一个德国人的名字,这就是政治经济学。"①之所以如此,是因为政治经济学乃是现代资产阶级社会的理论分析,它以发达的资产阶级关系为前提。然而在德国,一方面这种发达的关系迟迟未能建立起来;另一方面,当

---

① 《马克思恩格斯选集》第2卷,人民出版社1995年,第36页。

这种资产阶级关系或多或少发展起来的同时，德国无产阶级的政党已开始出现了。与这样一种社会历史的情况相适应，在经济学说史上具有重大意义的德国理论一开始就是"政治经济学批判"，即以马克思恩格斯为代表的对整个政治经济学的批判理论。

如果说，我们看到《资本论》的副标题叫做"政治经济学批判"，那么，这一批判的开端在马克思那里就是《1844年经济学哲学手稿》。在这部手稿中，与之相关的理论可以被概括为：以"异化劳动"概念为核心的国民经济学批判。主要内容包括：第一，国民经济学的二律背反；第二，异化劳动的概念及其基本规定；第三，国民经济学批判。

（一）国民经济学的二律背反

在《手稿》中，马克思的国民经济学批判首先是揭示并探究国民经济学基本的"二律背反"。所谓二律背反，是指两个完全相反的命题同时可以得到证明，也就是说，两个相互矛盾的命题同时可以成立。如果说，国民经济学本身就包含着这样的二律背反，那么，这无非意味着国民经济学是自相矛盾的学说。进而言之，如果说国民经济学乃是现代经济生活（其核心是资本主义生产方式）的理论表现，那么，国民经济学的二律背反即自相矛盾，只不过意味着现代经济生活本身是自相矛盾的——理论上的二律背反只不过是现实本身之矛盾的反映罢了。马克思在《手稿》中的批判工作首先突出地指证了国民经济学的内在矛盾或二律背反。例如，在对斯密的工资理论作了一个简要的分析之后，马克思就指出：一方面，按照斯密的意见，大多数人遭受痛苦的社会乃是不幸的；另一方面，同样是根据斯密的理论，即便是社会的最富裕状态仍然会造成大多数人遭受这种痛苦，而国民经济学的目的便是要实现这种最富裕状态——那么，由之而来的结论只能是：国民经济学的目的也就是社会的不幸。[1]斯密也许并没有清楚地意识到这种矛盾（或先行将之转移到理论的外部），但在马克思看来，这样的矛盾却是不可避免的。

不仅如此，在国民经济学的理论本身，事实上还包含着更深刻的二律背反："国民经济学家对我们说，劳动的

---

[1] 《马克思恩格斯全集》第3卷，人民出版社2000年，第230页。

全部产品，本来属于工人，并且按照理论也是如此。但是，他同时又对我们说，实际上工人得到的是产品中最小的、没有就不行的部分……"[1]值得注意的是，说出上述矛盾观点的并不是站在两种立场上两个不同的人，而是同一个国民经济学家；确切些说，是国民经济学本身同时说出了两种对立的或自相矛盾的观点。那么，在这里表现为真正矛盾的东西究竟是什么呢？是劳动价值论和工资规律的矛盾。按照劳动价值论，一切财富或价值，都表现为劳动的产品或凝结起来的劳动，因此就自然权利的法则来说，劳动的全部产品本来属于劳动的人格化（即工人），"并且按照理论也是如此"。但是，与此相矛盾的是：根据工资规律，工人却根本不可能得到劳动的全部产品；而是只能得到其中的一小部分，用现在的话来说，这个部分是"劳动力"的价值或价格的转化形态（即工资），是由生产和再生产"劳动力"这个特殊商品所花费的社会必要劳动时间来决定的。因此，在这里得到揭示的国民经济学的二律背反，就理论的基础方面而言，是劳动价值论和工资规律的矛盾。

---

[1] 《马克思恩格斯全集》第3卷，人民出版社2000年，第230页。

这样的矛盾甚至在国民经济学的理论中随处可见。马克思继续指证的二律背反包括：（正题）一切都可用劳动来购买，而资本无非是积累的劳动；（反题）劳动者远不能购买一切东西，而且必得出卖自己。（正题）劳动是决定和制约价值的唯一者，是人的能动的财产；（反题）不劳动者即土地所有者和资本家却到处凌驾于劳动者之上，对劳动者发号施令。（正题）劳动是物的唯一的、不变的价格；（反题）劳动价格具有最大的偶然性并处于最激烈的波动之中。（正题）在任何时候劳动者的利益都与社会的利益相一致；（反题）实际上社会总是同劳动者的利益相对立。如此等等。马克思在这里所揭示的，乃是国民经济学所陷入的各种矛盾，而这些矛盾又植根于国民经济学的"内部自身"。如果说，恩格斯发表在《德法年鉴》上的"天才的大纲"（《国民经济学批判大纲》）已经开始关注并揭示国民经济学的基本范畴及其矛盾，那么马克思在《手稿》中则不仅继续着这一批判任务，并且试图对这样的矛盾作出进一步的探究。

关键的问题在于，国民经济学为什么到处陷入到二律背反之中，而这种植根于理论本身的内在矛盾又意味着什么？在马克思看来，这里必定隐藏着某种根本的、全局的对立与矛盾，而且问题必定发生在国民经济学之最基本的立足点上——如果说国民经济学整个地立足于"劳动"的原理之上（劳动价值论），那么，全部问题正在于这个作为出发点和立足点的"劳动"原理本身。换言之，国民经济学如果不是由于在根本的立足点上已经陷入矛盾，就不可能在一系列的原理上表现得如此对立，以至于任何一个原理所肯定的东西同时会有另一个与之相反的原理在实际上予以否定。因此，马克思在《手稿》中所要探究的正是国民经济学以之作为前提的劳动，是作为国民经济学整个理论之基本立足点的劳动本身："劳动本身，不仅在目前的条件下，而且就其一般目的仅仅在于增加财富而言，在我看来是有害的、招致灾难的，这是从国民经济学家的阐发中得出的，尽管他并不知道这一点。"①

马克思的这一说法表明：第一，所谓"劳动本身"，正是国民经济学以之作为前提、作为理论立足点的劳动，而这种劳动毋宁说是特定历史形式的劳动——它不仅具有否定自身的性质（所谓"有害的、招致灾难的"），而且本身是自相矛盾的（资本对劳动的统治无非是积累起来的

---

① 《马克思恩格斯全集》第3卷，人民出版社2000年，第231页。

劳动对活劳动的统治)。第二，国民经济学家完全没有意识到，这种否定自身并且自相矛盾的劳动才是其理论的真正出发点；相反地，他们把这种劳动看成是自然的、永恒的、无限地肯定自身的东西，并因而完全非批判地将之设定为理论的基本立足点。说得简单一些，国民经济学以之作为前提的劳动本身是否定自身并且自相矛盾的劳动，但却被当作是"本真的"和无限地肯定自身的劳动。正是由于这种非批判的混淆，所以国民经济学才不可避免地陷入到一系列的二律背反之中。换句话说，除非国民经济学的出发点和立足点本身是自相矛盾的，否则它就不可能在理论上到处表现出矛盾或二律背反。

马克思在《手稿》中把国民经济学以之作为前提的劳动——否定自身并且自相矛盾的劳动——批判地揭示为"异化劳动"，从而将进一步的理论任务规定为对异化劳动的分析。

(二) 异化劳动的概念及基本规定

马克思的"异化"概念较为切近地与费尔巴哈哲学相

联系，我们在费尔巴哈对宗教的人本学批判中见到过这一概念：宗教反思（即神学）便是人的类本质之异化了的形式。一般来说，异化总是表示由主体本身创造出来的对象掉转头来对主体进行支配和统治，而并不是泛指一般意义下外部力量的支配和统治。比如说，破坏性的自然力（如地震、海啸等）可以是巨大的外部力量，但却并不是一种异化的力量，因为地震和海啸不是作为主体的人创造出来的。与此不同，上帝对人的支配和统治在费尔巴哈看来便属于宗教异化了，因为上帝是人创造出来的对象，因而是人的本质力量反过来对人的支配和统治。机器或机器体系的情形同样如此。我们知道，机器是由人创造出来的，是人的本质力量的对象化；因而机器或机器体系反过来对人的支配和统治，便属于异化现象——我们可以在比如说卓别林的《摩登时代》中，非常直观地见识到这种突出的异化现象。

在黑格尔去世之后，异化现象本身逐渐成为时代的焦点，以至于黑格尔试图通过精神的概念来设想和把握一切异己事物之间和解的主要立场，已经开始陵替瓦解。正是在这个意义上，《手稿》指证黑格尔哲学所表现出来的"非批判的实证主义"。同样是在这个意义上，伽达默尔写道:"正如自然在黑格尔那儿早已表现为精神的他者,对于19世纪积极的动力来说,历史和社会现实的整体不再表现为精神,而是处在它顽固的现实中,或者用一个日常的词说,是处在它的不可理解性之中。我们可以想一下以下这些不可理解的现象,如货币、资本以及由马克思提出的人的自我异化概念等。"①我们在前面说过,一战以后,异化问题真正成为时代关注的焦点,具有标志性的著作不仅有卢卡奇的《历史与阶级意识》,而且还有海德格尔的《存在与时间》。如果说同样是这一时代状况激起了人们对《手稿》的巨大兴趣,那么,非常重要的原因正在于《手稿》中人的自我异化概念。这个概念主要通过异化劳动来得到阐述,它被分析为以下四个基本规定。

1.劳动者同他的劳动产品之间的异化关系,亦称"物的异化"。马克思指出,当前的"经济事实"是,工人生产的财富越多,其产品的力量和数量越大,他就越贫穷;物的世界的增殖同人的世界的贬值成正比。那么,这样的经济事实意味着什么呢?"这一事实无非是表明:劳动所生产的对象,即劳动的产品,作为一种异己的存在物,作

---

① [德]伽达默尔:《哲学解释学》,夏镇平译,上海译文出版社1994年,第114页。

为不依赖于生产者的力量，同劳动相对立。劳动的产品是固定在某个对象中的、物化的劳动，这就是劳动的对象化。劳动的现实化就是劳动的对象化。在国民经济学假定的状况中，劳动的这种现实化表现为工人的非现实化，对象化表现为对象的丧失和被对象奴役，占有表现为异化、外化。"[1]在这里非常重要的观点是：第一，必须严格地区分对象化和异化。劳动的对象化是指劳动的现实化，是指在对象中显现并且确证人的本质力量，或者用一种比拟的说法，是指人的主观才能或内在禀赋在现实中被客观化。例如，我们说某人具有作家的才能和禀赋，但这样的才能和禀赋只有在作品中才能得到真正的实现和客观的确证。如果某人自称文豪而没有像样的作品，我们会说他陷入幻觉或自我吹嘘之中；而托尔斯泰之所以是文豪，是因为其才能或禀赋在创作活动中对象化为作品，并因而在例如《安娜·卡列尼娜》或《战争与和平》中被现实化了。因此，劳动的对象化意味着劳动的现实化，意味着在劳动产品中对主体及其本质力量的肯定与确认。第二，异化现象是在对象化的基础之上发生的，是对象化进程在特定状况

---

[1] 《马克思恩格斯全集》第3卷，人民出版社2000年，第267—268页。

或阶段的产物；而在此特定的状况或阶段，本来在对象化中被肯定、确认和现实化的东西反过来具有否定自身的意义——由于这种否定的意义出自主体本身的活动，因而该活动就成为自相矛盾的活动。显而易见的是，劳动的对象化在一切历史时代都是必要的，并不是任何一种对象化都表现为异化。正如马克思在《手稿》中所指出的那样，只是在国民经济学以之作为前提的状况中，劳动的对象化即现实化才表现为劳动主体的非现实化。因此，在异化劳动这一规定中，"工人在他的产品中的外化，不仅意味着他的劳动成为对象，成为外部的存在，而且意味着他的劳动作为一种与他相异的东西不依赖于他而在他之外存在，并成为同他对立的独立力量；意味着他给予对象的生命是作为敌对的和相异的东西同他相对立"[1]。

2. 劳动活动本身的异化，亦称"自我异化"。为了从异化劳动的第一个规定过渡到第二个规定，马克思采取的推论是：如果说产品不过是"活动、生产的总结"，那么很显然，劳动者之所以像对待异己者那样同自己的产品相对立，正是由于劳动者同时"在生产行为本身中使自身异

---

[1] 《马克思恩格斯全集》第3卷，人民出版社2000年，第268页。

化"。因此，异化不仅表现在结果（产品）上，而且表现在生产行为（劳动活动）中，劳动对象的异化不过是劳动活动本身异化的结果罢了。劳动活动本身的异化表现为：第一，劳动对于劳动者来说成为外在的东西和不属于他的本质的东西；劳动者自身的劳动成为对他本身来说的不幸，成为自己肉体的损害和精神的摧残。第二，劳动者的劳动不是自愿的劳动，不是劳动需要本身的满足，而是被迫的和强制的劳动；这种劳动的异己性突出地表现为：只要外部的强制一停止，人们就会像逃避瘟疫一样逃避劳动。第三，劳动者自己在劳动过程中不属于他自己，而是属于别人，就像劳动者生产的产品不属于他自己而属于别人一样；这意味着这种劳动本身"不是他的自主活动"，意味着"这种活动是他自身的丧失"[①]。由此可见，在异化劳动的第二个规定中，表现着劳动者同他自己活动的异化关系：一方面，劳动活动的主体无疑就是劳动者，而这种活动无疑就是劳动者"自己的活动"；另一方面，劳动者的劳动活动却又成为一种"异己的、不属于他的活动"，成为一种掉转头来反对劳动者自身的活动。在这里，异化

[①] 《马克思恩格斯全集》第3卷，人民出版社2000年，第271页。

劳动之自相矛盾的性质非常突出地表现出来。

3.人同自己类本质的异化关系。这里首先需要明确的是"类本质",然后才谈得上人同这种类本质的异化关系。就较为切近的理论渊源来说,"类本质"是费尔巴哈的重要术语:对宗教的人本学批判揭示上帝的本质乃是人自己的本质;由于人是普遍的和无限的存在物,所以人的本质乃是类本质。费尔巴哈把类本质理解为"严格意义下的意识",即"类意识"(把存在物的类作为其对象和本质的意识)。而作为类本质的类意识包括知、情、意等方面,它们不仅被对象化为上帝的本质,而且表现和确证人是类的存在物。马克思虽然采用了类本质这个术语,但其所指却与费尔巴哈相当不同。在马克思看来,人的类本质包括两个方面:第一,自然界——人和自然界的同一;第二,人的"精神的类能力"——人与动物的区别,或"有意识的生命活动"同"动物的生命活动"的区别。关于前者,马克思指出,人的类生活表现为,人和动物一样依赖无机自然界来生活;无论是人的物质生活还是精神生活,都同自然界不可分离:自然界是人的无机的身体,而人是自然界的一部分。关于后者,马克思写道:"一个种的整体特性、种的类特性就在于生命活动的性质,而自由的有意识的活动恰恰就是人的类特性。"[1]因此，正是有意识的生命活动把人同动物的生命活动直接区别开来，正是通过劳动、实践（创造对象世界、改造无机界），人确证自己是有意识的类存在物。

在这里必须注意到的是，马克思所谈论的"类本质"虽然采用的是费尔巴哈的术语，但两者的所指却相当不同。在马克思那里，类本质是指劳动、实践、自由的有意识的活动；而在费尔巴哈那里，类本质是指对象化为上帝之本质的人的知、情、意，即类意识。这是一个非常重要的差别，这个差别决定性地酝酿着两者在哲学之主导原理上的分歧点：费尔巴哈的"类本质"被设定在"对象性直观"的原理中，而马克思所谓的"类本质"则为"对象性的活动"原理作准备并要求为这一原理所贯彻。但是，这一分歧在《手稿》中还是"含蓄的"、隐而不显的，也就是说，尚未充分发展起来。对于《手稿》来说，一方面，"类本质"的提法足以最突出最清晰地形成它与异化劳动的性质对照，即在异化劳动中，人的"生活本身仅仅表现为生活的手段"，或者，人"自己的本质变成仅仅维持自

---

[1]《马克思恩格斯全集》第3卷，人民出版社2000年，第273页。

己生存的手段"①；另一方面，在这种尖锐的性质对照中，"类本质"即"自由的有意识的活动"似乎在某种程度上具有了形而上学公设的意味——这个仍然与费尔巴哈的人本学接近或类似的地方在《手稿》中还或多或少地保留着。然而，一旦上面提到的分歧之点发展起来，"类本质"的概念对于马克思来说就不再必要，也不再具有实际效准了。所以马克思很快就不再使用这个概念，并在1845年春的《提纲》中对之进行了批判：费尔巴哈"（1）撇开历史的进程，把宗教感情固定为独立的东西，并假定有一种抽象的——孤立的——人的个体。（2）因此，本质只能被理解为'类'，理解为一种内在的、无声的、把许多个人自然地联系起来的普遍性"②。由此可见，《1844年经济学哲学手稿》中的"类本质"是一个极为重要的过渡性概念，其重要性不仅在于使异化劳动的分析同人的本质勾连起来，而且在于这个概念蕴含着马克思与费尔巴哈既相接近又相分离的焦点。

4.人与人之间的异化关系。这种异化关系乃是上述三个异化规定的"直接结果"。异化总是意味着人与自己本

---

① 《马克思恩格斯全集》第3卷，人民出版社2000年，第273页。
② 《马克思恩格斯选集》第1卷，人民出版社1995年，第56页。

身相对立,而当人与自己本身相对立的时候,其他人也与他相对立。之所以如此,是因为在马克思看来,人的现实性在于感性—对象性,因而人同自己本身的关系,只有通过他同感性对象的关系,才对他来说成为对象性的、现实的关系。既然一般说来,人同自己本身的任何关系只有通过人同其他人的关系才得到实现和表现,那么,"凡是适用于人对自己的劳动、对自己的劳动产品和对自身关系的东西,也都适用于人对他人、对他人的劳动和劳动对象的关系"①。因此,在异化劳动过程中,人不仅生产出他同生产对象和生产行为的异化关系,而且也生产出其他人对他的产品和活动的异化关系,生产出他同其他人的异化关系。这种异化关系作为"人从人那里的异化",具体说来就是劳动者与资本家的阶级对立。正是通过异化的、外化的劳动,劳动者在生产出使自己非现实化的产品的同时,也生产出不事生产的人对生产和产品的关系,生产出一个置身于劳动之外的人同这个劳动的关系;换句话说,正是在异化劳动的范围内,劳动者同劳动的关系,也生产出资本家和这同一个劳动的关系,生产出积累起来的劳动(即

---

① 《马克思恩格斯全集》第3卷,人民出版社2000年,第274—275页。

资本）对活劳动的支配和统治。因此，在国民经济学以之作为前提的劳动中，人与人之间的异化关系，主要就是劳动者和资本家对劳动的关系，也就是劳动者和资本家之间的阶级关系。

《手稿》中的异化劳动概念，通过以上的四个规定，得到了深入的和批判性的分析。这一分析的核心是要表明：国民经济学由之出发的劳动，并不是仿佛在理智的抽象中纯净简单的东西，而是异化劳动，因而其本身就是自相矛盾的和充满对立的。国民经济学之所以陷入到各种二律背反之中，是因为它既立足于异化劳动之上却又完全不了解这种劳动的真正性质。马克思在《手稿》中首次开展出来的国民经济学批判，是以异化劳动概念为核心的。

（三）国民经济学批判

通过指证国民经济学的基本的二律背反，并且通过异化劳动概念之诸规定的分析，马克思为国民经济学批判奠定了最初的基石。国民经济学的矛盾或二律背反从何而来？从其最基本的出发点和立脚点即"劳动"而来；由于这种未经批判的"劳动"实质上是异化劳动即自相矛盾的劳动，所以国民经济学在整体上就不能不陷入到由之而来的各种矛盾之中。于是，马克思随即指出，关于异化劳动的论述"使至今没有解决的各种矛盾立刻得到阐明"。这种阐明的关键之点在于："国民经济学虽然从劳动是生产的真正灵魂这一点出发，但是它没有给劳动提供任何东西，而是给私有财产提供了一切。蒲鲁东从这个矛盾得出了有利于劳动而不利于私有财产的结论。然而，我们看到，这个表面的矛盾是异化劳动同自身的矛盾，而国民经济学只不过表述了异化劳动的规律罢了。"①

这一论断构成了《手稿》对国民经济学进行批判的真正枢轴，由此而得到阐述的基本观点可以表述如下。

第一，国民经济学的出发点是"劳动"，它把"劳动"把握为生产的真正灵魂——这就是劳动价值论，而这一价值论是国民经济学的基点、要义和本质。那么，在"劳动是生产的真正灵魂"这一国民经济学的基本主张中反映出怎样的本质呢？这一本质是：国民经济学把握住了私有财产的主体本质。"私有财产的主体本质，作为自为的存在

---

① 《马克思恩格斯全集》第3卷，人民出版社2000年，第277页。

着的活动，作为主体，作为个人的私有财产，就是劳动。"①这确实是一个重大的历史进步，马克思因此把揭示出财富之主体本质的经济学称为"启蒙国民经济学"，称为"现代工业的产物"。货币主义和重商主义体系的拥护者还完全不理解财富的主体本质，他们还局限于外在财富的观点之中，亦即局限于财富之"外在的、无思想的对象性"之中；用一种比拟的说法来讲，他们只知道现成的、外在的财富及其重要性，还不理解任何一种财富乃是由主体的活动、由劳动创造出来的——正是在这个意义上，马克思把他们称作拜物教徒、天主教徒，并且赞同恩格斯的说法，把亚当·斯密称作国民经济学的马丁·路德。这里发生的转变确实与德国的宗教改革十分类似：正像马丁·路德扬弃了外在的宗教笃诚而使之转变成人的内在本质一样，由于把握了财富的主体本质，启蒙的国民经济学扬弃了财富的外在性而使人本身被设定为私有财产的规定。这个转向的重要意义在于，国民经济学逐渐达到了这样一种观点："……财富的本质就在于财富的主体存在，所以，认出财富的普遍本质，并因此把具有完全绝对性即抽象性

---

① 《马克思恩格斯全集》第3卷，人民出版社2000年，第289页。

的劳动提高为原则,是一个必要的进步。"①

第二,尽管国民经济学以劳动是生产的真正灵魂为出发点,但却并没有给劳动提供任何东西,而是为私有财产提供了一切。为什么是这样呢?因为国民经济学以之作为前提的劳动,一方面是劳动者的活动本身,即活劳动;另一方面是积累起来的劳动,即"资本",也就是不断增长的财富。而国民经济学只能从私有财产方面来理解财富——私有财产是唯一可能的财富,是自然的并因而是永恒的财富。于是,以增加财富为唯一目的的国民经济学就不顾它可能陷入到的矛盾之中,在为私有财产提供一切的同时,没有给劳动(以及劳动的人格化)提供任何东西。因此,马克思的异化劳动学说便突出地强调,私有财产决不是什么自然的并且永恒的东西。它并不是一切财富的前提,而毋宁说倒是某种特定状态的结果:"私有财产是外化劳动即工人对自然界和对自身的外在关系的产物、结果和后果。"②《手稿》因而首先是从异化劳动、异化的人这一概念分析得出私有财产概念的,尽管马克思同时也承认,异化劳动和私有财产的关系是相互作用的。在这里,

---

① 《马克思恩格斯全集》第3卷,人民出版社2000年,第292页。
② 《马克思恩格斯全集》第3卷,人民出版社2000年,第277页。

异化劳动的概念整个地推翻了关于私有财产的神话。按照这种神话，私有财产乃是一切人类财富的直接形态，是一切社会活动的自然必然性，因而不存在私有财产的人类生活简直就是不可思议的。与此相反，《手稿》把私有财产批判地理解为异化劳动即由劳动之发生异化而来的后果、产物，因而它只是在劳动发展之特定阶段和特定状态上的必然结果，就像"等价交换"的规律根本不是自然状态或原始状态的规律，而只是在商品生产发展起来才形成并起作用的规律一样。

第三，既然在国民经济学所陷入的矛盾中，最根本的对立面乃是劳动和私有财产，那么当国民经济学站在私有财产一边时，另一种对立的立场就可以站在劳动一边。正如马克思所说，蒲鲁东是从上述矛盾中得出了有利于劳动而不利于私有财产的结论。我们知道，蒲鲁东是当时法国最著名的社会主义者之一。他在以之作为书名的追问（"什么是财产"）中就该问题得出了一个著名的回答："财产就是盗窃。"因此显而易见的是：在国民经济学所陷入的矛盾中，蒲鲁东站在劳动一边而反对私有财产。但也正因为如此，蒲鲁东只是与国民经济学相对立而不足以克服它——他在思想理论上从属于国民经济学的基本框架，因而仍滞留在国民经济学所陷入的矛盾中而不知这种矛盾的本质来历。所以在马克思看来，蒲鲁东与国民经济学家的矛盾只是"表面的矛盾"。就像蒲鲁东把工资的平等化看作社会革命的目标一样："工资"作为国民经济学的范畴被非批判地接受了。①然而，"工资"完全是在异化劳动的范围内活动的，用现在的话来说，"工资"完全从属于资本主义生产方式；因此，真正社会革命的目标既不是提高工资也不是工资的平等化，而是消灭工资。马克思的异化劳动学说突出地超越了上述"表面的矛盾"，而将其本质来历揭示为"异化劳动同自身的矛盾"。简言之，异化劳动本身就是自相矛盾的：无论是国民经济学的二律背反，还是劳动和私有财产的矛盾；也无论是资本（积累起来的劳动）对活劳动的支配和统治，还是蒲鲁东和国民经济学家的对立，都表现着异化劳动同自身的矛盾，都是这一深刻的矛盾在理论上或实践上的反映。

因此，《手稿》最后对国民经济学家的批判在下述基本判断中道出了国民经济学的实质：它"只不过表述了异化劳动的规律罢了"。就其作为经济学科学而言，它阐述

---

① 《马克思恩格斯全集》第3卷，人民出版社2000年，第232页。

并论证了异化劳动的规律；由于资本主义经济正是异化劳动的现实，所以作为这一现实的理论表现，表述了异化劳动规律的国民经济学乃是一门地地道道的现代科学。就其完全没有意识到并把握住这一现实乃是异化的、因而是自相矛盾的现实而言，国民经济学是完全非批判的科学。它任由自身滞留于一系列的矛盾和对立中而不知其本质来历，因而在它仅仅表述了异化劳动规律的地方，却将这种充满矛盾和对立的本质当作是自然状态和原始状态。

与此相反，根据异化劳动概念而开展出来的国民经济学批判就是要表明：第一，整个国民经济学的前提和限度都是由异化劳动规定的。正像作为其根本出发点的前提乃是异化劳动一样，它的全部学说——原理和规律等等——都是在异化劳动的范围内活动并且是在此限度内具有实际效准的。第二，由于国民经济学只是非批判地立足于异化劳动之上，所以其学说的全部矛盾都植根于异化劳动同自身的矛盾；而这种矛盾之最尖锐化的表现是：当国民经济学明确地发挥关于"劳动是财富的唯一本质"的论点因而是对财富的主体本质加以确认时，其结论却是反过来敌视主体、敌视人的；如果说国民经济学家的后辈在排斥人这个方面总是比其先驱者走得更远，"……这只是因为他们的科学发展得更加彻底、更加真实罢了。因为他们使具有活动形式的私有财产成为主体，就是说，既使人成为本质，又同时使作为某种非存在物［Unwesen］的人成为本质，所以现实中的矛盾就完全符合他们视为原则的那个充满矛盾的本质"①。第三，由于马克思当时的国民经济学批判从异化劳动概念得出私有财产的概念，因而这一批判在把私有财产的起源问题变为异化劳动对人类发展进程之关系问题的同时，为批判地澄清和把握国民经济学的全部范畴奠定了新的基础。在这个基础上，我们可以借助于异化劳动和私有财产这两个因素来阐明国民经济学的一切范畴，"……而且我们将重新发现，每一个范畴，例如买卖、竞争、资本、货币，不过是这两个基本因素的特定的、展开了的表现而已"②。

　　大体说来，以上这些就是《1844年经济学哲学手稿》在国民经济学批判方面的基本要点。这一批判是以异化劳动概念为核心的，它不仅构成《手稿》之本质重要的一部分，而且是马克思整个政治经济学批判——直到《资本论》——的实际开端和真正起源。

---

① 《马克思恩格斯全集》第3卷，人民出版社2000年，第291页。
② 《马克思恩格斯全集》第3卷，人民出版社2000年，第279页。

三、以"异化的积极扬弃"为核心的共产主义学说

如果说国民经济学只不过是现代资本主义经济现实的理论表现,那么,马克思对国民经济学的批判同时也就是对这一经济现实本身的批判。这一批判是以共产主义(或社会主义,《手稿》当时在使用这类词语时还不很稳定)为基本定向的,因而马克思的批判也就是对国民经济学进行共产主义的批判。既然国民经济学及其现实的本质在于异化劳动,那么共产主义就意味着同这种异化现实的批判性脱离,亦即对之加以否定、克服、扬弃。《手稿》所阐述的共产主义学说发展出三个极为重要的主题:第一,共产主义并非与异化劳动的现实分离隔绝,而是与之本质相关的;第二,共产主义对异化之现实的克服同时要求对这一现实之成果的占有,即"积极扬弃";第三,共产主义的立足点将揭示一种全新的存在论境域,

这一境域只有通过彻底的社会变革才得以真正敞开和实现。

（一）自我异化的扬弃同自我异化走的是一条道路

一般来说，共产主义或社会主义意味着体会到现实本身的异化并试图批判地与之相脱离，因而"异化的扬弃"也就在一般的意义上意味着这种作为否定、拒绝、退出等的批判性脱离。毫无疑问，这样一种立场在对于现实的取向上是批判的，因而是与"非批判的实证主义"（在《手稿》使用这个词的意义上）立场完全不同的。对于社会主义或共产主义的批判立场来说，当人处在异化的现实中时，在那里得到确证的不是人的本质而是人的非本质，因而人的本质之实现唯在于摆脱这一异化的现实；与此相反，对于非批判的实证主义者来说，例如对于国民经济学家来说，那个异化了的现实并不是被当作异化来看待的，毋宁说，它直接意味着人的本质之实现，意味着人在这一现实中对自身的无限肯定。事实上，在现代资本主义世界刚刚诞生的时候，这两种对立的立场就开始萌动并发育起来。如果说，我们可以把现代世界的开端大体确定在公元1500年左右，那么，"社会主义五百年"的说法就意味着对现代世界的批判性意识几乎是和这个世界的降临同时产生的。

对现代资本主义世界之异化现实的批判是随着这一世界本身的发展而改变形态的。就像在特定的历史阶段上那种非批判的实证主义会是巨大的时代错误一样，早期的批判观点无疑是粗陋的和幼稚的，甚至是反动的——它主要地并且特别地采取着浪漫主义批判的形式。而浪漫主义批判的两个最主要的特征是：第一，开历史的倒车，亦即将摆脱异化状态的人的本质置放在种种未经发展的状态中，特别是置放在所谓自然状态或原始状态中；第二，为谋求从异化的现实中摆脱出来，仅仅诉诸人的精神、观念或道德，而不是诉诸特定的社会改造。随着异化的现实连同其巨大的文明成果迅速地发展起来，各种各样实质上是浪漫主义的批判也涌现出来，并且往往在卢梭富有特征的立场和观点中为自己找到思想理论的资源。

马克思在《手稿》中决定性地并且一劳永逸地废止了现代性批判中的浪漫主义方向，从而将这一批判的本质性置入到历史现实本身的展开过程中。这一点突出地表现在下述命题中："自我异化的扬弃同自我异化走的是一条道路。"①很明显，这一说法有意识地使批判的立场同浪漫主义的定向区别开来。因为浪漫主义的批判确实在现实中体会到了异化，因而试图脱离它、避开它、摆脱它；为了做到这一点，为了终止异化，浪漫主义的批判便要求走一条与自我异化根本不同的道路，甚至走一条与之截然相反的道路。如果说现代性的发展是前行的，那么现代性批判的浪漫主义道路便是退行性的。例如，法国重农学派的先驱者由于见到货币和城市的异化特征，便声称"货币是一切罪恶的根源"，以及"一国势力和财富的基础是农村居民而不是城市居民"；由于当时现代性的发展正要求集中货币财产（使之转化为资本）和城市化（以契合于工业化），所以这一批判便具有明显的退行性特征。我们在西斯蒙弟的经济学浪漫主义中，以及在蒲鲁东的小资产阶级的社会主义中，可以观察到同样的退行性特征。由于所有的浪漫主义批判家都避之唯恐不及地试图躲开现代性本身发展的道路，所以他们只能在这条实际的发展道路之外去设想从中获得解放的可能性。这种可能性在哪里呢？也许在农村

---

① 《马克思恩格斯全集》第3卷，人民出版社2000年，第294页。

公社中，也许在小手工业者聚集的城镇中，也许在自然状态和原始状态中——而所有这一切，又仅仅存在于批判家们空幻的想象或观念中。就像伏尔泰有一次在给卢梭的回信中颇带挖苦地所说的那样：您的《爱弥儿》以如此优美而雄辩的文笔向人们证明，自然状态和原始状态是那么的美好，以至于我都想回到树林子里用四条腿来走路了。

与浪漫主义的批判相反，"自我异化的扬弃同自我异化走的是一条道路"意味着：从自我异化中解放出来的可能性存在于自我异化实际发展的历史进程中；撇开这一现实的历史进程来设想的任何解放，都不过是单纯的幻觉和梦想。在这个意义上甚至可以说，如果没有自我异化的充分发展，自我异化的扬弃就是不可能的——因为扬弃自我异化的现实条件正是在自我异化的历史行程中发展起来的。所以，马克思在《手稿》中写道："……无产和有产的对立，只要还没有把它理解为劳动和资本的对立，它还是一种无关紧要的对立，一种没有从它的能动关系上、它的内在关系上来理解的对立，还没有作为矛盾来理解的对立。"①所谓"无产"和"有产"的对立，就是贫困与富有的对立，穷人和富人的对立——这是一种非常古老的对立。例如，我们在《圣经》中关于富人难于进天国的说法（"富人上天堂像骆驼穿过针眼一样难"）就能见到这种对立，或者，在杜甫"朱门酒肉臭，路有冻死骨"的名句中同样能见到这种对立。但这种对立之所以还是一种"无关紧要的对立"，是因为尽管这种对立可以被充分意识到，但扬弃这种对立的前提条件还根本没有产生出来，因而这种对立还缺乏能动关系或内在关系，还未能上升到"矛盾"之关系。由于私有财产尚未发展到"矛盾关系"的私有财产，因而私有财产关系依然长期地持存和发展着，并在此基础上继续着无产和有产的对立。在马克思看来，只有当无产和有产的对立发展到劳动和资本的对立时，亦即发展到现代资本主义这一高度的对立时，这样的对立才成为内在的和高度紧张的对立，正像我们在国民经济学的二律背反中所看到的那种对立：一方面是私有财产的主体本质（作为财产之排除的劳动），另一方面是客体化的劳动（作为劳动之排除的资本）。只有在这样的阶段上，私有财

---

① 《马克思恩格斯全集》第3卷，人民出版社2000年，第294页。

产才成为"发展到矛盾关系的、因而促使矛盾得到解决的能动关系的私有财产"。

由此可见，在马克思看来，无产和有产之间对立的解除，是由这种对立发展来提供历史前提的，一如自我异化的扬弃是由自我异化的发展来为它准备条件的。所谓"对立"发展到"矛盾"，不仅意味着形成高度紧张的矛盾关系，而且意味着形成使矛盾得到解决的前提条件。正是在这一基点上，构建起作为马克思现代性批判学说的共产主义；而这一学说所具有的原则高度意味着：它不像各种浪漫主义批判那样，退缩到形形色色的自然状态或原始状态中，退缩到与历史进程分离隔绝的主观想象或"善良意志"中，而是坚定地立足于历史的现实及其展开过程，从而将自我异化的扬弃把握为自我异化本身发展的必然结果。因此，"不难看到，整个革命运动必然在私有财产的运动中，为自己既找到经验的基础，也找到理论的基础"[1]。

诚然，在《手稿》中，马克思对于共产主义的阐说还是较为初步的和原则性的，因为立足于政治经济学批判和

---

[1] 《马克思恩格斯全集》第3卷，人民出版社2000年，第298页。

历史现实之整体基础上的论证尚未全面展开，而唯物史观还只是在酝酿中。但是，当扬弃异化的前提条件被把握在自我异化发展的现实中、而历史现实的原理也正在被重新拟定时，共产主义学说便已被提到了一个前所未有的高度，一条对之加以科学论证和实践筹划的崭新道路得到了积极的开启。正是在这条道路和这一原则高度上，马克思才开始建立起自己的共产主义学说，并使之决定性地区别于以往的各种社会主义和共产主义学说——我们可以在《共产党宣言》的第三章中见到这些学说的大要，它们包括封建的社会主义、小资产阶级的社会主义、德国的或"真正的"社会主义、保守的或资产阶级的社会主义，以及批判的或空想的社会主义和共产主义。

（二）共产主义的三种形态

由于马克思在《手稿》中通过最初的国民经济学批判而获得了重新阐述共产主义的基点，由于该基点在"异化的积极扬弃"这个主题上使国民经济学批判和共产主义学说合而为一，所以，马克思得以据此对先前的共产主义学说进行批判性的考察。这种批判性的考察一方面是根据其不同的理论原则区分出共产主义的不同形态，另一方面是通过形态区分而对重新制订的共产主义学说之基础作出积极的阐明。在《手稿》已经达到的那个高度上，马克思把共产主义把握为"扬弃了的私有财产的积极表现"；然而开始时它还仅只表现为"普遍的私有财产"。根据其对私有财产的关系，不同的共产主义观念可以被概括为以下三种形态。

1. 粗陋的共产主义。这是就理论逻辑而言最初的形态，在这种形态中，共产主义不过是私有财产关系的"普遍化和完成"。因为这种共产主义从实质上来说所要求的乃是平均化的私有财产，并且正是把完成私有财产的平均化理解为共产主义本身。这种共产主义的基本动力形式是："……对较富裕的私有财产怀有忌妒心和平均主义欲望，这种忌妒心和平均主义欲望甚至构成竞争的本质。"① 很显然，这种共产主义完全没有脱出私有财产的视野，毋宁说倒是整个地沉陷于普遍的——平均化的——私有财产关系中。例如，它想用强力抹杀天赋或才能等。之所以如

---

① 《马克思恩格斯全集》第3卷，人民出版社2000年，第295页。

此，是因为粗陋的共产主义把物质上的直接占有理解成生活的唯一目的；既然天赋或才能等不能作为私有财产为一切人平均占有，那么就应当被取消、被摧毁。因此，当这种共产主义表现出实物财产对它的强有力的统治时，私有财产关系仍然是整个社会同实物世界的关系。在这里，正像"劳动者"（即工资获得者）这个范畴没有被扬弃而只是被推广到一切人身上一样，私有财产也没有被扬弃，而只是"从想象的最低限度出发"以达到私有财产之平均化的完成。

对于这种共产主义，马克思评论说："它具有一个特定的、有限的尺度。对整个文化或文明世界的抽象否定，向贫穷的、需求不高的人——他不仅没有超越私有财产的水平，甚至从来没有达到私有财产的水平——的非自然的简单状态的倒退，恰恰证明私有财产的这种扬弃决不是真正的占有。"①这个论断不仅有力地批判了诸多具有浪漫主义性质的共产主义，而且突出地表现了马克思据以建立共产主义学说的要点之一：既然异化的扬弃和自我异化走着同一条道路，那么，异化的真正扬弃就根本不是"单纯性

---

① 《马克思恩格斯全集》第3卷，人民出版社2000年，第296页。

的倒退"所能达到的；相反，这种扬弃必须在废除私有财产的同时，能够把通过私有财产关系发展起来的文明成果据为己有。因此，粗陋的共产主义实际上仍然从属于"私有财产的卑鄙性"，但却试图把私有财产关系的两个方面——劳动和资本——提高到想象的普遍性的程度：就像劳动仍然是"为每个人设定的天职"一样，资本仍然是"共同体的公认的普遍性和力量"。只是这种关系不再采取直接的国民经济学的形式，而是变成了浪漫主义的共产主义寓言。

2.政治性质和经济性质的共产主义。关于这两种形式的共产主义，马克思只写了很简短的一个段落。前者是指政治性质的共产主义，即或者是民主的、或者是专制的共产主义；这种共产主义还完全没有区分政治解放和人类解放（我们可以在《论犹太人问题》中见到马克思的明确区分），因而还把本身是异化之表现或结果的政治制度——无论是民主的政治制度还是专制的政治制度——理解为共产主义的目的和形式。后者当指某种类型的无政府主义的共产主义；这种共产主义虽然要求废除国家，亦即要求废除政治形式的异化本身，但仍然"处于私有财产即人的异化的影响之下"，换言之，仍然从属于经济性质的异化。

在这里需要特别辨明的是：马克思的共产主义学说虽然决不排除政治道路和政治手段，并且以经济的运动（即"私有财产的运动"）为经验的基础和理论的基础，但共产主义本身却既不是政治性质的也不是经济性质的，而是"社会"性质的（下面将有详论）。一般来说，政治性质和经济性质的共产主义虽然摆脱了粗陋的共产主义的狭隘尺度和寓言式想象，但仍然局限于"政治经济的异化范围"之中。

对此，马克思指出："这两种形式的共产主义都已经认识到自己是人向自身的还原或复归，是人的自我异化的扬弃；但是，因为它还没有理解私有财产的积极的本质，也还不了解需要所具有的人的本性，所以它还受私有财产的束缚和感染。它虽然已经理解私有财产这一概念，但是还不理解它的本质。"[①]说它理解了私有财产这一概念，是指它把私有财产看作是人的自我异化，看作是人自身的直接的对立物，因而要求人向自身的还原或复归；说它还不理解私有财产的本质，则是指它在自身同私有财产的对立中，既未从自身这一方面弄清楚"需要所具有的人的本

---

① 《马克思恩格斯全集》第3卷，人民出版社2000年，第297页。

性",也没能从对立的另一方面把握"私有财产的积极的本质",因而仍然处于私有财产之本质的迷惑和统治之下。在这里,"需要所具有的人的本性"和"私有财产的积极本质"是两个极为重要的提法,也是这类共产主义始终未能真正掌握的东西。不理解前者,共产主义就不得不仍然局限于异化世界的范围之内,局限于为私有财产所歪曲和颠倒的人性的范围之内;不理解后者,共产主义就势必停留在它与私有财产的抽象对立中,停留在从私有财产的消极本性那里仅仅看到其消极性的抽象观念中。因此,这种共产主义虽然在理论的逻辑上向前迈进了一步,但它在同私有财产的对立中既没有真正脱出私有财产的规范和眼界,又没能在私有财产本身的运动中为自己找到积极的和建设性的基础。

3.作为自我异化之积极扬弃的共产主义。在这里,马克思用了一整个段落阐述了自己关于共产主义的基本理解和基本规定。为了解读的方便,我们且先引述这个段落的前半部分:"共产主义是私有财产即人的自我异化的积极的扬弃,因而是通过人并且为了人而对人的本质的真正占有;因此,它是人向自身、向社会的即合乎人性的人的复归,这种复归是完全的、自觉的和在以往发展的全部财富的范围内生成的。"①这一论断特别需要说明的要点如下：

第一，共产主义被明确表述为人的自我异化的"积极扬弃"，因而这种共产主义与私有财产的运动具有本质的勾连。这不仅意味着这种共产主义同时要成为国民经济学批判，而且意味着它要把扬弃了的私有财产——扬弃了的人的自我异化——作为自己的真正立足点。正如我们已经提到过的那样，所谓"扬弃"，不仅是否定，而且是肯定；不仅是脱离，而且是占有；不仅是克服，而且是保存。因此，这种共产主义就不是历史过程——作为人的自我异化过程——的简单中断，也不是在这一过程之外另有一个"彼岸的"基础，而是这样一个历史过程：异化的现实发展出一个扬弃自身并与自身相对立的结果。在这里开始出现的是真正现实的共产主义立场：它瓦解着异化世界与共产主义观念之间的抽象对立，从而决定性地超出了浪漫主义和空想主义的思想定向。

第二，共产主义的性质被明确地规定为"社会的"，因而共产主义是人向自身、"向社会的即合乎人性的人的复归"。我们在前面已提到过，对于马克思来说，共产主

---

① 《马克思恩格斯全集》第3卷，人民出版社2000年，第297页。

义本身既不是政治性质（权力关系）的，也不是经济性质（财产关系）的，而是"社会"性质的。在这里，"社会"一词与我们通常的用法相当不同，它是指与"市民社会"有原则区别的"人类社会"。必须特别引起注意的是：《手稿》中的"社会"一词（尤其是论述共产主义的部分）几乎完全是在这个意义上使用的。为了明确这种区分，我们可以参看马克思1845年《关于费尔巴哈的提纲》的第十条："旧唯物主义的立脚点是市民社会，新唯物主义的立脚点则是人类社会或社会的人类。"[1]因此，当《手稿》把"社会的人"叫做"合乎人性的人"时，这里的"社会"是指"人类社会"（即共同体、共产主义社会，或"社会化的人类"）；而与之形成对照的是"市民社会"或"资产阶级社会"（即原子个人的集合体，其定义为"一切人反对一切人的战争"）。在《手稿》的绝大部分语境中，当社会意指"人类社会"时，作为资产阶级社会的"市民社会"毋宁说是非社会的或反社会的。由此得到强调的首先是共产主义的原则高度，是它作为资产阶级社会的对立表现：共产主义是完全不同于"政治解放"的人类解放，

---

[1] 《马克思恩格斯选集》第1卷，人民出版社1995年，第57页。

是人的"社会解放",因而是"通过人并且为了人而对人的本质的真正占有",是"人向自身、向社会的即合乎人性的人的复归"。在这一点上同样可以显示出马克思与费尔巴哈的接近和疏离:当费尔巴哈通过高级的哲学直观抓住人的"社会本质"(可参看《手稿》论费尔巴哈"伟大功绩"的第二项)时,他便直接宣称自己是共产主义者;而当费尔巴哈根本无法使哲学直观和普通直观相接近时,马克思已把异化的扬弃设定在自我异化本身的发展轨道上了。这当然直接就意味着:人类社会在市民社会本身的运动中为自己找到了经验的和理论的基础。

第三,共产主义作为一种人向自身的复归同时占有以往发展的全部财富。为了摆脱现代世界的异化状态,先前的社会主义或共产主义观念总是特别地诉诸于"返回"或"复归"的行程,并因而突出地表现为浪漫主义的定向。在马克思看来,就其要求批判地脱离现代世界的异化而言,"复归"的观点并不是无稽的和荒谬的;就其将"复归"仅仅理解为单纯的倒退并设定在脱离现实的想象中而言,它才成为虚妄的和空想的。因此,当《手稿》将共产主义理解为自我异化的积极扬弃时,这种扬弃一方面就表现为一种复归——向社会的人的复归;另一方面,由于这种复归是对人的本质的真正占有，所以它是"完全的、自觉的和在以往发展的全部财富的范围内生成的"。这里所谓以往发展的全部财富是指什么呢？是指人类文明的全部成果，包括人类在非异化状态和异化状态的活动中所创造出来的全部财富。由于把异化的扬弃和自我异化理解为同一个进程，所以《手稿》把握住的"财富"观点乃是"真正人的、社会的财富"。对于不懂得这一点的国民经济学家来说，他们只能非批判地将一切财富都看作是私有财产；而对于把握了这一点的马克思来说，虽然私有财产直接地处于异化的现实中，但同样应当批判地使之转变为"真正人的、社会的财富"。比如说，在国民经济学以之作为前提的状况下，机器或机器体系固然表现为异化的现实，表现为对工人的支配和统治，但它们同时也是人的本质力量的对象化，是人类活动的现实化。因此，对私有财产的积极扬弃决不意味着拒绝或毁弃这种现实化的本质力量，而是使这种力量在摆脱其异化形式的同时由"社会"来重新加以占有。正如我们在马克思后来的著作中经常看到的那样，他对"资本的文明一面"以及资产阶级"非常革命的作用"一向给予极高的（远远超出其他批判家的）历史评价。

在作了这些简要的解说之后，我们要来看一下马克思阐明其共产主义原理的下半段表述："这种共产主义，作为完成了的自然主义=人道主义，而作为完成了的人道主义=自然主义，它是人和自然之间、人和人之间的矛盾的真正解决，是存在和本质、自由和必然、个体和类之间的斗争的真正解决。它是历史之谜的解答，而且知道自己就是这种解答"。很显然，这是一个具有原则高度的哲学表述，而这个哲学表述又本质重要地同"共产主义"的阐述相关联。于是我们将要转入这样一个主题，在这个主题中，新的哲学——存在论境域——恩格斯后来所谓的"新世界观"——将在"自我异化的积极扬弃"中得以奠基，并将在真正"社会"（人类社会）的展开中得到现实的开启和证明。

（三）异化的扬弃与哲学变革

当马克思把异化的积极扬弃理解为现实历史的革命性变革时，这一变革就将同时意味着哲学思想的革命性变革。因为在马克思看来，私有财产是异化了的人的生命的物质的、感性的表现，是异化范围内的"人的实现或人的现实"，而宗教、国家、道德、法等，则是生产的一些特殊的方式，并受生产的普遍规律的支配。"因此，对私有财产的积极扬弃，作为对人的生命的占有，是对一切异化的积极扬弃，从而是人从宗教、家庭、国家等向自己的人的存在即社会的存在的复归。"①

人向"社会"的存在的复归就意味着共产主义，而这种共产主义是完成了的自然主义=完成了的人道主义，反之亦然。为什么是这样呢？因为在异化的现实中出现的，是人同自然界之间以及人同人之间的对立、冲突和矛盾，并且同时表现为存在和本质、对象化和自我确证、自由和必然、个体和类之间的对抗和斗争。我们在异化劳动之诸规定的分析中见到过这种上升为矛盾的对抗斗争，因而我们也在现代哲学中看到这种对抗和斗争的理论表现。共产主义作为异化之扬弃，就是使这样的矛盾和对抗——例如，在国民经济学中得到突出表现的矛盾和对抗——得到真正的解决，就是在真正"社会"的基地上重建这一切的和谐与统一，特别是人和自然界之间以及人和人之间的和

---

① 《马克思恩格斯全集》第3卷，人民出版社2000年，第298页。

谐与统一。自然主义和人道主义的统一，意味着异化世界中之对立和斗争的克服；所谓"完成了的"自然主义和人道主义的统一，意味着经历异化的充分发展而将上述的对立和斗争，积极地扬弃为重建起来的和谐与统一。在这里，共产主义既是现实的历史运动又是这一历史运动的"自我意识"——后者作为观念形态乃是前者的理论表现，所以，共产主义是历史之谜的解答（实践解答），而且知道自己就是这种解答（作为实践解答的思想—理论表现）。

马克思的立脚点是共产主义，这种共产主义在异化劳动和私有财产的积极扬弃中，亦即在"社会"（人类社会）中得到原则高度的表述。"自然界的人的本质只有对社会的人来说才是存在的；……只有在社会中，人的自然的存在对他来说才是自己的人的存在，并且自然界对他来说才成为人。因此，社会是人同自然界的完成了的本质的统一，是自然界的真正复活，是人的实现了的自然主义和自然界的实现了的人道主义"[①]。在这里必须特别引起注意的是：第一，所谓社会，是指私有财产的积极扬弃，即《关于费尔巴哈的提纲》中的"人类社会或社会的人类"。

---

① 《马克思恩格斯全集》第3卷,人民出版社2000年,第301页。

再重申一遍,马克思在《手稿》中使用的"社会"一词,绝大多数是在这个意义上使用的——因而"社会"往往意指"在被积极扬弃的私有财产的前提下";马克思1845年又将之称为"新唯物主义的立脚点"。第二,最重要的是,作为异化之积极扬弃的"社会"重建人与自然之间、人与人之间的真正统一;这种统一毫无疑问揭示出至关重要的"哲学"——哲学变革——意义,就像《手稿》用"自然主义=人道主义"来简要提示的那样。但这样的哲学变革只有在人类社会生活本身之整体变革的基础上才是可能的,也就是说,只有在"社会"的基地上才能得到实现和展开,才能得到真正的理解和把握。第三,之所以如此,是因为只有在"社会"中,人作为自然界的存在以及自然界作为人的存在、人的自然的本质以及自然界的人的本质等,才作为直接现实的东西被建立起来并显现出来。《手稿》中大量使用这类对偶句法,试图揭示那在异化状态中形成和巩固起来的对立——特别是人和自然界之间、人和人之间的矛盾与对立——如何在私有财产被积极扬弃的前提下陷于瓦解的境地,如何在"社会"的状态中重新达致完成了的统一。总之,只有在这样一种"社会"的视域中,亦即在异化之扬弃的视域中,我们才能理解,何以人的"自然的存在"能够成为"人的存在",何以自然界对人来说能够"成为人",何以人的解放会同时成为"自然界的真正复活";以及什么叫"人的实现了的自然主义",什么叫"自然界的实现了的人道主义",如此等等。

诚然,《手稿》以共产主义为立足点所提示出来的哲学视域一开始还是较为简要的和抽象的:它一方面要求扬弃异化所造成的种种分裂和对立,特别是人和自然界之间、人和人之间的分裂与对立,从而把自身表述为自然主义和人道主义的真正统一;另一方面,它在理论上还一般地依循感性—对象性原理,以一般地建立人和自然界之间、人和人之间的现实的——亦即感性—对象性的——关联。所以,马克思在《手稿》中,和费尔巴哈一样,把现实性理解为对象性:"非对象性的存在物是非存在物(Unwesen)。"[1]同时,也和费尔巴哈相类似,把对象化理解为人的实现或现实,从而使之对立于异化,即人的丧失或非现实化。以此为基础,马克思首先探讨了在扬弃异化的前提下,"人的感觉"或"感觉的人性"如何能够被批判地加以重建。

---

[1] 《马克思恩格斯全集》第3卷,人民出版社2000年,第325页。

在马克思看来，私有财产既意味着人变成对自己来说是对象性的，同时又意味着他变成异己的和非人的对象。因此，在私有制的条件下，正像感性的对象对人说来成为异己的对象一样，感觉本身也被异化为片面的享受和拥有的感觉："一切肉体的和精神的感觉都被这一切感觉的单纯异化即拥有的感觉所代替。"①如果说在这一领域中的异化意味着人的"感觉"和"特性"都成为非人的，成为人的"绝对的贫困"，那么，自我异化的积极扬弃就意味着人的一切感觉和特性的彻底解放。就像异化的感觉和特性通过对象性的关系而成为现实的异化一样，这种异化的扬弃即人的感觉和特性的解放也只有通过对象性的关系才成为现实的解放。"眼睛成为人的眼睛，正像眼睛的对象成为社会的、人的、由人并为了人创造出来的对象一样。因此，感觉在自己的实践中直接成为理论家。感觉为了物而同物发生关系，但物本身是对自身和对人的一种对象性的、人的关系，反过来也是这样。"②

由于现实性被把握在对象性的关系中，所以我们便能理解：为什么感觉的解放也是对象的解放，为什么人的感

---

① 《马克思恩格斯全集》第3卷，人民出版社2000年，第303页。
② 《马克思恩格斯全集》第3卷，人民出版社2000年，第304页。

觉或感觉的人性是由于"人化的自然界"才产生出来的，为什么异化的积极扬弃同时会是"自然界的真正复活"。

在这里，显然一方面意味着马克思的共产主义学说要以根本性的哲学变革为依据，另一方面又意味着这样的哲学变革要以作为异化之积极扬弃的共产主义为立脚点。如果说，前面关于感觉与其对象之关系的现实理解可以一般地借助于费尔巴哈的感性—对象性理论来达成的话，那么，在《手稿》所涉及的异化劳动及其扬弃的巨大领域中，费尔巴哈的那种直观的对象性看来已不再够用，看来已被马克思"含蓄地"超过了。最为明显的是：人与自然、人与对象的现实的关系固然被理解为对象性的关系，但这种对象性关系是开始通过"劳动"、通过"改造"（或"创造"）对象世界，通过"工业"来得到把握的了。我们在《手稿》关于异化劳动和人的"类本质"的分析中已见到这种情形，而在异化劳动之积极扬弃的部分则突出地讨论了"工业"——显然，这个词并不是表示我们通常使用的那种含义，而是指"全部人的活动"的对象性存在的领域。这是一个费尔巴哈从未见识到和触动过的领域，然而在马克思看来，既然改造对象世界的活动是人的能动的类生活，那么，工业的历史便是一本"打开了的关于人的本质力量的书",是"感性地摆在我们面前的人的心理学"。在这本"书"或这种"心理学"中,我们可以清晰地把握人的对象化的本质力量的感性形式和异化形式,从而使之成为关于历史之真正科学的本质重要的一部分——就像我们在马克思后来的理论活动中所看到的那样,经济史、工业和商业的历史,以及"工艺学"等如何进入到其学说之中并成为本质重要的一部分。

《手稿》显然还来不及就这些内容作出充分的展开和详尽的阐述,但马克思却迅速地对之作出了具有哲学高度的判断和"社会"意义的估价:工业是自然界对人(因而也是自然科学对人)的"现实的历史关系"。就像我们在"异化的扬弃"中一般地揭示出人和自然界的重新统一样,我们在"工业"中得以在现实的历史中去把握"自然界的人的本质",或"人的自然的本质"。

由之而来的简要结论包括:第一,"在人类历史中即在人类社会的形成过程中生成的自然界,是人的现实的自然界;因此,通过工业——尽管以异化的形式——形成的自然界,是真正的、人本学的自然界。"[1]这就是说,人和

---

[1] 《马克思恩格斯全集》第3卷,人民出版社2000年,第307页。

自然界的现实性,是通过人和自然界的对象性关系而被确认的;对于马克思来说,这种对象性关系又是通过"人类社会的形成过程"、特别是通过"工业"的历史而得到把握的。第二,当自然界的人的本质,或者人的自然的本质被理解之后——一方面通过"社会"(人类社会)另一方面通过"工业"而得到理解之后,人和自然界的对立与矛盾也就在理论上被解除了——就其现实性而言,这样的对立与矛盾通过异化的积极扬弃而在实践中被解除。因此,"自然科学往后将包括关于人的科学,正像关于人的科学包括自然科学一样:这将是一门科学……自然界的社会的现实和人的自然科学或关于人的自然科学,是同一个说法"①。这意味着一种全新的"科学",这种科学是以异化的积极扬弃为前提的,因而它不过是社会主义(马克思在此处多用"社会主义"一词)即"自然主义=人道主义"在理论形态上的表现罢了。第三,异化的积极扬弃在开启科学变革的同时,也强有力地变革我们习惯于称为哲学思想的领域。这一变革的核心之点,在于重建人和自然界的实在性,亦即人和自然界立足于自身之上的存在。马克思

---

① 《马克思恩格斯全集》第3卷,人民出版社2000年,第308页。

指出，任何一个存在物只有当它依靠自身而存在时，它才是自立的；而只有当它是自立的时候，它才认为自己是独立自主的。由于异化状态总是意味着某种事物对人及其生活的支配和统治，所以"造物"是一个很难从人民意识中排除的观念，而自然界和人依其自身的存在对于这种意识来说却是不能理解的。因此，社会主义在扬弃异化的同时将从根本上排除造物的观念，即排除凌驾于自然界和人之上的存在物的问题，并重建人和自然界的实在性。通过前面关于"社会"和"工业"的讨论，我们很容易理解，在马克思那里，人和自然界的实在性是通过对象性来把握的，这种实在性是："人对人来说作为自然界的存在"以及"自然界对人来说作为人的存在"①。这是一种全新的哲学—存在论思想（如果可以这么说的话），它之所以要求驱除一切凌驾于自然界和人之上的存在物（无论是何种存在物），是"……因为对社会主义的人来说，整个所谓世界历史不外是人通过人的劳动而诞生的过程，是自然界对人的生成过程，所以关于他通过自身而诞生、关于他的形成过程，他有直观的、无可辩驳的证明"②。

---

① 《马克思恩格斯全集》第3卷，人民出版社2000年，第310—311页。
② 《马克思恩格斯全集》第3卷，人民出版社2000年，第310页。

由此可见，在《1844年经济学哲学手稿》中，马克思的共产主义学说以自我异化的积极扬弃为核心，因而这一学说不仅彻底摆脱了现代性批判的浪漫主义方向，而且要求通过世界历史的现实进程来把握"社会"——人类社会——的重建。历史现实之进入到共产主义的学说之中，一方面是把异化的扬弃置于异化即私有财产运动的基础之上；另一方面是把"人和自然的真正统一"本质地关联于"工业"的历史和"工业"的已经生成的对象性的存在，从而使共产主义不再可能仅仅局限于"高级的哲学直观"了。进而言之，人和一切对象之间的现实关系、人和自然界的实在性等，虽然是通过感性—对象性来加以规定的，但直观的对象性看来已经无法满足马克思了；由于《手稿》所论说的对象性原理是通过"劳动"、通过"工业"等来阐述的，所以已开始具有较为明确的历史的和实践的定向。这种历史的和实践的定向在《手稿》的共产主义学说中到处萌发并表现出来，以至于它显而易见地构成马克思思想进展的——不同于费尔巴哈的——强大的和积极的动力。这样的动力将可以在理论的各个方面取得巨大的收获，但对于当时的马克思来说，首先必须实现哲学上的真正突破，以形成和确立其思想—理论之最深刻最稳固的立脚点。无论是《手稿》的国民经济学批判还是共产主义学说，在其涌现着各种充满活力的思想进展的同时，都要求并指向哲学上的重新探索与创造性奠基。正因为如此，马克思迅速地撇开其他问题而再度转向哲学，开展出一轮极富内容且意义深远的哲学批判——"对黑格尔的辩证法和整个哲学的批判"。

四、以"对象性的活动"为核心的哲学批判

在《1844年经济学哲学手稿》中，马克思对费尔巴哈的评价达到了最高点。《手稿》不仅把费尔巴哈的著作称为"继黑格尔的《现象学》和《逻辑学》之后包含着真正理论革命的唯一著作"，而且指证费尔巴哈的哲学发现为"整个实证的批判"（包括对国民经济学的批判）打下了真正的基础。[①]事实上，自1843年以来，马克思便认为费尔巴哈已经完成了对黑格尔辩证法和一般哲学的批判，而《手稿》仍然盛赞费尔巴哈的《纲要》和《未来哲学》"从根本上推翻了旧的辩证法和哲学"[②]。

那么，马克思在《手稿》中对黑格尔的辩证法和整个哲学开展出新一轮的批判，究竟在多大程度上成为必要

---
① 《马克思恩格斯全集》第3卷，人民出版社2000年，第220页。
② 《马克思恩格斯全集》第3卷，人民出版社2000年，第313页。

呢？关于这一点，看来马克思一开始也并没有太大的把握：在《手稿》的表述中，一方面，费尔巴哈似乎已经完成了这一批判（发现了"哲学的本质"）；另一方面，这一批判似乎还有待进一步的深化，也就是说，费尔巴哈的工作尚未完成。这种微妙的情形突出地反映在《手稿》序言的一段话中："相反，费尔巴哈的关于哲学的本质的发现，究竟在什么程度上仍然——至少为了证明这些发现——使得对哲学辩证法的批判分析成为必要，读者从我的阐述本身就可以看清楚。"①

确实，我们在《手稿》中看到了马克思开展出哲学—辩证法批判的那个非常重要的部分，这一哲学批判是以"对象性的活动"原理为核心的；并且正是通过这个核心之点，马克思在哲学上重新审视了自己与费尔巴哈哲学、与黑格尔哲学的关系，从而开启出已近在咫尺的"新世界观"的可能性——这种可能性以1845年春《关于费尔巴哈的提纲》为结穴，也就是说，在该提纲中得到基础上的实现。

―――――――
① 《马克思恩格斯全集》第3卷，人民出版社2000年，第222页。

（一）费尔巴哈的伟大功绩及对辩证法的解释

《1844年经济学哲学手稿》肯定了费尔巴哈在哲学上的三项伟大功绩："（1）证明了哲学不过是变成了思想的并且通过思维加以阐明的宗教，不过是人的本质的异化的另一种形式和存在方式，因此哲学同样应当受到谴责。"[①]我们在前面已提到过，作为整个哲学—形而上学的完成者，黑格尔论证了哲学和宗教具有同样的对象，即绝对者—上帝，亦即真理和最终的现实；两者的差别只是在形式方面：宗教采取信仰的形式，而哲学采取思维的形式。因此，当费尔巴哈对宗教神学开展出他的人本学批判时，这一批判便同样开展出对哲学—形而上学的批判。值得注意的是，这一批判并不是针对某种特定的哲学，而是针对着一般哲学——费尔巴哈将之称为"思辨神学"——而开展出来的。在这个意义上，哲学和宗教同样是人的本质的异化形式或存在方式；当宗教的神学遭遇到毁灭性的打击时，一般哲学即思辨的神学就不能幸免于难。而费尔巴哈的批判目标之所以特别地指向黑格尔哲学，那仅仅是因为

---

① 《马克思恩格斯全集》第3卷，人民出版社2000年，第314页。

黑格尔哲学是被当作一般哲学、特别是现代哲学的完成形式来看待的。如果说，以往的哲学批判只是针对着某种特定的哲学形态而开展出来——如康德对经验论的批判，黑格尔对康德、费希特的批判等，那么，自费尔巴哈以来的哲学批判则突出地针对着一般哲学—形而上学，针对着哲学作为人的本质的异化而开展出来——如马克思、尼采、海德格尔等的哲学批判。这种批判的开启之功确实属于费尔巴哈，至于费尔巴哈的批判究竟在多大的程度上被实现，亦即在多大的程度上颠覆了一般哲学，还不是这里所要讨论的。

《手稿》指证费尔巴哈的另一项功绩在于："（2）创立了真正的唯物主义和实在的科学，因为费尔巴哈也使'人与人之间的'社会关系成了理论的基本原则。"[1]这里所说的意思是什么呢？它主要包括两个方面：一方面，费尔巴哈的对象性原理要求把现实的主体理解为对象性的存在；换句话说，现实的人不可能孤立地存在，他的现实性唯在于他以其他人作为对象，而其他人亦以他作为对象。"我"以"你"作为对象，因而"你"是"我"固有而又

---

[1] 《马克思恩格斯全集》第3卷，人民出版社2000年，第314页。

客观的本质——现实的主体在对象性的关系中是"社会的存在"或"文化的存在"。另一方面，由于费尔巴哈的对象性原理采取直观的反思形式，因而人的现实性在于人对人的直观，在于男人对女人（或反过来）的直观（即爱）。这样的直观在"高级的哲学"形式中乃是对人的"社会"本质的无限肯定，亦即是对人们之间彼此需要、彼此相爱等的无限肯定——如此这般得到肯定的人的本质就是"社会"或"社会关系"，费尔巴哈根据这一点便直接宣称自己是社会主义者或共产主义者。很显然，当这两个方面依然能够成为马克思理论进展的积极动力时，当费尔巴哈关于对象性的一般原理依然需要优先被掌握而其反思形式上的缺陷尚未昭彰显著时，马克思便会对费尔巴哈的"社会"概念给予高度评价：它构成"真正的唯物主义和实在的科学"的基础。对于当时的马克思来说，费尔巴哈关于"社会关系"的见解至少在以下两个方面仍然是优越的：它在存在论上不依赖于关于人的本质的神秘思辨；它作为对"人类社会"的高级直观立即构成对异化现实的尖锐批判。至于费尔巴哈在哲学上的巨大缺陷导致其在社会领域中的异常薄弱和束手无策，特别是马克思在几个月以后的《提纲》中对费尔巴哈社会概念的全面清算，也还不是这里所要讨论的。

《手稿》肯定费尔巴哈的又一伟大功绩是:"(3)他把基于自身并且积极地以自身为根据的肯定的东西同自称是绝对肯定的东西的那个否定的否定对立起来。"①这句看起来颇为复杂的话讲的是一种对立,是费尔巴哈与黑格尔在哲学根本立场上的一种对立。费尔巴哈的立场是"基于自身并且积极地以自身为根据的肯定的东西",这是什么呢?答:是感性的东西,或径直就是感性。黑格尔的立场是"自称是绝对肯定的东西的那个否定的否定",这是什么呢?答:是作为绝对者而自我活动的思维,即思辨的思维。因此,费尔巴哈是拿感性来同黑格尔的思辨的思维相对立。感性是立足于自身之上的当下直接的肯定,而自称是绝对肯定的东西则是绝对的思维——由于绝对的思维是思辨的,所以它又是自我活动,是否定之否定,因而也就是思辨的辩证法。这里出现的是一个重中之重的关键点,它牵涉费尔巴哈对黑格尔辩证法的理解和批判,也牵涉马克思在《手稿》中对黑格尔辩证法和整个哲学之批判的必要性——因为除非马克思的批判在某种程度上真正超越了

---

① 《马克思恩格斯全集》第3卷,人民出版社2000年,第315页。

费尔巴哈，否则的话，马克思之重开这一批判就会是多余的了（亦即仅仅是重复费尔巴哈的批判了）。

很明显，马克思首先是赞同费尔巴哈的感性立场的，因为马克思把用感性的东西同思辨的思维对立起来一事首先看成是费尔巴哈的"伟大功绩"之一。那么，费尔巴哈怎样理解黑格尔的辩证法（这里特别关涉的就是思辨思维的否定之否定）呢？费尔巴哈声称，在整体的存在论框架上，黑格尔的辩证法是：第一，肯定——黑格尔从绝对者—实体出发，从绝对的和不变的抽象出发，也就是说，他的哲学从宗教和神学出发。第二，否定——黑格尔扬弃了无限者，设定了现实的、感性的、有限的东西，也就是说，他的哲学又是对宗教和神学的扬弃。第三，否定之否定——黑格尔重新扬弃了肯定的东西，重新恢复了抽象、无限的东西，也就是说，他的哲学最终乃是宗教和神学的恢复。因此，在费尔巴哈看来，这就是黑格尔辩证法——作为否定之否定——的实质或真义：思辨的思维从自身出发，经过它的异在又返回自身，而这一辩证的、作为否定之否定的进程，无非意味着哲学从宗教神学出发，经过对神学的否定（扬弃）又返回到神学。"由此可见，费尔巴哈把否定的否定仅仅看作哲学同自身的矛盾，看作在否定神学（超验性等等）之后又肯定神学的哲学，即同自身相对立而肯定神学的哲学。"①

这一说法显然——但含蓄地——包含着对费尔巴哈关于辩证法之解释的不满足，因为费尔巴哈把辩证法即否定之否定"仅仅看作"哲学同自身的矛盾；马克思似乎体会到辩证法之更加广大也更为深入的某种东西，这种东西似乎并未进入到费尔巴哈的视野中并被真正把握住。然而尽管如此，费尔巴哈的批判功绩仍然是第一位的：当他用感性的立场来对黑格尔的辩证法作出批判时，一种哲学上的尖锐对立还是被明确地揭示出来了："因此，感性确定的、以自身为根据的肯定是同这种肯定（思辨的肯定即否定之否定）直接地而非间接地对立着的。"②不仅如此，在这种直接的而非间接的对立中表现出来的，乃是思辨思维最胆大妄为的僭越，即思辨的"创世"：辩证的否定之否定乃是"在思维中超越自身的和作为思维而想直接成为直观、自然界、现实的思维"③。因此，《手稿》的哲学批判一方面对费尔巴哈的立场——感性—对象性的原理——给予高

---

① 《马克思恩格斯全集》第3卷，人民出版社2000年，第315页。
② 《马克思恩格斯全集》第3卷，人民出版社2000年，第315页。
③ 《马克思恩格斯全集》第3卷，人民出版社2000年，第315页。

度的肯定，并且明确地声言自己就站在这一立场之上；另一方面，《手稿》似乎开始感觉到费尔巴哈对辩证法的批判是不充分的，是可以而且需要使之进一步得到拓展和深化的。正是这后一个方面使得马克思重开"对黑格尔的辩证法和整个哲学的批判"成为必要，使得马克思在更加深入的哲学立脚点上超越费尔巴哈成为可能，并且也使得马克思再度进入到黑格尔哲学之中，从而使其理论不可避免地、批判地和积极地占有这一遗产。

（二）重新检审黑格尔辩证法的"活动"原则

众所周知，马克思在稍后的《神圣家族》中将黑格尔哲学批判地分析为三个基本因素：第一，斯宾诺莎的"实体"，即形而上学地改了装的脱离人的自然；第二，费希特的"自我"或"自我意识"，即形而上学地改了装的脱离自然的人；第三，以上两个因素在黑格尔哲学中必然的矛盾的统一——作为主体的实体，即形而上学地改了装的"现实的人或现实的人类"。现在我们需要首先关注一下上述的第二个因素，也就是主观性即自我意识的那个方面，因为正是这个方面构成德国唯心主义特别地发展起来的"活动"或"主体"原则(马克思后来将之称为"主体方面"或"能动的方面")。当康德在哲学上开展出一个所谓"哥白尼革命"时,他赋予主体在知识之构造方面的中心作用和地位;这样的主体即"我思"或"自我意识",它被把握为纯粹的自发性或能动性,康德因之将主体称为"纯粹活动"。费希特哲学可以被看作是康德哲学的完成,而当费希特试图从"自我"来推演和构造整个世界并因此将纯粹的自发性推进至生产性或创造性时,他将这样的主体表述为"活动本身"。由于斯宾诺莎的"实体"决定性地进入到德国古典哲学中,谢林将"同一者"(思维—存在,主体—客体)表述为"无限的活动",而黑格尔则在稍有差别的意义上将之表述为"自我活动"。这样的活动原则或主体原则从一个方面来说出自于康德—费希特的"自我意识",但就存在论的根据而言则要求将主体性首先奠基于实体本身:"(1.绝对即主体的概念)照我看来……一切问题的关键在于:不仅把真实的东西或真理理解和表述为实体,而且同样理解和表述为主体。"①因此,在黑格

---

① [德]黑格尔:《精神现象学》上卷,贺麟、王玖兴译,商务印书馆1979年,第10页。

尔那里，作为实体的主体乃是"自我活动"——而这种自我活动就是展开过程，就是否定之否定，就是思辨的辩证法。

当费尔巴哈将作为否定之否定的辩证法"仅仅看作哲学同自身的矛盾"时，辩证法也就仅仅具有消极的意义了，因而黑格尔哲学的"活动"原则当然也就被取消了——确实，我们在费尔巴哈哲学中看不到"活动"原则，毋宁说在那里起作用的乃是与之正相反对的"直观"原则。然而，在马克思的《手稿》中，黑格尔的"活动"原则似乎还包含更多的、有待进一步深究的东西。就这一点而言，虽说《手稿》之公开显明的哲学立场是捍卫费尔巴哈而反对黑格尔，但其间含蓄微妙地发展起来的思想却意味着：在批判黑格尔辩证法这个主题上，马克思能够在多大程度上超越费尔巴哈，他也就能够在多大程度上重新占有黑格尔"活动"原则的积极成果。正是在肯定费尔巴哈感性—对象性原理的同时，马克思写道："但是，因为黑格尔根据否定的否定所包含的肯定方面把否定的否定看成真正的和唯一的肯定的东西，而根据它所包含的否定方面把它看成一切存在的唯一真正的活动和自我实现的活动，所以他只是为历史运动找到抽象的、逻辑的、思辨的表达，这种历史还不是作为一个当作前提的主体的人的现实历史，而只是人的产生的活动、人的形成的历史。"①

很明显，这一说法是批判性的；但同样明显的是，这一说法包含着对黑格尔"活动"原则的高度肯定。其肯定的意义在于："活动"原则——作为自我活动，作为展开过程，作为否定之否定，一句话，作为思辨的辩证法——为历史运动找到了一种表达，一种史无前例的、具有哲学高度的表达，尽管这种表达还是抽象的、逻辑的和思辨的（也就是说，神秘的）。这意味着，黑格尔的辩证法或"活动"原则虽然是神秘的，但却并不仅仅是神秘的，它包含着某种被虚假地反映出来的真实的东西，这种真实的东西就是现实的历史。如果说，我们在费尔巴哈的学说中根本看不到历史的一度，那么，这正是因为其哲学中完全缺失"活动"的原则；如果说，我们在黑格尔那里仅仅看到神秘的历史，那么，这恰恰是因为其哲学的"活动"原则本身是神秘的，因而只能为历史运动找到抽象的、逻辑的和思辨的表达。

所以在马克思看来，由黑格尔所表述的历史还不是现

---

① 《马克思恩格斯全集》第3卷，人民出版社2000年，第316页。

实的人的历史,而只是在思辨的"活动"原则中得到抽象映现的"人的产生活动、人的形成的历史"。这确实是《手稿》的一个伟大发明:这个发明显而易见地超越了费尔巴哈,并且实质地要求重估黑格尔哲学的遗产——特别是作为"活动"原则的辩证法,而这一重估又是以现实的历史或历史的现实为基本定向的。然而,当《手稿》将作为辩证法的否定之否定把握为历史运动之抽象的、逻辑的和思辨的表达时,与其说马克思是得到了结论,毋宁说是提出了进一步的分析任务。这个任务特别地在于:"要说明这一在黑格尔那里还是非批判的运动所具有的批判的形式。"①

在费尔巴哈看来,黑格尔的辩证法仅仅是"非批判的运动"(在否定神学之后又肯定神学);然而在马克思看来,这种固然是非批判的运动却具有"批判的形式"。为什么这么说呢?因为就"自我活动"最终是神秘的而言,它只是一种非批判的运动(思辨神学性质的运动);就"自我活动"思辨地把握了现实历史的原则而言,它又具有批判的形式。关于这种历史原则之批判的形式,恩格斯

---

① 《马克思恩格斯全集》第3卷,人民出版社2000年,第316页。

后来在《路德维希·费尔巴哈和德国古典哲学的终结》中曾给予高度的评价："按照黑格尔的思维方法的一切规则，凡是现实的都是合乎理性的这个命题，就变为另一个命题：凡是现存的，都一定要灭亡。"①与此相类似，卢卡奇也指证了黑格尔的历史原则即自我活动的原理如何在哲学上实现了一个决定性的——虽则还是思辨的——变革："……生成表现为存在的真理，过程表现为事物的真理。这就意味着，历史发展的倾向构成比经验事实更高的现实。"②当马克思在《手稿》中开始意识到：作为辩证法的否定之否定并不仅仅意味着哲学同自身的矛盾，它还意味着"自我活动"的原理需要被重新检审和把握时，马克思便已超出费尔巴哈而要求去追究黑格尔辩证法这一"还是非批判的运动所具有的批判的形式"了。

于是，《手稿》便再度深入于黑格尔的体系中，这一深入以批判地考察《精神现象学》为基本主题。之所以如此，是因为在马克思看来，《精神现象学》——作为"关于意识的经验的科学"，作为体系的第一部分，作为逻辑

---

① 《马克思恩格斯选集》第4卷,人民出版社1995年,第216页。
② ［匈］卢卡奇:《历史与阶级意识》,杜章智等译,商务印刷馆1992年,第268—269页。

学的导言乃是"黑格尔哲学的真正诞生地和秘密"。正如我们在前面已提到的那样,与费尔巴哈不同,马克思对黑格尔辩证法的重新考察致力于决定性地分辨其批判的方面和非批判的方面,以便在拒斥思辨神学的同时使辩证法的积极成果和意义能够被揭示出来。最为简要地说来,黑格尔辩证法的批判方面植根于"自我活动"所开展出来的历史的原则,而其非批判的方面则在于这种"自我活动"的实体被理解为思辨的绝对者——上帝,就像在历史哲学中现实的历史最终被归结为"神正论"一样。无论如何,马克思在《手稿》中已牢牢地把握住了黑格尔辩证法的这种双重意义;如果说他以同费尔巴哈相一致的方式去抨击思辨辩证法的神秘方面即非批判性,那么,他便同时以超出费尔巴哈的方式去开掘和重估思辨辩证法的批判性一面,亦即其形而上学地改了装的"活动"或"历史"的原理。所以,马克思一方面说,《精神现象学》"……潜在地包含着批判的一切要素,而且这些要素往往已经以远远超过黑格尔观点的方式准备好和加工过了"[1]。另一方面,马克思又指出,黑格尔晚期著作中突出地表现出来的非批判

---

[1] 《马克思恩格斯全集》第3卷,人民出版社2000年,第319页。

性——非批判的实证主义和非批判的唯心主义——已经作为萌芽、潜能和秘密存在于《精神现象学》之中了。综合这两个方面的论断被表述为：《精神现象学》是一种"隐蔽的、自身还不清楚的、神秘化的批判"[①]。

因此，对于马克思来说，弄清楚这种还是神秘化批判的真实内容与合理意义，从而透彻地解析作为黑格尔哲学之秘密的《精神现象学》，便成为一项重要而紧迫的思想任务了。

（三）辩证法与劳动的本质

当马克思一般地从否定之否定的辩证法中把握住思辨的"活动"即历史性的原理时，他便立即意识到，需要从黑格尔的整个体系来更加全面和详尽地去探究辩证法的真实意义了。这一探究之所以从《精神现象学》入手，是因为马克思试图从黑格尔哲学的"诞生地"中，能够更为直接和切近地揭示其整个辩证法的"秘密"，即隐蔽着的真

---

① 《马克思恩格斯全集》第3卷，人民出版社2000年，第319页。

相。当某些理论或观念的发展已经远离其初始的基地并被固定在云霄中时，往往需要从其"诞生地"去追究它的本质来历。在经过对《精神现象学》的一系列的批判性考察之后，马克思把黑格尔辩证法的"秘密"突出地揭示为劳动的本质："因此，黑格尔的《精神现象学》及其最后成果——辩证法，作为推动原则和创造原则的否定性——的伟大之处首先在于，黑格尔把人的自我产生看作一个过程，把对象化看做非对象化，看做外化和这种外化的扬弃；可见，他抓住了劳动的本质，把对象性的人、现实的因而是真正的人理解为他自己的劳动的结果。"[①] 大约100年之后，海德格尔在《关于人道主义的书信》中说出了几乎相同的意思："劳动的新时代的形而上学的本质在黑格尔的《精神现象学》中已预先被视为无条件的制造之自己安排自己的过程，这就是通过作为主观性来体会的人来把现实的东西对象化的过程。"[②]

由此可见，《1844年经济学哲学手稿》的一个决定性的发现是：辩证法——在黑格尔手中是被神秘化了——之隐蔽着的真相无非就是劳动，是劳动之本质的思辨表达。

---

① 《马克思恩格斯全集》第3卷，人民出版社2000年，第319—320页。
② 《海德格尔选集》上卷，上海三联书店1996年，第383—384页。

如果说这种本质在《逻辑学》中由于与其现实基础的巨大疏离而变得难以识别，那么，它在《精神现象学》中则能够被更加切近地揭示出来。马克思在可能是1844年下半年写下的笔记中有关于"黑格尔的现象学的结构"的评注，其中的第一条即是："自我意识代替人。主体。客体。"① 我们知道，黑格尔辩证法的存在论基础是作为主体的客体，因而是实体的自我活动，而辩证法无非就是这种自我活动的展开过程。这种辩证过程的神秘化既意味着把实体理解为绝对者（即上帝），又意味着用自我意识代替人。如果取消这一过程的神秘性质，亦即一方面驱除绝对者实体，另一方面把自我意识归结为人，那么，这一辩证过程的存在论基础就不再是神秘的主体—客体，而是转变为现实的人和现实的自然界，而这一辩证过程本身——如果不是被取消的话——也就转变为只能由"劳动"来定向并通过"劳动"来得到合理理解的主体—客体的辩证法。正是在这个意义上，《神圣家族》把黑格尔哲学的第三个因素，即实体与主体在这个哲学中的必然的统一，叫做"形而上学地改了装的现实的人或现实的人类"。就思辨的辩证法

---

① 《马克思恩格斯全集》第3卷，人民出版社2000年，第678页。

是神秘的这一点而言，它是"形而上学地改了装的"；就思辨的辩证法抓住了劳动的本质而言，它被揭示出来的秘密或真相乃是在劳动过程中生成的"现实的人或现实的人类"。

把思辨辩证法的秘密或真相揭示为劳动的本质，这是《手稿》最重要的发现之一，也是马克思在哲学上能够很快超出费尔巴哈的最具决定性意义的步骤之一。这一发现或步骤不仅为重新占有黑格尔哲学的遗产（首先是并且特别是辩证法）提供了前提，而且为行将到来的哲学变革（首先是并且特别是存在论变革）做好了准备。关于这方面的内容和意义的进一步的结论，我们将在下文恰当的地方予以展开；而在《手稿》中，对于马克思来说重要而紧迫的是：通过这个已然赢得的发现而对黑格尔的哲学—辩证法作出批判性的重估。

一个总括性的重估出现在下述评论中："且让我们先指出一点：黑格尔站在现代国民经济学家的立场上。他把劳动看作人的本质，看作人的自我确证的本质；他只看到劳动的积极方面，没有看到它的消极方面。劳动是人在外化范围之内的或者作为外化的人的自为的生成。黑格尔唯

—知道并承认的劳动是抽象的精神的劳动。"①为什么说黑格尔是站在现代国民经济学家的立场上？因为黑格尔把"劳动"看作人的本质，就像我们在前面已经看到的那样，"启蒙的"国民经济学家彻底发挥了关于劳动是财富的唯一本质的论点，因而抓住了财富的主体本质。然而在这里，仅仅指证黑格尔非常了解并熟悉国民经济学一事是远远不够的，因为马克思在这里所谈论的毋宁说是二者在原则上的一致，而不是在事项上的一致。黑格尔把"劳动"看作人的本质，这一判断更加"哲学地"说来，是因为黑格尔把"纯粹的活动"即自我意识看作人的本质。恰恰也正因为如此，所以说黑格尔只看到劳动的积极方面，而没有看到它的消极方面。如果有人根据《法哲学原理》的相应段落——这些段落谈论现代劳动同时产生出贫困——而认为黑格尔也知道劳动的消极方面，那么，这样的看法不仅是浅表的，而且是误入歧途的。马克思的论断是就哲学的总体，就理论的原则而言的：国民经济学家固然也能"看到"并且"谈论"现代劳动的负面情形，但只要其理论的总体原则还达不到"异化劳动"的概念，那么国民经

---

① 《马克思恩格斯全集》第3卷，人民出版社2000年，第320页。

济学在把劳动看作人的本质即财富的主体本质时，就还完全没有把握住劳动的消极方面。同样，黑格尔在不少场合固然也能"看到"并且"谈论"现代劳动的负面情形，但只要这一哲学还是无限地肯定自我意识的纯粹活动及其产物，还不能把例如宗教、哲学、道德、国家等把握为人的本质的异化形式，那么，黑格尔也就完全没有把握住"劳动"（其实质与核心乃是自我意识的纯粹活动）的消极方面。因此，马克思的下述说法既针对着国民经济学家也针对着黑格尔，是同时对这两者的批判："劳动是人在外化范围之内的或作为外化的人的自为的生成。"①

另一方面，当马克思肯定思辨的辩证法抓住了劳动的本质时，他又尖锐地指出：黑格尔所知道并承认的劳动真正说来只是"抽象的精神的劳动"。为什么这么说？因为就黑格尔哲学——辩证法的总体而言，正是一般来说构成哲学的本质的那个东西，即自我意识的纯粹活动及其外化，被看成劳动的本质。在这个意义上，思辨的辩证法不仅把自然界和人类生活的各个环节看作是自我意识的环节，而且把它们看成是绝对精神之自我区别和自我活动的诸环

---

① 《马克思恩格斯全集》第3卷，人民出版社2000年，第320页。

节。也是在这个意义上,我们一般所说的劳动,或经济学范围内所谈论的劳动,只不过是自我意识之活动的特定类型或环节罢了,因而其本质性要被归结为这样一种抽象的精神的劳动,即自我意识的纯粹活动。

为了更加深入地揭示思辨辩证法的秘密,为了进一步批判地探究这种辩证法在何种意义上抓住了"劳动的本质",马克思特别地考察了《精神现象学》的最后一章,即"绝对知识"。为什么对劳动之本质的讨论居然进入到《精神现象学》的"绝对知识",而不是《法哲学原理》的"需求体系"(在那里确实有关于国民经济学及其范围内之劳动的大量论述)?我们必须首先弄清楚,马克思是在整个思辨哲学—辩证法的层面上来强调黑格尔抓住了"劳动之本质"的。这里的真正问题既不是黑格尔在多大程度上熟悉国民经济学,也不是他多么经常地在这样的范围内来谈论劳动,问题的核心恰恰在于思辨的辩证法是如何在哲学上隐秘地道说出"劳动之本质"的。因此,马克思从《精神现象学》入手是完全正确的和深得要领的。关于"绝对知识"这一章的考察,马克思极为精要地写道:"主要之点就在于:意识的对象无非是自我意识;或者说,对象不过是对象化的自我意识、作为对象的自我意识。(设定人=自我意识。）"①黑格尔在这里说出的是什么呢？是神秘化了的辩证法。而这种辩证法的秘密又是什么呢？是劳动。由于这种劳动的存在论基础乃是把人设定为自我意识，所以思辨辩证法把握住的乃是抽象的精神劳动，是以这种抽象的精神劳动——"纯粹活动"或"自我活动"——为本质而展开和实现的整个发展过程。

因此，对于马克思来说重要的是，在肯定黑格尔的辩证法抓住了"劳动之本质"的同时，对这一辩证法的哲学存在论基础开展出积极的批判，以便依靠并且通过这一批判来决定性地拯救黑格尔哲学的遗产，并为行将到来的哲学—存在论变革——其结果是"新世界观"——奠定基础。很明显，这样一种奠基行动将极大地超出费尔巴哈哲学的范围；同样明显的是，由之而来的基础本身将重新占有并彻底改造黑格尔的辩证法成果。那么，思辨辩证法的存在论核心是怎样的呢？

黑格尔的辩证法是以抽象的精神劳动为本质的展开过程，而这一辩证过程按其本性来说是"需要克服意识的对象"②。为什么需要克服意识的对象呢？因为一方面，对

---

① 《马克思恩格斯全集》第3卷,人民出版社2000年,第321页。
② 《马克思恩格斯全集》第3卷,人民出版社2000年,第321页。

象不过是对象化的自我意识，换句话说，是由自我意识设定或创立起来的；另一方面，这种设定或创立活动除非能克服对象而返回自身，否则就不再是自我意识。约言之，自我意识的活动是：从自身出发，经过它的异在（对象或对象性领域）又返回自身。为了经过它的异在而能够返回自身，它就必须克服意识的对象——用一个粗俗的比喻来说：被液化了的某种气体乃是该气体的"异在"，为了返回这种气体作为气态的存在，就必须"克服"它作为液态的那种"异在"。因此，在思辨的辩证法中，自我意识的活动（即抽象的精神的劳动）为了能够返回自身就必须克服意识的对象，也即是说，必须扬弃对象性本身。"对象性本身被认为是人的异化了的、同人的本质即自我意识不相适应的关系。因此，重新占有在异化规定内作为异己的东西产生的人的对象性本质，不仅具有扬弃异化的意义，而且具有扬弃对象性的意义，就是说，因此，人被看成非对象性的、唯灵论的存在物。"[1]

在这里出现的乃是思辨辩证法的存在论核心：对于黑格尔来说，（1）实体的自我活动归根到底乃是抽象的精神

---

[1] 《马克思恩格斯全集》第3卷，人民出版社2000年，第321页。

的劳动；（2）这一活动过程需要克服意识的对象，即扬弃对象性本身；（3）扬弃对象性本身意味着人被看成非对象性的存在物，也就是说，被看成唯灵论的存在物。对于马克思来说，必须对思辨辩证法的这一存在论核心作出更加深入的批判性分析，因为只有通过这样的批判性分析，才有可能使黑格尔辩证法的思辨性质趋于瓦解，才有可能引导一场超越费尔巴哈的存在论变革并将黑格尔的遗产积极地据为己有。

（四）"对象性的活动"

《手稿》对黑格尔哲学—辩证法的存在论批判主要从以下三个方面来展开。第一，自我意识的活动过程需要"克服意识的对象"。马克思就此全面地考察了《精神现象学》并通过八个要点来概括"意识的对象的克服"，其中最关紧要的是前两个要点，即在思辨辩证法或自我意识的活动过程中，（1）对象本身对意识来说是正在消逝的东西。之所以说对象本身是正在消逝的东西，是因为本质的东西乃是自我意识——一方面，对象是由自我意识设定的；另一方面，自我意识向自身的回返（"对象向自我的复归"）也就是对象之克服。在这个意义上，对象本身对意识来说归根到底是正在消逝的东西；真正本质的并且自立的东西乃是自我意识，对象不断地由之"产生"并且不断地被其"吸收"，因而总是正在消逝的东西。这就好比说，如果我们把"货币"当成本质的东西，那么，各种作为使用价值的商品对于货币来说就是正在消逝的东西。

（2）自我意识的外化设定物性。什么叫"自我意识的外化设定物性"呢？这话在黑格尔那里，就意味着自我意识设定对象；由于自我意识被当作本质的东西，所以对象之本质的东西——"物性"——通过对象之克服而被确立并被把握住。换句话说，正是由于自我意识的活动克服了对象而向自身回返，它才将"物性"作为对象的本质性建立起来并据为己有。然而，这种情形在马克思的批判看来，恰恰表明：由于自我意识只不过是人的抽象，所以，由之设定或建立起来的东西也只能是物的抽象或抽象的物，即"物性"。《手稿》这样表述道："但是，同样明显的是，自我意识通过自己的外化所能设定的只是物性，即只是抽象物、抽象的物，而不是现实的物。此外还很明显的是：物性因此对自我意识来说决不是什么独立的、实质的东西，而只是纯粹的创造物，是自我意识所设定的东西……"①

因此，第二，当马克思的存在论批判针对着黑格尔辩证法的主体领域时，问题的要害就在于"被当作主体的不是现实的人本身"，而只是人的抽象，即自我意识。也就是说，在黑格尔的哲学—辩证法中，总已先行设定人=自我意识，或人=自我，而自我意识或自我只是被抽象地理解的和通过抽象产生出来的主体。"人的本质，人——在黑格尔看来——=自我意识。因此，人的本质的全部异化不过是自我意识的异化。自我意识的异化没有被看作人的本质的现实异化的表现，即在知识和思维中反映出来的这种异化的表现。相反，现实的即真实地出现的异化，就其潜藏在内部深处的……本质来说不过是现实的人的本质即自我意识的异化现象。因此，掌握了这一点的科学就叫作现象学。"②由于在这里出现的真正主体是自我意识，由于这样的主体就其本质来说是非对象性的，所以它是——而且只能是——唯灵论的存在物。

因此，第三，当马克思的存在论批判针对着黑格尔辩证法的对象领域时，问题的要害就在于自我意识的活动在

---

① 《马克思恩格斯全集》第3卷，人民出版社2000年，第323页。
② 《马克思恩格斯全集》第3卷，人民出版社2000年，第321—322页。

扬弃异化的同时，主要地具有扬弃对象性本身的意义，从而整个对象领域对于思辨思维的辩证过程来说乃是一个"阴影"的领域，即一个要被克服的和正在消逝的领域。正如马克思在与《手稿》大致同时的笔记中所写的评论那样："扬弃异化等于扬弃对象性。"[①]自我意识的活动过程之所以主要地具有扬弃对象性本身的意义，是因为对自我意识的活动来说，构成其障碍和异化的东西并不是对象的特定性质，而是它的对象性本身。"因此，对象是一种否定的东西、自我扬弃的东西，是一种虚无性。对象的这种虚无性对意识来说不仅有否定的意义，而且有肯定的意义，因为对象的这种虚无性正是它自身的非对象性的即抽象的自我确证。"[②]也就是说，自我意识的活动是这样一种"纯粹的活动"，这种活动要经过（创立或设定）对象领域，同时又必须克服对象领域并返回自身；这种返回意味着对象的虚无性，并且正是通过对象的虚无性而确证主体自身及其活动。

由此可见，当《手稿》揭示出《精神现象学》的最后成果乃是否定性的辩证法，并且指证这一成果的伟大之处

---

① 《马克思恩格斯全集》第3卷，人民出版社2000年，第678页。
② 《马克思恩格斯全集》第3卷，人民出版社2000年，第327页。

在于抓住了"劳动之本质"的同时,马克思深入地开展出了对思辨辩证法的存在论批判。这一批判特别地针对着黑格尔哲学—辩证法的两个方面。第一,"非批判的唯心主义":由于设定人=自我意识,由于自我意识的活动需要克服意识的对象即扬弃对象性本身,所以思辨的辩证法在使对象虚无化(否定现实的物)的同时,使这一活动的主体成为非对象性的即唯灵论的存在物。我们在前面已经说过,马克思和费尔巴哈的共同立场在于:把现实性首先理解为感性—对象性。一个存在物如果在自身之外没有对象,它就不是对象性的存在物,而"非对象性的存在物是非存在物(Unwesen)"①。因此,马克思的批判是要表明:当思辨辩证法的活动过程要求扬弃对象性本身之时,它就只是确证这一过程的主体是"非存在物",确证这一过程的活动是"非存在物"的活动——这就是非批判的唯心主义。第二,"同样非批判的实证主义":由于思辨的辩证法既要求扬弃对象性本身,又把知识看作是意识的唯一的行动(《精神现象学》的"绝对知识"),所以它就把意识,即作为知识的知识、作为思维的思维直接冒充为它

---

① 《马克思恩格斯全集》第3卷,人民出版社2000年,第325页。

自身的他物，即冒充为感性、现实、生命；这样一来，"意识、自我意识在自己的异在本身中就是在自身"①。也就是说，在思辨的辩证运动中，黑格尔把自我意识的外化形态——如宗教、哲学、国家等等——直接变成为对自我意识的确证。"因此，在扬弃例如宗教之后，在承认宗教是自我外化的产物之后，他仍然在作为宗教的宗教中找到自身的确证。黑格尔的虚假的实证主义或他那只是虚有其表的批判主义的根源就在于此……"②这就是马克思所说的黑格尔的"实证主义"，它只是对人的自我异化的产物如宗教、哲学、国家等作出实证—肯定的理解，而不是对之作出批判—否定的理解。与之相反，在马克思的批判中，如果说宗教、哲学、国家等乃是外化的人的自我意识，那么，属于人的本质的自我意识就不是在宗教、哲学和国家中得到确证的，而是在被消灭、被扬弃了的宗教、哲学和国家中得到确证的。

这就是《1844年经济学哲学手稿》对黑格尔哲学—辩证法进行存在论批判的主要内容。这一批判对马克思来说究竟意味着什么呢？首先，它使得决定性地拯救黑格尔辩

---

① 《马克思恩格斯全集》第3卷，人民出版社2000年，第328页。
② 《马克思恩格斯全集》第3卷，人民出版社2000年，第328页。

证法的积极成果成为可能；其次，它使得决定性地超越费尔巴哈的哲学立场成为可能；最后，它使得一场决定性地由"新世界观"来定向的哲学革命成为可能。虽说这三重可能性对于《手稿》来说还仅仅是可能性，但由之而构成的积极动力是如此的强大，以至于它几乎是在数月之间就得以展开并且是不可遏制地实现了（《关于费尔巴哈的提纲》和《德意志意识形态》）。这三重可能性突出地凝聚于、体现于《手稿》的"对象性活动"的概念中，而这一概念恰恰是马克思重开"对黑格尔的辩证法和整个哲学的批判"所取得的决定性成果。《手稿》关于"对象性活动"概念一个最主要、最基本的表述是："当现实的、肉体的、站在坚实的呈圆形的地球上呼出和吸入一切自然力的人通过自己的外化把自己现实的、对象性的本质力量设定为异己的对象时，设定并不是主体；它是对象性的本质力量的主体性，因此这些本质力量的活动也必须是对象性的活动。对象性的存在物进行对象性活动，如果它的本质规定中不包含对象性的东西，它就不进行对象性活动……因此，并不是它在设定这一行动中从自己的'纯粹的活动'转而创造对象，而是它的对象性的产物仅仅证实了它的对象性活动，证实了它的活动是对象性的自然存在物的活动。"①

"对象性活动"的概念清晰地表明，它既是对思辨辩证法的"活动"原理的决定性批判，又是对这一原理的积极拯救。就决定性的批判而言，马克思指证黑格尔的思辨活动的主体——自我意识——乃是非对象性的、唯灵论的存在物，因而整个思辨辩证法的活动过程乃是"非存在物"的神秘活动过程。就积极的拯救而言，马克思揭示出思辨辩证法的秘密无非是形而上学地改了装的现实历史之表达，是思辨化了的劳动之本质。因此，从存在论上对黑格尔辩证法的批判性拯救就突出地体现在"对象性的活动"概念上：自我意识的"纯粹活动"要被现实主体的"对象性的活动"所取代——后者克服前者，后者是前者的真理。在马克思看来，"自我意识"的活动乃是主体之内部自身的活动，是围绕自身的不停息的旋转；而这种纯粹活动的本质来历恰恰是从"对象性活动"的纯粹抽象而来，是通过将"自我对象化的内容丰富的、活生生的、感性的、具体的活动"抽象化为"绝对的否定性"而产生出来的。②因此，对思辨辩证法的存在论批判就直接意味着取

---

① 《马克思恩格斯全集》第3卷，人民出版社2000年，第324页。
② 《马克思恩格斯全集》第3卷，人民出版社2000年，第333页。

消"纯粹活动"的抽象幻觉,并将其本质性归结为"对象性的活动"。"你扬弃想像中的对象、作为意识对象的对象,等于真正地对象性地扬弃,等于与思维有差别的感性行动、实践以及现实的活动。"[①]约言之,当马克思在《手稿》中开展出对黑格尔哲学—辩证法的存在论批判时,他在"对象性的活动"中为这一批判找到了基本的立场与口号。

同样,"对象性活动"的概念表明,费尔巴哈对思辨辩证法的存在论批判是薄弱的和不充分的,它未能真正克服黑格尔哲学。虽说在《1844年经济学哲学手稿》中这一点并不特别清晰,虽说当时马克思对费尔巴哈的不满足还在很大程度上保持为"含蓄的",但"对象性活动"的概念却已决定性地突破了费尔巴哈哲学的基地。毫无疑问,马克思对思辨辩证法的新一轮批判固然也在存在论上依循与费尔巴哈相一致的感性—对象性原理,但当费尔巴哈通过这一原理而将辩证法的扬弃——否定之否定——仅仅归结为"神学之恢复"时,马克思却重新把握住了"黑格尔辩证法的积极的环节":"扬弃是把外化收回到自身的、对象性的活动。——这是在异化之内表现出来的关于通过扬

---

① 《马克思恩格斯全集》第3卷,人民出版社2000年,第678页。

弃对象性本质的异化来占有对象性本质的见解……"①正是由于马克思对思辨辩证法的再度批判,他与费尔巴哈的差别,一开始似乎仅仅是视角上的差别、反思形式上的差别,最终不能不被归结为存在论根基上的差别:存在,现实的存在,是被把握为感性—对象性的直观呢,还是被把握为感性—对象性的活动?这里的差别可以通过斯宾诺莎与黑格尔的比较来加以提示:虽说两者的原理都是绝对者"实体",但斯宾诺莎的实体是静止的、怠惰的、不动的,因而是"无限的黝黯";而黑格尔的实体则是能动的、自由的、为活动原则所贯彻的,因而是"自身透明的光明"。与此相类似,当费尔巴哈仅仅以直观的对象性来与黑格尔的"纯粹的活动"相对立时,马克思则以活动的对象性克服了黑格尔的"纯粹的活动",也就是说,在清除其思辨幻想的同时占有了它的积极成果。在这个意义上,《手稿》的存在论立场固然仍诉诸于感性—对象性,但这一立场已经为强有力的、渊源有自的"活动"原则所充实和提升了,确切些说,是被整个地重新加以铸造了。这个重新被铸造的存在论立场突出地体现在"对象性活动"的概念中,它意

---

① 《马克思恩格斯全集》第3卷,人民出版社2000年,第331页。

味着既保有又超越费尔巴哈的立场，它还意味着《手稿》已经以潜在的方式具备了批判费尔巴哈的基本理由。

最后，当我们在《关于费尔巴哈的提纲》（1845年春）和《德意志意识形态》（1845年秋至1846年5月）中看到马克思开展出对费尔巴哈哲学的全面批判时，我们从中可以清晰地把握到的是：这一批判同时是对思辨哲学及其一切变种、对德意志意识形态以及一般意识形态的总清算，这种总清算是以一场真正的哲学革命为前提的，而这场哲学革命又是以"实践"——"对象性的活动"或"感性的活动"——为基本出发点和立足点的。因此，在《手稿》写作的仅仅几个月之后，马克思便断言道："从前的一切唯物主义（包括费尔巴哈的唯物主义）的主要缺点是：对对象、现实、感性，只是从客体的或者直观的形式去理解，而不是把它们当作感性的人的活动，当作实践去理解，不是从主体方面去理解。因此，和唯物主义相反，能动的方面却被唯心主义抽象地发展了，当然，唯心主义是不知道现实的、感性的活动本身的。费尔巴哈想要研究跟思想客体确实不同的感性客体，但是他没有把人的活动本身理解为对象性的（gegenständliche）活动。"[①]由此可见，

---

① 《马克思恩格斯选集》第1卷，人民出版社1995年，第54页。

一切旧哲学——无论是唯心主义还是以往的唯物主义——都未能在存在论上理解和把握到的那个原理正就是"对象性的活动"。我们看到，马克思在《1844年经济学哲学手稿》中通过其哲学批判初步达成了"对象性活动"的概念；由之开拓出来的领域，就是"与思维有差别的感性活动、实践以及现实的活动"之领域。自1845年以后，马克思明确地并且稳定地将对象性的活动或感性的活动称之为"实践"。正是由此出发，马克思实现了哲学史上的一个革命性变革，这一变革的核心乃是对"意识"所作的存在论批判："意识（das Bewusstsein）在任何时候都只能是被意识到了的存在（das bewusste Sein），而人们的存在就是他们的现实生活过程。"①如果我们要追溯这一哲学变革的本质来历，那么，它正是与《手稿》之对象性活动的概念最为切近地彼此关联着的。当对象性活动的概念在《关于费尔巴哈的提纲》和《德意志意识形态》中获得进一步展开之际，这一概念的充分发挥——作为"实践"之原则或纲领——就不仅成为"新世界观"的拱心石，而且成为唯物史观的真正起源。

---

① 《马克思恩格斯全集》第3卷，人民出版社2000年，第72页。

五、《1844年经济学哲学手稿》的当代意义

在对《手稿》的主要内容作出大致的阐说之后,我们需要进一步就其当代意义来进行一个概要的讨论。所要讨论的基本问题是:这样一部诞生于170多年前的马克思的手稿,在今天还具有怎样的理论意义和现实意义?换言之,我们应当从怎样的定向上去把握和估价其当代意义?大体说来,这样的意义主要体现在以下三个方面:第一,《手稿》在思想史和文献学上的意义;第二,《手稿》对于理解和辨明马克思整个学说之基本性质的意义;第三,《手稿》对于批判地审视和分析当代世界——特别是其异化特征——所具有的意义。

（一）《手稿》在思想史和文献学上的意义

毫无疑问，《1844年经济学哲学手稿》的发表（1932年），最为直接也最为突出地弥补了马克思思想发展史中的一个文献上的空缺，从而使这一阶段（1845年之前）的思想史描述开始变得完整和连贯起来。不仅如此，由于《手稿》几乎可以说是这一思想史进程中最为重要也最为艰深的环节，所以它的发表并不只是弥补了一个一般性的文献学空缺，而且是恢复了一个在思想史进程中具有决定性意义的枢纽。正是通过这个枢纽，马克思从法哲学批判进入到政治经济学批判的行程，从"费尔巴哈派"转至对费尔巴哈哲学的清算行程，都变得清晰明确了；而新世界观的"萌芽"，以及唯物主义历史观的"起源"，也得以在思想史的诸环节上获得了准确而全面的规定。

举例来说，我们都知道，马克思在回顾其1843年的工作时说，他的研究得出这样一个结果，即法的关系和国家的形式等植根于物质的生活关系，即"市民社会"，而对市民社会的解剖则应该到政治经济学中去寻求。但是，在《手稿》尚不为人所知的情况下，我们却几乎完全不知道马克思的政治经济学批判是从何处开始的，尤其不知道这一批判是以怎样的形式开始的。虽说我们可以根据比如说恩格斯的《国民经济学批判大纲》，根据马克思大致同时的笔记和文献，根据《德意志意识形态》的某些提示，以及根据《哲学的贫困》和《共产党宣言》等来形成某种思想史的重建，虽说卢卡奇可以通过马克思后来关于"拜物教"的批判性论点而卓有见地地构成所谓"物化"（或"异化"）学说，但所有这些在思想史上都还只能算是有根据的猜测；至于马克思政治经济学批判之最初的理论形态和思想逻辑，特别是其在开端上曲折而多重的思想史关系，则只能暂付阙如了。

《手稿》的发表在文献学上决定性地改变了这种情况，使得马克思政治经济学批判的初始立场、观点和形态以一种整全的面貌呈现在我们面前。如阿尔都塞所说，"……《手稿》是马克思接触了政治经济学的结果……以前他所接触的经济学，只是由政治辩论而涉及到的一些经济问题……到了1844年，马克思开始研究政治经济学本身……马克思同政治经济学的接触也是对政治经济学的批判，是孜孜以求地要找到政治经济学的根据"[①]。很明显，只有

[①] ［法］阿尔都塞：《保卫马克思》，顾良泽，商务印书馆1984年，第128—130页。

在《手稿》发表以后,这样的判断才可能在较为准确的意义上被作出;同样明显的是,正是由于《手稿》决定性地填补了文献学上的这一重大空白,诸如此类的思想史研究及其成果才极为广泛地涌现出来。事实上,就像由之开启的研究空间直到今天依然存在一样,那种属于思想史之历史考证研究的积极成果在今天仍然具有重要的学术价值。

不仅如此,《手稿》在思想史和文献学上的意义还以一种更加深入的形式表现出来,即原先在思想史上还只是被一般断言的模糊地带开始得到极大的廓清。众所周知,1843年的马克思属于"费尔巴哈派",而1845年的马克思则对费尔巴哈哲学进行了全面的批判;这一批判显而易见地包含着对黑格尔哲学的重估,因而也包含着马克思的"新世界观"同黑格尔、同费尔巴哈之间的极为错综复杂的思想史关系。这样的思想史关系虽说先前也能对之作出一般性的断言,但由于缺乏关键性的文献根据,这样一个决定性的环节却始终是一个幽深而隐秘的模糊地带。我们知道,《关于费尔巴哈的提纲》克服了一切旧哲学,亦即克服了以费尔巴哈和黑格尔为代表的旧哲学;但我们却很少知道,马克思与这两者之间的批判性脱离具体说来究竟是怎样发生的,是围绕什么样的理论枢纽开展出来的,是以何种思想形态来得到富有内容的积极表现的。《手稿》的发表从根本上改变了这种情形，因为它提供了这一阶段思想史阐述之最后的、也是最为关键的文献依据，从而使得先前的一般断言能够依循全部新发现的思想材料而被充分地具体化。毫无疑问，这样的具体化会立即表现为一项思想史研究的任务：它在使一般断言通过内容而被丰富和充实的同时，也将在相当的程度上调整和修订先前断言的阐释取向。

进而言之，由于《手稿》所处的独特而关键的转折性位置，所以其思想史和文献学意义不仅涉及上述所谓错综复杂的理论关系（除开与费尔巴哈和黑格尔的关系外，还包括与国民经济学和共产主义学说的关系，以及它们之间的相互关系），而且涉及由这种关系而来的理论变迁，涉及对于这种变迁来说最具实质性和标志性意义的主导概念。在《1844年经济学哲学手稿》中，这样的主导概念毫无疑问将包括"异化"或"异化劳动"，而且这一主导概念毫无疑问意味着马克思的国民经济学批判的决定性开端。虽说人们可以一般地把"异化"概念追溯到黑格尔，特别是追溯到费尔巴哈的宗教人本学批判，但是当《手稿》的发表将文献学上的"异化"或"异化劳动"概念公布出来之时，思想史研究的任务就是确定它在马克思思想发展进程中的地位和意义。这一思想史研究任务的艰巨性表现为下述事实，即自《手稿》发表以来，关于马克思"异化"概念的争论始终未曾止息，并且一直延续到今天。就思想史而言，我们知道，《手稿》以后，马克思在公开发表的著作中，很少再突出地使用"异化"这个概念；而在一些准备性的、不拟公开发表的手稿中却又较多地、时常地出现。为了理解这种情形，若仅仅根据马克思使用这个概念的统计学频度，我们能得出什么有意义的思想史结论来呢？在对立的争论中，有些人主张，"异化"概念不过是某种旧哲学的遗迹，而在真正的马克思主义学说中没有根本的重要性；另一些人则断言，这个概念几乎可以说是马克思全部学说的根本、实质和隐秘的中心。这样的对立表明：虽说争论初始是在思想史领域中开展出来的，但问题的实质已经极大地超出思想史的范围了。

《手稿》的另一个极为重要的概念是"对象性的活动"。和"异化"或"异化劳动"概念相比较，"对象性的活动"似乎只是在《手稿》中数度出现，似乎还算不上主导概念，甚至长期以来被忽略而并未受到足够的重视。因此，尽管《手稿》的发表提供了思想史上必要的文献，但这一概念却并没有被当作具有本质重要性的核心概念被牢牢地把握住。事实上，在《手稿》发表之后，这种忽略是本应能够避免的（因为思想史上的文献已经具备）；并且正是由于这种忽略，《手稿》的哲学立场也变得晦暗不清了。马克思1845年开始变得明朗起来的"实践"纲领，即"感性的活动"或"对象性的（gegenständliche）活动"[①]，一向很少被追踪到《手稿》已经赢获并在源头上得到阐述的"对象性的活动"概念上，并且一向很少经由这一概念而深入到费尔巴哈哲学的"感性—对象性"原理以及黑格尔哲学的"纯粹活动"或"自我活动"的原理之中，却一任马克思的"实践"纲领长期停留在一种粗浅的、望文生义的和脱离哲学史规定的理解状态上。能够说明这种理解状态的情形是：我们过去一直将"对象性的活动"翻译为"客观的活动"〔当这一翻译被纠正过来时，我们仍然把人的思维之"对象性的真理性"翻译为"客观的（gegenständliche）真理性"[②]〕，这样的误译即便在单纯思想史的意义上来说也鲁莽地忽视了《手稿》的存在，并因此而鲁莽地切断了这一概念与费尔巴哈哲学的重要关联；而

---

① 《马克思恩格斯选集》第1卷，人民出版社1995年，第54页。
② 《马克思恩格斯选集》第1卷，人民出版社1995年，第55页。

当这一概念与费尔巴哈哲学的关联被切断时，它与黑格尔哲学的"活动"原则（更加广泛地说来，与德国古典哲学的"活动"原则）之关联也消失得无影无踪了。因此，当我们标明"对象性的活动"概念构成《手稿》之整个哲学批判的核心时，正是试图将《手稿》的发表所带来的思想史和文献学成果积极地据为己有："对象性的活动"概念不仅统摄并且整合着《手稿》的全部哲学批判，而且从一个方面回溯到其哲学史上的基本渊源（特别是费尔巴哈和黑格尔哲学），从另一个方面直接通达新世界观的"实践"纲领（《关于费尔巴哈的提纲》和《德意志意识形态》）。不消说，由之而来的理论任务直到今天依然持存；同样不消说，这样的理论任务虽然在很大程度上属于思想史和文献学的范围，但其展开过程却不可能仅仅局限于这样的范围之内。

（二）《手稿》对于理解马克思整个学说之性质的意义

超出思想史和文献学范围的理论任务，特别地关系到对马克思整个学说——首先是其基础和性质——的理解和判断。毫无疑问，马克思的任何一部著作、手稿或书信，对于理解马克思的整个学说来讲一般都会具有特定的意义；但是，反过来说，对于马克思学说之基本性质的总体判断，又总是作为先行理解（"前理解"和"理解定向"）而构成对每一著作或手稿之把握的前提条件。就此而言，《1844年经济学哲学手稿》在两个方面是相当独特的：第一，该《手稿》的发表所引发的震动和争论直接关系到对马克思整个学说的"统摄理解"，换句话说，直接关系到对这一学说之基础和性质的总体判断。对于其他的未刊著作和手稿来说，一般不会发生这样的情形。例如，我们可以有把握地说，如果马克思《莱茵报》时期的一篇佚文或《资本论》的一份未刊手稿被发现并予以出版，是不可能在总体的理解和判断方面引起尖锐挑战和轩然大波的。第二，正是由于《手稿》所处的独特的思想史位置，正是由于它是处在新世界观的"萌芽"和唯物主义历史观之"起源"的直接的理论前夜，所以《手稿》对于把握马克思整个学说之基础和性质来说，就会具有非常关键的和无可比拟的重要性——我们曾经用"马克思学说的诞生地和秘密"这个短语来提示过这种重要性。确实，虽然经历了1845年前后的重大理论变革，但马克思却很少去提及和回顾其学说草创时期的繁复历程（甚至连《德意志意识形态》的手稿也"留给老鼠的牙齿去批判"了），亦不曾写过一部"纯哲学"的著作（依其学说的本质来说也不会有"纯哲学"的创作）；这样的情形尤其突出了《手稿》作为马克思学说之"诞生地和秘密"的无比重要性。此等重要性只是在较小的范围内关乎思想史议题，却在更大的范围和更深的意义上关乎对马克思整个学说的理解和基本判断。

我们先来回顾一下第一个方面，即《手稿》的发表如何导致了关于马克思学说之总体性质的激烈争论。事实上，在《手稿》和《德意志意识形态》发表的当年（1932年），就有一批西方学者声称他们从马克思的早期著作中发现了"真正的马克思"；而在后来的几十年中，由早期著作——特别是《1844年经济学哲学手稿》——引出的"新发现"可以说是层出不穷。新黑格尔主义者试图通过早期著作把马克思描绘成一个始终不渝的"理论上坚定的黑格尔主义者"，并且始终只是在寻找从这个理论向经验现实过渡的途径（麦克默里、朗兹胡特、迈耶尔、伊波利特等）。现代存在主义者则力图通过早期著作来实现"马克思和克尔凯郭尔的调和"，并且在把费尔巴哈变成正统存在主义者的同时，使马克思成为现代存在主义的先驱者（蒂尔、列斐弗尔、德曼、萨特、蒂利希等）。此外，提出解释并参与争论的还有实证主义者、弗洛伊德主义者、教权主义者、实用主义者和结构主义者，等等。如果说这些形形色色的解释都经由一定的当代思潮同现实社会的矛盾相联系，那么，它们在理论上则往往是急迫地撇开马克思思想的实际进程而使之纳入其自身理论立场的强制之中了。

一个更为关键的争论焦点可以被称之为"早期马克思"和"晚期马克思"之争。这个貌似是单纯思想史的问题，实则特别地牵扯到对马克思整个学说之基本性质的判断。我们可以通过两个典型的代表人物来了解这场争论的实质。例如，弗洛姆一方面把当代马克思主义者的立场划归机械论的唯物主义，以表明自己的立场是维护"马克思的历史唯物主义"；另一方面又把马克思的哲学称之为一种"人道主义的存在主义""精神的存在主义"，把马克思的社会主义理解为一种"预言式的救世主义"[1]。因此，

---

[1] 《西方学者论〈1844年经济学哲学手稿〉》，复旦大学哲学系现代西方哲学研究室编译，复旦大学出版社1983年，第22—23页、第18页、第83—85页。

弗洛姆的论述方法便很像是一种"语录汇编"的东西，其中最主要的方式就是在《手稿》和《资本论》之间建立一种直接的、无差别的联系。这种方法未曾真正考察马克思关于人的概念的历史发展，而只是笼统混杂地使之归入"人本主义传统""西方传统的精华"，以便用一种可以追溯到斯宾诺莎，甚至2500年前伟大先哲的理想主义来抵制对马克思思想的机械论丑化。①

与此恰好相反，阿尔都塞断言马克思的学说按其实质来说是反人道主义的，因为人道主义属于"意识形态"，而马克思的学说乃是"科学"；马克思确实是从前者进入到后者，但这两者之间则是一种真正的"断裂"——所谓"认识论断裂"。阿尔都塞借此正确地指出了《手稿》和《德意志意识形态》在主导概念上的原则差别：前者的理论体系依据"人的本质、异化、异化劳动"这三个基本概念，而后者作为一种新的理论体系则建立在生产方式、生产关系和生产力"这三个崭新概念的基础之上"②。但是，

---

① 《西方学者论〈1844年经济学哲学手稿〉》，复旦大学哲学系现代西方哲学研究室编译，复旦大学出版社1983年，第75—77页。
② ［法］阿尔都塞：《保卫马克思》，顾良译，商务印书馆1984年，第221页。

由于阿尔都塞的"断裂"一方面意味着继承关系的彻底取消,另一方面又意味着醍醐灌顶般的"突如其来",所以,当他把黑格尔的"逻辑精神"当作"死狗"来打、把《手稿》的意义贬低到零的时候,马克思思想发展的实际进程也就被粗暴地中止了;因为此间发生的"认识论断裂"在阿尔都塞那里是被神秘化了——这种"断裂"在思想史上只能借助于某种"破天荒的"和"奇迹般的"东西①来给出说明(应当说是给出"启示")。

由此可见,《手稿》的发表所引发的争论不仅牵涉思想史、思想史方法论,而且牵涉对马克思整个学说之性质的基本判断;如果说,就这样的基本判断本身而言亦存在着不同的意见和争论,那么,对于《手稿》——作为马克思学说的"诞生地和秘密"——的更加深入的研究,就理应承担起这样的思想任务:即批判地澄清各种意见和纷争,并为完整准确地把握马克思学说的基础和性质开辟出一条道路。这就转到了我们所要讨论的第二个方面,即《手稿》独特的思想史位置如何提供一种对马克思学说之整体研究来说至关重要的、甚至是具有决定性意义的思

---

① [法]阿尔都塞:《保卫马克思》,顾良译,商务印书馆1984年,第12—20页。

想—理论资源。

例如，对于马克思的辩证法（特别是其存在论基础）究竟应当如何理解？当卢卡奇强调"马克思主义问题中的正统仅仅是指方法"时，他说得不错；然而尽管如此，马克思的辩证法（它特别地与马克思学说的黑格尔渊源有关）却并未从根基上得到真正的阐明。就像普列汉诺夫只是一般地在形式上谈论辩证法一样，卢卡奇虽说颇为积极地提示了辩证法的诸多要义，但却主要是从主观方面即自我意识的方面来对之加以发挥的。然而最为常见的情形是：把辩证法仅仅理解为一种形式方法，即科学（知性科学）方法论主义的方法；这样的方法与任何实体性内容无关，但却可以作为抽象的原则被先验地强加到——亦即被外部反思地运用到——任何内容之上。殊不知辩证法只能意味着实体的自我运动，因而只能是实体性内容展开自身的形式；任何一种试图排除内容而仅仅在形式上得到阐述的"辩证法"，毋宁说是反辩证法的。这一点在《手稿》中，亦即在马克思开展出他对黑格尔辩证法之决定性批判的开端处，就尤为清晰地表现出来。马克思当时已经开始意识到：由于费尔巴哈不满意于思辨辩证法的存在论基础（实体、理念、绝对者），所以他就把否定之否定仅仅理解为哲学同自身的矛盾，并在排除这种矛盾的同时弃绝了辩证法本身；而当《手稿》之重开对黑格尔辩证法和整个哲学的批判时，却最为根本地揭示出这种辩证法的真实基础和本质来历乃是"历史的运动"，是"作为一个当作前提的主体的人的现实历史"的运动；黑格尔的辩证法在为这种历史运动找到"抽象的、逻辑的、思辨的表达"①时，便使辩证法的存在论基础被颠倒地神秘化了。因此，对于马克思来说，全部问题就在于从现实的历史本身中来重建辩证法的存在论基础。

无论对于黑格尔还是对于马克思来说，辩证法都不是——也不可能是——单纯形式的方法。海德格尔指出："黑格尔也把'思辨辩证法'径直称为'方法'。用'方法'这个名称，它既不是指一个表象工具，也不仅仅是指哲学探讨的一个特殊方式。'方法'乃是主体的最内在的运动，是'存在之灵魂'，是绝对者之现实性整体的组织由以发挥作用的生产过程。"②对于马克思来说，辩证法也必然是"实体"的自我运动，是实体性内容本身的展开过程；虽说马克思坚决拒斥黑格尔的绝对者即思辨的实体，

---

① 《马克思恩格斯全集》第3卷，人民出版社2002年，第316页。
② [德]海德格尔：《路标》，孙周兴译，商务印书馆2000年，第511页。

但这决不意味着辩证法可以作为纯粹形式的规律而被加诸于任何内容之上。如果说，我们在《手稿》中可以非常清楚地把握到马克思对思辨辩证法的批判性成果，以及经由这一批判而在存在论基础上所实现的改弦更张，那么，当我们在马克思后来的著作中见到其辩证法所具有的"实体"的观点，亦即全部实体性内容之自我展开的观点时，也就不足为奇了。《〈政治经济学批判〉导言》将自我运动者称为"实在主体"，并且恰恰以之从根本上取代被黑格尔神秘化了的思辨实体。这个"实在主体"或"主体"也就是社会——特定的、具有实体性内容的社会。在指证黑格尔陷入的幻觉即是把实在理解为思维之自我运动的结果之后，马克思写道："实在主体仍然是在头脑之外保持着它的独立性；只要这个头脑还仅仅是思辨地、理论地活动着。因此，就是在理论方法上，主体，即社会，也必须始终作为前提浮现在表象面前。"①

在这里，被称作"实在主体"的乃是"一定社会"，即"既定的"具有实体性内容的社会。马克思正是以此颠覆了黑格尔辩证法的思辨的主体—实体，而他在《资本

---

① 《马克思恩格斯选集》第1卷，人民出版社1995年，第19页。

论》中所探究的"实在主体"乃是现代资产阶级社会——是这一社会的发展进程或自我活动。很显然,正是在《手稿》"对黑格尔辩证法和整个哲学的批判"中,我们可以在源头上清晰地看到,当辩证法重新在马克思手上得到掌握时的改弦更张是如何取得其基础定向的,以至于由于这一定向而来的辩证法如何不可能成为一种抽象的形式方法,即科学方法论主义的方法——这种方法只是对任何一种内容作外部反思的运用。因此,《手稿》的辩证法批判(完全不同于费尔巴哈对辩证法的拒斥)决定性地开辟出一条道路,正是经由这一道路的理论构建,马克思的辩证法才在其整全的性质上意味着"实在主体"在存在论上的优先地位,意味着具有实体性内容的既定社会的自我运动,意味着任何历史科学或社会科学的任务就是去把握这一运动过程并将之辩证地叙述出来。

另外一个同样重要——也许更为重要——地关系到对马克思整个学说之基础的主题是"实践"概念。这个概念在《关于费尔巴哈的提纲》和《德意志意识形态》中居于主导地位并得到明确表述,但正如我们在前面已约略提到的那样,它似乎并未得到真正的理解并且在很大程度上陷于晦暗之中。最能表明这一点的是:关于"实践"——这个对马克思哲学之基础来说具有决定性意义的"概念"——本身,却出现了截然不同的理解定向。在普列汉诺夫看来,"实践"不仅是马克思所掌握的原则,而且先行已为费尔巴哈所掌握了(确实,我们在费尔巴哈的著作中可以看到,他对"生活"与"实践"的谈论,决不比马克思少)。因此,在这个主题上,普列汉诺夫批评了马克思对费尔巴哈的批评:"马克思指责费尔巴哈不了解'实践批判'活动,这是不对的。费尔巴哈是了解它的。但是马克思说得对,费尔巴哈用来解释'宗教的本质'的那个'人的本质'的概念,缺点在于抽象。"①我们姑且撇开这种说法中的诸多问题不论,此间的关键之处在于:在普列汉诺夫看来,马克思的"实践"是(竟然是!)依循费尔巴哈来获得理解定向的,更加确切地说,马克思的"实践"也就是费尔巴哈所呼之同名者。

不仅如此,我们且来看一下卢卡奇在《历史与阶级意识》中又如何把握马克思的"实践"原则。说起来令人吃惊,该书中的"实践"是(竟然是!)依循费希特的"行动"来进行理解和阐述的。为了简便起见,我们在这里仅

---

① 《普列汉诺夫哲学著作选集》第3卷,三联书店1962年,第776—777页。

只引述卢卡奇本人1967年为该书所写的新版序言。卢卡奇写道,他当时对于资本主义矛盾和无产阶级革命的论述都带有"浓厚的主观主义色彩",这种主观主义也影响到他对"书中的核心概念——实践——的理解",使之遭到歪曲并狭隘化。"因此,在这本书中,革命的实践概念表现为一种夸张的高调,与其说它符合真正的马克思主义学说,莫若讲它更接近当时流行于共产主义左派之中的以救世主自居的乌托邦主义。"[1]这意味着什么呢?这意味着马克思的实践原则竟被理解为一种"抽象的、唯心主义的实践概念"[2],而这一概念的真正哲学基础不能不是费希特主义的行动主义。

这种对立——在"实践"主题上普列汉诺夫和卢卡奇的对立——包含着对马克思哲学之根基最严重的误解,甚至意味着马克思哲学的唯物主义基础是从中间"爆裂"了,就像黑格尔去世之后整个学派分裂为以"实体"和"自我意识"为名的斗争一样。这样一种"爆裂"无疑是

---

[1] [匈]卢卡奇:《历史与阶级意识》,杜章智等译,商务印书馆1992年,第12页。
[2] [匈]卢卡奇:《历史与阶级意识》,杜章智等译,商务印书馆1992年,第12—13页。

由更为深刻的社会—历史原因所造成的，以至于如此高度对立的误解似乎成为马克思学说的"命运"；虽说《手稿》的发表不可能变更造成此种分裂理解的社会—历史原因，但它确实能够在时代现状本身要求消除深陷对立之误解时，为重建马克思哲学的存在论基础提供思想—理论上非常重要的资源准备——由于《手稿》之独特的思想史位置，它在"从何而来"的主题上所能提供的研究准备也许是最为重要和关键的。例如，只有通过对《手稿》的深入研究，马克思1845年对"实践"概念的基本表述，即"感性的活动"或"对象性的（gegenständliche）活动"，才在哲学的意义上被高度凸显出来并获得其根本的重要性，才在一系列主要的领域和表述中取得其理论上的本质定向，也才决定性地与德国唯心主义（特别是"纯粹活动"或"自我活动"原理）和费尔巴哈哲学（特别是"感性—对象性"原理）建立起内在的批判性关联。由此可以清晰地看到，《手稿》对于理解马克思整个学说之基础和性质来说的重要意义，而这样的意义当然已大大地超出思想史和文献学的范围了。

(三)《手稿》对于分析和把握当代世界的意义

《1844年经济学哲学手稿》的意义，不仅具有学术理论的一面，而且具有深刻地触动社会现实的一面，后者突出地表现为对于当代世界的批判性分析和把握，因而《手稿》的理论意义和现实意义是至为密切地交织在一起的。就像我们在前面已经提到过的那样，《手稿》在1932年的发表之所以引起如此巨大的反响，是特别地与两次世界大战之间的时代背景本质相关的。正是这种相关使得《手稿》的重要观点契合于、聚焦于时代状况本身的矛盾，而围绕着《手稿》开展出来的争论则反映出由这一时代状况所引发的思想—理论冲突。

在这里特别重要的是"异化"概念。如果说一战以后出现的"划时代的意识"特别地与人们的异化经验有关，那么，《手稿》确实是马克思最为广泛也最为集中地谈论异化并赋予这一概念以高度重要性的著作——几乎可以说是唯一的著作。这两方面的重合造成了《手稿》的深远影响，也使异化一词变得家喻户晓。然而，我们知道，在马克思后来的著作中异化概念的消逝隐遁是如此之快，以至于在《手稿》发表之前人们已很少记得马克思的异化概念，至少不会认为这一概念有特殊的重要性。这在很大程度上是由于马克思此一阶段之思想进程的迅速推进，而这一迅速推进使得异化概念及其批判意义被很快吸收到更为严整和更高阶段的理论形态中去了。但这决不意味着马克思的异化概念对于理论和现实来说是无关紧要的，是可以匆匆越过的。正像70多年以后的时代状况重新唤回对异化现象的高度关注一样，20世纪的哲学状况使得异化概念的重要性再度显现出来。如伽达默尔所说，在19世纪末，黑格尔对主观精神的批判中仍然具有生命力的东西不是在概念立场中同异己事物的和解，而是异化本身："正如自然在黑格尔那儿早已表现为精神的他者，对于19世纪积极的动力来说，历史和社会现实的整体不再表现为精神，而是处在它顽固的现实中，或者用一个日常的词说，是处在它的不可理解性之中。我们可以想一下以下这些不可理解的现象，如货币、资本以及由马克思提出的人的自我异化概念等。"[①]

这是一个哲学上的决定性转折。从理论方面来说，马克思的异化概念突出地针对着黑格尔的——因而也是一切

---

① ［德］伽达默尔:《哲学解释学》，夏镇平译，上海译文出版社1994年，第114页。

形式的——"非批判的实证主义"。正如我们在《手稿》中看到的那样，先前被黑格尔认作是人的自我意识或精神之直接实现或无限肯定的东西，如宗教、哲学、国家等，已经被马克思批判地把握为人的本质在异化范围内的对象化形式；如果说费尔巴哈曾率先指证了宗教和哲学的异化性质，那么《手稿》则把异化的本质性发生进一步追究和深化至社会的和经济的领域之中，从而开辟出一条由现实生活本身的异化来说明诸上层领域之异化现象的思想道路。就此而言，没有这样一种关于异化本身的概念，没有这一概念决定性地炸开"非批判的实证主义"的顽固堡垒，就不可能有马克思理论的批判本质，就不可能有马克思的任何一种批判理论——无论是"政治经济学批判"，还是"意识形态批判"。很显然，20世纪的哲学思想是以特定的方式继承了这种批判的："我们不仅思考由伪装之神狄奥尼修斯神秘地表现出来的伪装的多元性，而且同样思考意识形态的批判，这种批判自马克思以来被越来越频繁地运用到宗教、哲学和世界观等被人无条件地接受的信念之上。"[①]

[①] [德]伽达默尔：《哲学解释学》，夏镇平译，上海译文出版社1994年，第116页。

然而，从现实的方面来说，马克思1844年关于异化本身的批判性阐述要能够得到较为充分的理解和接受是需要时间和条件的。只是当一战以后的时代状况将这样的条件产生出来之际，"异化本身"才作为批判性的关节点出现在人们的意识中，也出现在多种多样的理论形态之中——《手稿》的发表恰好应和了这种意识和理论的需要，并因而把《手稿》的异化概念及其意义高度地凸显出来。这种凸显当然是有理由的：除了现实生活本身的强烈吁求之外，它在思想理论方面突出地重提了马克思学说对于当代世界的批判本质——这一本质是从"异化本身"的关节点上开展出来的。卢卡奇的《历史与阶级意识》正是由此出发而猛烈地袭击了第二国际理论家的"庸俗马克思主义"，因为在卢卡奇看来，他们是以机械唯物主义、经济决定论、经验实证主义以及知性科学等将马克思主义全面地庸俗化了，并由之而褫夺了它的批判本质。为了阐扬马克思学说的批判方面，必须恢复这一学说将现代世界的本质性把握为异化这一重要枢纽。特别能说明问题的是：当时还根本不可能读到《手稿》的卢卡奇，却是通过《资本论》来解说现代社会的异化本质的。《资本论》关于"商品拜物教"的说法是："可见，商品形式的奥秘不过在于：商品形式在人们面前把人们本身劳动的社会性质反映成劳动产品本身的物的性质，反映成这些物的天然的社会属性，从而把生产者同总劳动的社会关系反映成存在于生产者之外的物与物之间的社会关系。由于这种转移，劳动产品成了商品，成了可感觉而又超感觉的物或社会的物……这只是人们自己的一定的社会关系，但它在人们面前采取了物与物的关系的虚幻形式。"①

卢卡奇把《资本论》的这一论述称为马克思对"物化的基本现象"的描述，称为一种"结构性的基本事实"，并立即由之而引申出如下推论："从这一结构性的基本事实里可以首先把握住，由于这一事实，人自己的活动，人自己的劳动，作为某种客观的东西，某种不依赖于人的东西，某种通过异于人的自律性来控制人的东西，同人相对立。"②很明显，尽管卢卡奇当时还无缘得见《1844年经济学哲学手稿》，但这一推论却和《手稿》中关于异化劳动的说法几乎一模一样。由之可以合乎逻辑地理解到的是，《手稿》关于异化现象之初始的批判性分析，作为本质重

---

① 《马克思恩格斯全集》第23卷，人民出版社1972年，第88—89页。
② ［匈］卢卡奇：《历史与阶级意识》，杜章智等译，商务印书馆1992年，第147页。

要的立场和取向，在马克思后来的著述（无论是《德意志意识形态》还是《资本论》）中，在马克思的整个学说中，是被积极地加以保留和吸收的。因此，如果说，20世纪初的时代状况以一种独特的方式唤醒了对当代世界的批判意识，那么，对于《手稿》的高度关注，特别是借人的自我异化概念来强化或重开对当代世界之诸多方面的批判，也就是理所当然的了。就此而言，强调《手稿》的重要性，强调异化概念的批判取向，不仅是正确的，而且是必然的。现代世界——确切些说，现代资本主义世界——长久以来在它自己制造出来的幻觉天鹅绒中昏昏欲睡；当现代性意识形态不仅统治着一般的观念，而且强有力地支配着各种学术理论之时，就像异化问题本身不啻是一剂清醒剂一样，《手稿》的异化概念无疑把对当代世界进行批判性分析的任务明确而突出地提示出来了。正是在这个意义上，《手稿》及其异化概念对于分析和把握当代世界来说必然具有本质的重要性，因为当代世界仍然是生存于异化的现实中，而对这一现实即当代资本主义现实的批判任务还没有完成。

然而，我们同样知道，马克思的思想进程并不滞留于1844年，就像马克思对现代世界的批判性分析并不止于

《手稿》一样。这里的关键之处不仅在于理解《手稿》的非凡意义以及异化概念的批判性力量（正是这种力量使"非批判的实证主义"成为一种时代错误），而且在于把握马克思思想的进一步发展，把握由这一发展而铸造出来的对当代世界进行批判性分析的强大思想武器。就此而言，当我们来做一个回顾性的考察时，会发现实际的理解中存在着两方面的倾向。一种倾向是：在理论的基础和实质上完全滞留于《手稿》及其异化概念，并且由之而作出某种其他定向的发挥。这种滞留和发挥使马克思的学说特别地被归结为某种"人道主义"和"主体性哲学"的阐释，因而也使马克思对现代世界的批判极大地局限于主观主义、单纯的"应当"和现代形而上学之中。我们在西方马克思主义的主要一脉中可以看到这种倾向，看到这种主观主义倾向在展开过程中的尖锐化以及由之而来的整体衰竭。对于这种情形，海德格尔在《关于人道主义的书信》中的说法是具有提示作用的："因为马克思在体会到异化的时候深入到历史的本质性的一度中去了，所以马克思主义关于历史的观点比其余的历史学优越。但因为胡塞尔没有，据我看来萨特也没有在存在中认识到历史事物的本质性，所以现象学没有、存在主义也没有达到这样的一度中，在此一度中才有可能有资格和马克思主义交谈。"①在这里真正重要的并不是"体会到异化"（具有这种体会的当代学说可以说应有尽有），而是在体会到异化时能够"深入到历史的本质性的一度中去"。毫无疑问，此种深入虽说在《手稿》中已就其可能的范围作出了准备，但却尚未完成。它完成了的理论形式叫做唯物史观，而使《手稿》的理解和发挥滞留于唯物史观的未完成并隔绝于它的完成形式，不能不是一种严重的理论错误，不能不使对当代世界的批判性分析重新落入到主观主义和浪漫主义的虚弱本质之中。

另一种倾向则与之相反，它把异化概念的重要性贬低为零，因而也认定《手稿》的学说在马克思的理论构建中是完全无关紧要的，甚至应当被看作是某种费尔巴哈式的人本主义幻觉而必欲根除的东西。如果说，我们在阿尔都塞的"认识论断裂"中看到马克思思想进程中"意识形态"和"科学"的截然对立，而《手稿》又被当作"意识形态"的赘疣而沉入到无限的黝黯中去，那么，循此方案或与之相适应的许多解释便在力图驱逐异化概念本身的重

---

① 《海德格尔选集》下卷，上海三联书店1996年，第383页。

要性时消除马克思学说的批判本质，并且大踏步地向非批判的实证主义回返。一个非常突出的例子是：那些执"科学"之名的马克思主义阐释者在表达他们对异化理论的极度不满时却表现出他们对知性科学的无比痴迷，以至于把马克思的思想转变一般地看作是从"哲学"向"经济学"的转变；殊不知在马克思的立场上，作为知性科学的经济学决不比哲学有什么优越性，就像斯密或李嘉图决不比黑格尔或者费尔巴哈更接近唯物史观一样。要言之，《资本论》不是作为知性科学的政治经济学，而是"政治经济学批判"。这一批判不能不以现代经济生活本身乃是异化的现实这一要点为前提，尽管马克思的政治经济学批判并不局限于异化概念及其理论架构。不仅如此，对于马克思的整个思想进程来说，除非《手稿》作为决定性的转折阶段出现，否则的话，《德意志意识形态》和《资本论》的问世是根本不可能的；同样，对于马克思的整个学说体系来讲，除非现代世界的异化本身被当作决定性的现实而牢牢地把握住，否则的话，马克思的"历史科学"和全部社会批判理论的诞生也是根本不可能的。

因此，《1844年经济学哲学手稿》对于当代世界——特别是其异化特征——的批判性分析来说，依然是十分重要的。就像19世纪末黑格尔对主观精神的批判中仍具生命力的东西乃是异化本身一样,就像两次世界大战把异化问题及其在各领域中的尖锐化突出地显示出来一样,当代世界依然生存于现代性——资本和现代形而上学——的支配与统治之下,从而由之而来的异化就依然是现实中作为主导的和本质的东西。如果说,现代性的意识形态总是不遗余力地掩盖现实中的异化本身,并且总是倾向于使异化中的自相矛盾被钝化、被遗忘,那么,马克思的学说恰恰是与现代性意识形态相对立的理论表现,因而始终要求把现代世界的异化作为自相矛盾的现实揭示出来并同我们照面。《手稿》非常突出也非常清晰地表明了这一点,而这一点确实关乎马克思学说的批判本质。

诚然,人们会说,马克思的全部著作,特别是1845年以后的著作,是同样包含这种批判本质的;确实如此,一点不错。但只要马克思学说的批判本质在现代性的遮蔽下陷入到晦暗之中,只要对马克思学说的庸俗化理解最终归化为知性科学并从属于非批判的实证主义,那么,通过《手稿》来重申和把握马克思学说的批判本质就是一条方便的捷径。因为这部《手稿》不仅在思想史方面,而且在理论构造方面表明马克思对现代性批判的思想变迁,表明这一批判思想如何参与到整个学说（以马克思的名字命名的学说）的建构之中并完成其本质。总之，就马克思的立场而言，对当今世界的任何一种分析都不能不是批判的，而这种批判首先就是对现代性即现代世界之本质根据的批判；这里"首先"一词的意思是说：除非对现代性本身的批判被牢牢地把握住了，否则的话，任何一种所谓的"批判"都是非批判的（被锁闭在现代性意识形态之中）。

然而，对于分析和理解当代世界来说，《手稿》的意义不仅在于它提示并且标明马克思学说的批判本质，而且在于《手稿》本身的转折"趋向"，在于这一不可遏制的思想趋向如何完成其批判的本质。就此而言，并且就其核心要点而言，马克思学说的批判本质是在唯物主义历史观中真正实现并完成的。确实，"体会到异化"是一件事，而"深入到历史的本质性之中"是另一回事；我们当然可以说，《手稿》达到了前者，而唯物史观才使后者成为可能。但是，如果我们以为《手稿》仅仅达到了前者而完全不顾其本身的转折"趋向"，那我们恰恰完全误读了《手稿》，而将之与一般仅仅"体会到异化"的学说和观点等量齐观了，就像我们把煮熟的稻谷和能够发芽的稻谷等量齐观一样。约言之，那种单纯局限于《手稿》而割断其

"前件"与"后件"的阅读恰恰是抽象的阅读：它在抽象地理解马克思异化理论的同时，不得不抽象地理解唯物史观——它把二者抽象地割裂开来并且对立起来了。

因此，就《1844年经济学哲学手稿》的阅读和理解来说，为了能够对当代世界作出真正的批判性分析（亦即把握其历史之本质性的分析），我们面临着双重任务。一方面，必须使对《手稿》的研读进入到对马克思学说之总体的理解之中。也就是说，依其思想之发展进程并且就其理论之综合构建来把握《手稿》及其意义；而《手稿》的意义，尤其是通过唯物史观的构建方始完成这一点并充分地展现出来的——换句话说，这种意义将超出《手稿》本身而指向唯物史观这一伟大的分析工具。另一方面，必须使对《手稿》的研读时时面对我们所处的时代，面对当代世界"所谓的问题之所在的那些问题的中心"，尤其是面对当今中国的历史性实践及其道路。如果说，当今的时代课题依然在实质上与现代性及其异化的现实具有高度关联，而其构成方式和展开形式却已经极大地有别于以往的时代，那么，《手稿》依然活着的批判意义就唯独在其面对当代问题并对之作出应答时方才能被积极地开启出来——换句话说，这种意义将超出《手稿》本身而指向当今时代的社会现实。因此，毫无疑问的是，对于讲汉语的马克思学说的研究者来说，《手稿》之意义的真正开启必然同时还意味着面向当代的"中国问题"并对之作出愈益深入的应答。

我们对《1844年经济学哲学手稿》的解读在这里结束了。它结束于一项双重任务，因此这一结束意味着由之而来的另一个开始：进一步研读马克思的学说，并且进一步深思我们的时代所面临的重大问题。

I 《1844年经济学哲学手稿》的
当代解读与中国道路

原著选读

A BRIEF
INTRODUCTION TO
1844 PHILOSOPHICAL
AND ECONOMIC
MANUSCRIPTS

卡·马克思
1844年经济学哲学手稿①*

---

① 《1844年经济学哲学手稿》是马克思1844年4—8月撰写的一部未完成的手稿，是马克思主义形成过程中的重要著作。

《1844年经济学哲学手稿》由写在三个笔记本中的手稿组成。笔记本Ⅰ的内容是：对斯密学说中的工资、资本的利润和地租这三个经济学范畴作比较分析，揭示斯密学说的矛盾，详细论述资本主义社会的异化劳动。笔记本Ⅱ只保留下四页手稿，主要是有关私有财产的论述。笔记本Ⅲ的主要内容是：关于私有财产和劳动、私有财产和共产主义的论述，对当时的各种共产主义理论的考察和评述，对黑格尔哲学的批判，有关分工和货币的两个片断，还有一篇《序言》。

《1844年经济学哲学手稿》在马克思生前没有发表。1927年，苏联出版的《马克思恩格斯文库》在第三卷附录中摘要发表了这部手稿中的《第三手稿》）（即笔记本Ⅲ）的俄译文，但这部分手稿被误认为《神圣家族》的准备材料。1932年出版的《马克思恩格斯全集》历史考证版第一部分第三卷以德文原文发表了全部手稿，并加了标题"1844年经济学哲学手稿"。1982年新出版的《马克思恩格斯全集》历史考证版第一部分第二卷在发表《手稿》时采用了两种编排方式：第一种按《手稿》的写作时间和写作阶段编排，第二种按《手稿》的逻辑结构和思想内容编排，并加了标题。本书收入的《手稿》中译文是根据按逻辑结构编排的《手稿》校译的。在《手稿》中，作者以红棕色铅笔划了线的文句或段落，中文版均以双斜线表示起讫。

*本书的选文引自《马克思恩格斯全集》第3卷，人民出版社2002年中文第2版，第217—365页。引用时对原文有适当调整，主要是对原文中脚注、文末注混用的情况，统一成脚注形式，以方便读者阅读。——编者注

序　言

[XXXIX] 我在《德法年鉴》上曾预告要以**黑格尔**法哲学批判的形式对法学和国家学进行批判。①在加工整理准备付印的时候发现，把仅仅针对思辨的批判同针对不同材料本身的批判混在一起，十分不妥，这样会妨碍阐述，增加理解的困难。此外，由于需要探讨的题目丰富多样，只有采用完全是格言式的叙述，才能把全部材料压缩在**一本**著作中，而这种格言式的叙述又会造成任意制造体系的外观。因此，我打算用不同的、独立的小册子来相继批判法、道德、政治等等，最后再以一本专门的著作来说明整体的联系、各部分的关系，并对这一切材料的思辨加工进行批判。②由于这个原因，在本

---

① 指《黑格尔法哲学批判》这部著作。马克思本来计划在《德法年鉴》上发表这篇《导言》之后，接着完成在1843年已着手撰写的《黑格尔法哲学批判》并将其付印。《德法年鉴》停刊后，马克思逐渐放弃了这一计划。他在《1844年经济学哲学手稿》的序言中曾说明了放弃这一计划的原因。

1844年5—6月以后，马克思已经忙于其他工作，并把经济学研究提到了首位。从1844年9月起，由于需要对青年黑格尔派进行反击，马克思开始把阐述新的革命的唯物主义世界观同批判青年黑格尔派结合起来，同批判德国资产阶级和小资产阶级的唯心主义世界观结合起来。马克思和恩格斯合著的《神圣家族》和《德意志意识形态》完成了这项任务。

② 这个计划未能实现。马克思没有写这些小册子，可能因为他后来认为，在对各种社会(其中包括资产阶级社会)的基础——生产关系作出科学的分析以前，要对法、道德、政治和上层建筑的其他范畴的问题进行独立的科学的考察是不可能的。

著作中谈到的国民经济学①同国家、法、道德、市民生活等等的联系，只限于国民经济学本身专门涉及的这些题目的范围。

我用不着向熟悉国民经济学的读者保证，我的结论是通过完全经验的、以对国民经济学进行认真的批判研究为基础的分析得出的。②

---

① 国民经济学是当时德国人对英国人和法国人称作政治经济学的资产阶级政治经济学采用的概念。德国人认为政治经济学是一门系统地研究国家应该采取哪些措施和手段来管理、影响、限制和安排工业、商业和手工业，从而使人民获得最大福利的科学。因此，政治经济学也被等同于国家学(Staatswissenschaft)。英国经济学家亚·斯密认为，政治经济学是关于物质财富的生产、分配和消费的规律的科学。随着斯密主要著作的问世及其德译本的出版，在德国开始了一个改变思想的过程。有人认为可以把斯密提出的原理纳入德国人界定为国家学的政治经济学。另一派人则竭力主张把两者分开。路·亨·冯·雅科布和尤·冯·索登在1805年曾作了两种不同的尝试，但都试图以一门独立的学科形式来表述一般的经济学原理，并都称其为"国民经济学"。

② 手稿中删去下面一段话："与此相反，不学无术的评论家则企图用'乌托邦的词句'或者还用'完全纯粹的、完全决定性的、完全批判的批判'、'不单单是法的，而且是社会的、完全社会的社会'、'密集的大批群众'、'代大批群众发言的发言人'等等一类空话，来非难实证的批判者，以掩饰自己的极端无知和思想贫乏。这个评论家还应当首先提供证据，证明他除了神学的家务以外还有权过问世俗的事务。"

不学无术的评论家和下文中的当代批判的神学家均指布·鲍威尔，他在《文学总汇报》第1期(1843年12月)和第4期(1844年3月)发表了两篇文章评论有关犹太人问题的图书、论文和小册子。马克思在这里引用的词句大部分摘自鲍威尔这两篇文章。"乌托邦的词句"和"密集的大批群众"这些用语见《文学总汇报》第8期(1844年7月)布·鲍威尔的论文《目前什么是批判的对象？》。马克思和恩格斯后来在《神圣家族，或对批判的批判所做的批判》中分析批判了鲍威尔及其伙伴。

不消说，除了法国和英国的社会主义者的著作以外，我也利用了德国社会主义者的著作。①但是，德国人为了这门科学而撰写的内容丰富而**有独创性的**著作，除去魏特林的著作，就要算《二十一印张》文集中**赫斯**的几篇论文和《德法年鉴》上**恩格斯**的**《国民经济学批判大纲》**。②在《德法年鉴》上，我也十分概括地提到过本著作的要点。

此外，对国民经济学的批判，以及整个实证的批判，全

---

① 这时，马克思已经掌握了法文，对法国的文献十分熟悉。他研读了普·维·孔西得朗、皮·勒鲁、皮·约·蒲鲁东、埃·卡贝、泰·德萨米、菲·邦纳罗蒂、抄·傅立叶、劳蒂埃尔、弗·维尔加德尔和其他作者的著作，而且还经常作摘要。但他当时还没有掌握英文，因此只能通过德译本或法译本来利用英国社会主义者的著作。例如，罗·欧文的作品，他就是通过法译本和论述欧文观点的法国作家的著作来了解的。《1844年经济学哲学手稿》正文和其他文献资料表明，马克思这时还没有具备他后来例如在《哲学的贫困》(写于1847年)中所显示出来的对英国社会主义者著作的渊博知识。

② 除了威·魏特林的主要著作《和谐与自由的保证》(1842年)以外，马克思大概还指魏特林在他本人于1841—1843年出版的杂志《年轻一代》上所发表的文章，以及他为正义者同盟撰写的纲领性著作《现实的人类和理想的人类》(1838年)。

在格·海尔维格出版的《来自瑞士的二十一印张》文集中，发表了莫·赫斯的三篇匿名文章：《社会主义和共产主义》《行动的哲学》和《唯一和完全的自由》。

靠**费尔巴哈**的发现给它打下真正的基础。①从费尔巴哈起才开始了**实证的**人道主义的和自然主义的批判②。**费尔巴哈的**著作越是得不到宣扬，这些著作的影响就越是扎实、深刻、广泛和持久；费尔巴哈著作是继黑格尔的《现象学》和《逻辑学》③之后包含着真正理论革命的唯一著作。

我认为，本著作的最后一章，即对**黑格尔的辩证法**和整个哲学的剖析，是完全必要的，因为当代**批判的神学家**

---

① 手稿中删去下面一句话："一些人出于狭隘的忌妒，另一些人则出于真正的愤怒，对费尔巴哈的《未来哲学》和《轶文集》中的《哲学改革纲要》——尽管这两部著作被悄悄地利用着——可以说策划了一个旨在埋没这两部著作的真正阴谋。"

《哲学改革纲要》：路·费尔巴哈《未来哲学原理》1843年苏黎世—温特图尔版。

费尔巴哈的《关于哲学改革的临时纲要》一文刊载于《德国现代哲学和政论界轶文集》第2卷。这个两卷本的文集，除了其他作者的著作以外，还收入了马克思的《评普鲁士最近的书报检查令》(见《马克思恩格斯全集》中文第2版第1卷)一文。在这个文集上发表的《路德是施特劳斯和费尔巴哈的仲裁人》一文，过去一直认为是马克思写的，实际上是出自路·费尔巴哈的手笔。

② 指路·费尔巴哈的整个唯物主义观点。费尔巴哈自己把这种观点称为"自然主义"和"人道主义"或"人本学"。这种观点阐发了这样一种思想：新哲学即费尔巴哈的哲学，使人这一自然界不可分离的部分，成为自己的唯一的和最高的对象。费尔巴哈认为，这样的哲学即人本学包含着生理学，并将成为全面的科学；他断言，新时代的本质是把现实的、物质地存在着的东西神化，新哲学的本质则在于否定神学，确立唯物主义、经验主义、现实主义、人道主义。

③ 黑格尔的《精神现象学》第1版于1807年出版。《逻辑学》共三册，分别于1812、1813和1816年出版。1817年，《哲学全书纲要》出版，1821年，《法哲学原理》出版。

[XL]不仅没有完成这样的工作,甚至没有认识到它的必要性——这是一种必然的**不彻底性**,因为即使是**批判的**神学家,毕竟还是**神学家**,就是说,他或者不得不从作为权威的哲学的一定前提出发,或者当他在批判的过程中以及由于别人的发现而对这些哲学前提产生怀疑的时候,就怯懦地和不适当地抛弃、**撇开**这些前提,仅仅以一种消极的、无意识的、诡辩的方式来表明他对这些前提的屈从和对这种屈从的恼恨。①

---

① 手稿中删去下面的文句"他是这样消极而无意识地表现出来的:一方面,他不断反复保证他自己的批判的纯粹性;另一方面,为了使观察者和他自己不去注意批判和它的诞生地——黑格尔的辩证法和整个德国哲学——之间必要的辩论,不去注意现代批判必须克服它自身的局限性和自发性,他反而企图制造假象,似乎批判只同它之外的某种狭隘的批判形式——比如说,18世纪的批判形式——并同群众的局限性有关系。最后,当有人对他自己的哲学前提的本质有所发现——如费尔巴哈的发现——批判的神学家一方面制造一种假象,似乎这些发现是他完成的,确切地说,他是这样制造这种假象的:他由于不能阐发这些发现的成果,就把这些成果以口号的形式抛给那些还受哲学束缚的作家;另一方面,他善于通过下述方式使自己确信,他自己的水平甚至超过这些发现:他发觉在费尔巴哈对黑格尔辩证法的批判中还缺少黑格尔辩证法的某些要素,这些要素还没有以经过批判的形式供他使用,这时,他自己并不试图或者也没有能力把这些要素引入正确的关系,反而以隐晦的、阴险的、怀疑的方式,搬用这些要素来反对费尔巴哈对黑格尔辩证法的批判。也就是说,从自身开始的实证真理这一范畴刚刚以其特有的形态得到确立并显现出来,他就以一种神秘的方式搬用间接证明这一范畴来加以反对。神学的批判家认为,从哲学方面应当做出一切,来使他能够侈谈纯粹性、决定性以及完全批判的批判,是十分自然的,而当他感觉到例如黑格尔的某一因素为费尔巴哈所缺少时——因为神学的批判家并没有超出感觉而达到意识,尽管他还对'自我意识'和'精神'抱有唯灵论的偶像崇拜——他就以为自己是真正克服哲学的人。"

仔细考察起来，**神学的批判**——尽管在运动之初曾是一个真正的进步因素——归根结底不外是旧**哲学的**、特别是**黑格尔的超验性**被歪曲为**神学漫画**的顶点和结果。历史现在仍然指派神学这个历来的哲学的溃烂区本身来显示哲学的消极解体，即哲学的腐烂过程。关于这个饶有兴味的历史的判决，这个历史的涅墨西斯，我将在另一个场合①加以详细的介绍。②

---

① 马克思写完这篇《序言》后不久，就与恩格斯合写了《神圣家族，或对批判的批判所做的批判》。这部批驳布·鲍威尔及其伙伴的著作于1845年在美因河畔法兰克福出版。
② 手稿中删去下面一句话："相反，费尔巴哈的关于哲学的本质的发现，究竟在什么程度上仍然——至少为了证明这些发现——使得对哲学辩证法的批判分析成为必要，读者从我的阐述本身就可以看清楚。"

笔 记 本 Ⅰ

工　资

[Ⅰ]**工资**决定于资本家和工人之间的敌对的斗争。胜利必定属于资本家。资本家没有工人能比工人没有资本家活得长久。资本家的联合是常见的和有效的，工人的联合则遭到禁止并会给他们招来恶果。此外，土地所有者和资本家可以把产业收益加进自己的收入，而工人除了劳动所得，既无地租也无资本利息。因此，工人之间的竞争是很激烈的。这样，资本、地产和劳动的分离，只有对工人来说才是必然的、本质的和有害的分离。资本和地产无须停留于这种分离，可是，工人的劳动则必须如此。

因此，资本、地租和劳动的分离对工人来说是致命的。

最低的和唯一必要的工资额就是工人在劳动期间的生活费用，再加上使工人能够养家糊口并使工人种族不致死绝的费用。按照斯密的意见，通常的工资就是同"普通人"[①]即牲畜般的存在状态相适应的最低工资。

---

① "普通人"在手稿中写的是法文"simplehumanité"，是亚·斯密《国民财富的性质和原因的研究》第1卷第8章中的用语。马克思在这里以及下面引用斯密这本著作时均采用热·加尔涅所译并附译者注释和评述的1802年巴黎版。"simplehumanité"一词见该书第1卷第138页。

对人的需求必然调节人的生产，正如其他任何商品生产的情况一样。如果供给大大超过需求，那么一部分工人就要沦为乞丐或者饿死。因此，工人的存在被归结为其他任何商品的存在条件。工人成了商品，如果他能找到买主，那就是他的幸运了。工人的生活取决于需求，而需求取决于富人和资本家的兴致。

如果供给的量超过需求，那么价格构成部分——利润、地租、工资——之一就低于**价格**而支付，结果，这些价格构成的一部分就脱离这种使用，从而市场价格也就倾向于作为中心点的自然价格。但是，第一，在分工有很大发展的情况下，工人要把自己的劳动转用于其他方面是极为困难的；第二，在工人对资本家处于从属关系的情况下，吃亏的首先是工人。

因此，当市场价格倾向于自然价格时，工人遭到的损失是最大的而且是绝对的。正是资本家把自己的资本转用于其他方面的这种能力，才使得束缚于一定劳动部门的工人失去面包，或者不得不屈服于这个资本家的一切要求。

[II] 市场价格的偶然的和突然的波动，对地租的影响少于对分解为利润和工资的价格部分的影响，而对利润的影响又少于对工资的影响。大多数情况是这样：当某个地方工资提高时，别的地方工资保持**不变**，还有的地方工资在**降低**。

当资本家赢利时工人不一定有利可得，而当资本家亏损时工人就一定跟着吃亏。例如，当资本家由于制造业秘密或商业秘密,由于垄断或自己拥有的地段的位置有利而使市场价格保持在自然价格以上的时候,工人也无利可得。

其次,**劳动价格要比生活资料的价格远为稳定**。二者往往成反比。在物价腾贵的年代,工资因对劳动的需求下降而下降,因生活资料价格提高而提高。这样就互相抵消。无论如何,总有一定数量的工人没有饭吃。在物价便宜的年代,工资因对劳动的需求提高而提高,因生活资料价格下降而下降。这样也就互相抵消。

工人还有一个不利的方面:

不同行业的工人的劳动价格的差别,比不同投资部门的利润的差别要大得多。在劳动中,个人活动的全部自然的、精神的和社会的差别会表现出来,因而所得的报酬也各不相同,而死的资本总是迈着同样的步子,并且对**现实的**个人活动漠不关心。

总之,应当看到,工人和资本家同样苦恼,工人是为他的生存而苦恼,资本家则是为他的死钱财的赢利而苦恼。

工人不仅必须为物质的生活资料而斗争,而且必须为谋求工作,即为谋求实现自己的活动的可能性、手段而斗争。

我们列举社会可能处于的三种主要状态,并且考察工人在其中的地位。

(1) 如果社会财富处于衰落状态,那么工人遭受的痛苦最大。因为,即使在社会的幸福状态中工人阶级也不可能取得像所有者阶级取得的那么多好处，**没有一个阶级像工人阶级那样因社会财富的衰落而遭受深重的苦难**。①

[III]（2）现在且以财富正在增长的社会来说。这是对工人唯一有利的状态。这里资本家之间展开竞争。对工人的需求超过了工人的供给。但是，

首先，工资的提高引起工人的**过度劳动**。他们越想多挣几个钱，他们就越不得不牺牲自己的时间，并且完全放弃一切自由，在挣钱欲望的驱使下从事奴隶劳动。这就缩短了工人的寿命。工人寿命的缩短对整个工人阶级是一个有利状况，因为这样就必然会不断产生对劳动的新需求。这个阶级始终不得不牺牲自己的一部分，以避免同归于尽。

其次，社会在什么时候才会处于财富日益增长的状态呢？那是在一个国家的资本和收入增加的时候。但是，这只有由于下述情况才可能：（α）大量劳动积累起来，因为资本是积累的劳动；就是说，工人的劳动产品越来越多地从他手中被拿走，工人自己的劳动越来越作为别人的财产同他相对立，而他的生存资料和活动资料越来越多地积聚在资本家手中。（β）资本的积累扩大分工，而分工则增加工人的人数；反过来，工人人数的增加扩大分工，而分工又增加资本的积累。一方面随着分工的扩大，另一方面随着资本的积累，工人日

---

① 亚·斯密《国民财富的性质和原因的研究》1802年巴黎版第2卷第162页。

益完全依赖于劳动，依赖于一定的、极其片面的、机器般的劳动。这样，随着工人在精神上和肉体上被贬低为机器，随着人变成抽象的活动和胃，工人也越来越依赖于市场价格的一切波动，依赖于资本的使用和富人的兴致。同时，由于单靠［Ⅳ］劳动为生者阶级的人数增加，工人之间的竞争加剧了，因而他们的价格也降低了。在工厂制度下工人的这种状况达到了顶点。

（γ）在一个富裕程度日益提高的社会中，只有最富有的人才能靠货币利息生活。其余的人都不得不用自己的资本经营某种行业，或者把自己的资本投入商业。这样一来，资本家之间的竞争会加剧，资本的积聚会加强，大资本家使小资本家陷于破产，一部分先前的资本家会沦为工人阶级，工人阶级则由于增加了人数，部分地又要经受工资降低之苦，同时更加依赖于少数大资本家。资本家由于人数减少，他们为争夺工人而进行的竞争几乎不再存在；而工人由于人数增加，彼此之间的竞争变得越来越激烈、反常和带有强制性。因此，工人等级中的一部分人必然沦为乞丐或陷于饿死的境地，正像一部分中等资本家必然沦为工人等级一样。

由此可见，即使在对工人最有利的社会状态中，工人的结局也必然是劳动过度和早死，沦为机器，沦为资本的奴隶（资本的积累危害着工人），发生新的竞争以及一部分工人饿死或行乞。

[V] 工资的提高在工人身上激起资本家那样的致富欲望，但是，工人只有牺牲自己的精神和肉体才能满足这种欲望。工资的提高以资本的积累为前提并且导致资本的积累，从而使劳动产品越来越作为异己的东西与工人相对立。同样，分工使工人越来越片面化和越来越有依赖性，分工不仅导致人的竞争，而且导致机器的竞争。因为工人被贬低为机器，所以机器就能作为竞争者与他相对抗。最后，正像资本的积累增加工业的数量，从而增加了工人一样，由于这种积累，同一数量的工业生产出**更大数量的制品**；于是发生生产过剩，而结果不是有很大一部分工人失业，就是工人的工资下降到极其可怜的最低限度。

　　这就是对工人最有利的社会状态，即财富**正在增加**、**增长的**状态所产生的后果。

　　然而说到底，这种正在增加的状态终究有一天要达到自己的顶点。那时工人的处境会怎样呢？

　　(3) "在财富已经达到它可能达到的顶点的国家，工资和资本利息二者都会很低。工人之间为就业而进行的竞争如此激烈，以致工资会缩减到仅够维持现有工人人数的程度，而国家的人口这时已达到饱和，因此这个人数不可能再增加了。"①

---

① 亚·斯密《国民财富的性质和原因的研究》1802年巴黎版第1卷第193页。

超过这个人数的部分注定会死亡。

因此，在社会的衰落状态中，工人的贫困日益加剧，在增长的状态中，贫困具有错综复杂的形式，在达到完满的状态中，贫困持续不变。

［Ⅵ］但是，既然按照斯密的意见，大多数人遭受痛苦的社会是不幸福的，社会的最富裕状态会造成大多数人遭受这种痛苦，而且国民经济学（总之，私人利益的社会）是要导致这种最富裕状态，那么国民经济学的目的也就是社会的**不幸**。

关于工人和资本家之间的关系还应指出，工资的提高对资本家来说，可以由劳动时间量的减少而绰绰有余地得到补偿，工资的提高和资本利息的提高会像单利和复利那样影响商品的价格。

现在让我们完全站在国民经济学家的立场上，并且仿效他把工人的理论要求和实践要求比较一下。

国民经济学家对我们说，本来，依照概念来说，劳动的**全部产品**是属于劳动者的。但是，他同时又对我们说，实际上工人得到的是产品中最小的、万万不能缺少的部分，也就是说，只得到他不是作为人而是作为工人维持生存所必要的那一部分，只得到不是为繁衍人类而是为繁衍工人这个奴隶阶级所必要的那一部分。

国民经济学家对我们说，一切东西都可用劳动来购买，而资本无非是积累的劳动；但是，他同时又对我们说，工人不但远不能购买一切东西，而且不得不出卖自己和自己的人性。

懒惰的土地占有者的地租大都占土地产品的三分之一，忙碌的资本家的利润甚至两倍于货币利息，而剩余的那一部分，即工人在最好的情况下所挣得的部分就只有这么多：如果他有四个孩子，其中两个必定要饿死。

[VII]按照国民经济学家的意见，劳动是人用来增加自然产品的价值的唯一东西，劳动是人的能动的财产；而根据同一国民经济学，土地所有者和资本家——他们作为土地所有者和资本家不过是享有特权的、闲散的神仙——处处高踞于工人之上，并对工人发号施令。

按照国民经济学家的意见，劳动是唯一不变的物价，可是，再没有什么比劳动价格更具有偶然性、更容易发生剧烈波动的了。

分工提高劳动的生产力，增加社会的财富，促使社会精美完善，同时却使工人陷于贫困直到变为机器。劳动促进资本的积累，从而也促进社会富裕程度的提高，同时却使工人越来越依附于资本家，引起工人间更剧烈的竞争，使工人卷入生产过剩的追猎活动，跟随生产过剩而来的是同样急剧的生产衰落。

按照国民经济学家的意见，工人的利益从来不同社会的利益相对立，社会却总是而且必然地同工人的利益相对立。

按照国民经济学家的意见，工人的利益从来不同社会的利益相对立，(1) 因为工资的提高可以由劳动时间量的减少和上述其他后果而绰绰有余地得到补偿；(2) 因为对社会来说全部总产品就是纯产品，而区分纯产品只对私人来说才有意义。

劳动本身，不仅在目前的条件下，而且就其一般目的仅仅在于增加财富而言，在我看来是有害的、招致灾难的，这是从国民经济学家的阐发中得出的，尽管他并不知道这一点。

依照概念来说，地租和资本利润是工资受到的**扣除**。但是，在现实中，工资是土地和资本让工人得到的一种扣除，是从劳动产品中让给工人、让给劳动的东西。

在社会的衰落状态中，工人遭受的痛苦最深重。他遭受的压迫特别沉重是由于自己所处的工人地位，但他遭受的一般压迫则是由于社会状况。

而在社会的增长状态中，工人的毁灭和贫困化是他的劳动的产物和他生产的财富的产物。就是说，贫困从现代劳动本身的**本质**中产生出来。

社会的最富裕状态，这个大致还是可以实现并且至少是国民经济学和市民社会[①]的目的的理想，对工人来说却是**持续**

[①] 市民社会（bürgerliche Gesellschaft）这一术语出自黑格尔《法哲学原理》第182节（见《黑格尔全集》1833年柏林版第8卷）。在马克思的早期著作中，这一术语有两重含义。广义地说，是指社会发展各历史时期的经济制度，即决定政治制度和意识形态的物质关系总和；狭义地说，是指资产阶级社会的物质关系。因此，应按照上下文作不同的理解。

不变的贫困。

不言而喻,国民经济学把**无产者**即既无资本又无地租,全靠劳动而且是靠片面的、抽象的劳动为生的人,仅仅当做**工人**来考察。因此,它可以提出这样一个论点:工人完全像每一匹马一样,只应得到维持劳动所必需的东西。国民经济学不考察不劳动时的工人,不把工人作为人来考察,却把这种考察交给刑事司法、医生、宗教、统计表、政治和乞丐管理人去做。

现在让我们超出国民经济学的水平,试从前面几乎是用国民经济学家的原话所作的论述出发,来回答以下两个问题:

(1)把人类的最大部分归结为抽象劳动,这在人类发展中具有什么意义?

(2)主张细小改革的人不是希望**提高**工资并以此来改善工人阶级的状况,就是(像蒲鲁东那样)把工资的**平等**看做社会革命的目标[①],他们究竟犯了什么错误?

---

① 见皮·约·蒲鲁东《什么是财产?》1841年巴黎版。蒲鲁东在该书第3章第6节"社会上的一切工资都是平等的"及第5章第2部分的第3节"第三种社会形式的定义:结论",对工资的平等作了说明。

资本的利润

［I］一、资本

（1）**资本**，即对他人劳动产品的私有权，是建立在什么基础上的呢？

"尽管资本本身不归结为盗窃或诈骗，可是为了使继承神圣化，仍然需要有立法的协助。"（萨伊，第1卷第136页，注）①

人怎样成为生产基金的所有者？他怎样成为用这些生产基金生产出来的产品的所有者？

根据**实在法**。（萨伊，第2卷第4页）

人们依靠资本，例如，依靠大宗财产的继承，可以得到什么？

"例如，继承了大宗财产的人并不因此直接得到政治权力。这种财富直接和径直提供给他的那种权力无非是**购买的权力**，这是对一切他人劳动或者说对当时市场上存在着的他人劳动的一切产品的控制权。"（斯密，第1卷第61页）

因此，资本是对劳动及其产品的**支配权力**。资本家拥有

---

① 让·巴·萨伊《论政治经济学》1817年巴黎第3版。

这种权力并不是由于他的个人的特性或人的特性,而只是由于他是资本的**所有者**。他的权力就是他的资本的那种不可抗拒的**购买的**权力。

下面我们首先将看到,资本家怎样利用资本来行使他对劳动的支配权力,然后将看到资本的支配权力怎样支配着资本家本身。

什么是资本?

"一定量的积蓄的和储存的劳动。"(斯密,第2卷第312页)

资本是**积蓄的劳动**。

(2)**基金**,资金,是土地产品和工业劳动产品的任何积累。资金只有当它给自己的所有者带来收入或利润的时候,才叫做**资本**。(斯密,第2卷第191页)[①]

二、资本的利润

"**资本的利润**或**赢利**与**工资**完全不同。二者的差别表现在两个方面。首先,资本的利润完全决定于所使用的资本的价值,尽管监督和管理的劳动在不同的资本那里可能是一样的。其次,在大工厂,这方面的全部劳动委托给一个主管人,这个主管人的薪金同由他监督如何使用的〔Ⅱ〕资本并不保持一定的比例。尽管这里的资本所

---

① 这段话是《国民财富的性质和原因的研究》1802年巴黎版译者热·加尔涅写的脚注。

有者的劳动几乎等于零，他仍然要求利润同他的资本保持一定的比例。"（斯密，第1卷第97-99页）

为什么资本家要求利润和资本之间保持这种比例呢？

如果资本家从出卖工人生产的产品中，除了用于补偿他预付在工资上的基金所必需的数额以外，不指望再多得一些，他就不会有**兴趣**雇用这些工人了；如果他的利润同所使用的基金的量不成一定的比例，他就不会有**兴趣**使用较大的资本来代替较小的资本。（斯密，第1卷第97页）

因此，资本家赚得的利润首先同工资成比例，其次同预付的原料成比例。

利润和资本的比例是怎样的呢？

如果说确定一定地点和［**一定**］时间的通常的、平均的工资额已经很困难，那么确定资本的利润就更困难了。资本家所经营的那些商品的价格的变化，他的竞争者和顾客的运气好坏，商品在运输中或在仓库中可能遇到的许许多多意外事故，——这一切都造成利润天天有变动，简直是时刻有变动。（斯密，第1卷第179、180页）尽管精确地确定资本的利润是不可能的，但根据**货币利息**仍可大致有数。如果使用货币而得到的利润多，那么为使用货币而付出的利息就多；如果使用货币而得到的利润少，那么付出的利息也少。（斯密，第1卷第180、181页）通常的利息率和纯利润率之间应当保持的比例，必然随着利润的升降而变化。在英国，人们认为，双倍利息就是商人所称的**正当的**、**适度的**、**合理的利润**；这些说法无非是指**通常的和普通的利润**。（斯密，第1卷第198页）

什么是**最低的**利润率呢？什么是**最高的**利润率呢？

资本的**最低的**普通利润率，除了足以补偿资本在各种使用中遇到的意外损失，必须始终**有些剩余**。只有这种剩余才是纯利润或净利润。最低利息率的情况也是如此。（斯密，第1卷第196页）

[III]**最高的**普通利润**率**可能是这样的，它**吞没**大多数商品中**地租的全部**，并且使供应的商品中所包含的工资降到**最低价格**，即仅够工人在劳动期间糊口。在工人被雇用从事劳动时，人们总得设法养活他们；地租却可以完全不付。例如，在孟加拉的东印度贸易公司的经理们。（斯密，第1卷第197、198页）

资本家除了在这种情况下可以**利用**微小竞争的一切好处之外，还能用堂堂正正的方式把市场价格保持在自然价格之上。

首先，如果那些向市场供应商品的人离市场很远，就利用**商业秘密**；这就是说，对价格变动即价格高于自然价格保密。这种保密的效果就是使其他资本家不致把自己的资本投到这个部门来。

其次，利用**制造业秘密**；这种秘密使资本家可以用较少的生产费用，按照与自己的竞争者同样的价格甚至比他还低的价格供应商品，从而获得较多的利润。——（以保密来进行欺骗不是不道德吗？交易所的交易。）——**再次**，把生产限制在特定的地点（例如，名贵的葡萄酒），以致**有效的需求**永远不能得到满足。**最后**，利用个人的和公司的**垄断**。垄断价格是可能达到的最高价格。（斯密，第1卷第120—124页）

可能提高资本利润的另一些偶然的原因：

新领土的获得或新行业的出现甚至在富国也往往可以提高资本利润，因为它们可以从旧行业抽走一部分资本，缓和竞争，以较少的商品供应市场，从而促使这些商品的价格提高4在这种情况下，这些商品经营者就能够对贷款支付较高的利息。（斯密，第1卷第190页）

商品加工越多，商品越变成加工对象，商品价格中分解为工资和利润的部分就比分解为地租的部分增长得越大。随着对商品加工时手工劳动的增加，不仅利润的数目增大，而且每一后来的利润总比先前的利润大，因为产生利润的资本［Ⅳ］必然越来越大。雇用织工的资本必然总是大于雇用纺工的资本，因为前一种资本不仅要补偿后一种资本及其利润，而且还要支付织工的工资，而利润必定总是同资本保持一定的比例。（第1卷第102、103页）

由此可见，在对自然产品加工和再加工时人的劳动的增加，不是使工资增加，而是一方面使获利资本的数额增加，另一方面使每一笔后来的资本比先前的资本增大。

关于资本家从分工中获利，后面再讲。

资本家是双重获利：第一，通过分工；第二，一般地通过对自然产品加工时人的劳动的增加。人加进商品的份额越大，死资本的利润就越大。

在同一社会，与不同工种的工资相比，资本的平均利润率十分接近于同一水平。（第1卷第228页）各种不同用途的资本的普通利润率随着收回资本的可靠性的大小而不同。利润率随着风险增大而提高，尽管二者并不完全成比例。（第1卷第226、227页）

不言而喻，资本利润还由于流通手段（例如，纸币）的简便或低廉而增长。

三、资本对劳动的统治和资本家的动机

资本占有者决定把资本投入农业还是投入工业，投入批发商业的某一部门还是投入零售商业的某一部门，其惟一动机，是对他自己的利润的考虑。至于资本的哪一种用途能推动多少**生产劳动**，[V] 或者会使他的国家的土地和劳动的年产品增加多少价值，他是从来不会想到去计算的。（斯密，第2卷第400、401页）

对资本家来说，资本的最有利的使用，就是在同样可靠性的条件下给他带来最大利润的使用。这种使用对社会来说并不总是最有利的。最有利的资本使用就是用于从自然生产力中取得好处。(萨伊,第2卷第130、131页)

最重要的劳动操作是按照投资者的规划和盘算来调节和指挥的。而投资者所有这些规划和操作的目的就是**利润**。就是说:利润率不像地租和工资那样,随社会的繁荣而上升,随社会的衰退而下降。相反,利润率很自然地在富国低,在穷国高,而在最迅速地走向没落的国家中最高。因此,这一阶级的利益不像其他两个阶级的利益那样与社会的普遍利益联系在一起……经营某一特殊商业部门或工业部门的人的特殊利益,在某一方面总是和公众利益不同,甚至常常同它相敌对。商人的利益始终在于扩大市场和限制卖者的竞争……这是这样一些人的阶级,他们的利益决不会同社会的利益完全一致,他们的利益一般在于欺骗和压迫公众。(斯密,第2卷第163—165页)

四、资本的积累和资本家之间的竞争

资本的增加使工资提高,但由于资本家之间的**竞争**又有使资本家利润减少的趋向。(斯密,第1卷第179页)

"例如,一个城市的食品杂货业所需的资本如果分归两个不同的食品杂货商经营,那么他们之间的竞争会使双方都把售价降到比一个人独力经营时便宜,如果分归20个[Ⅵ]杂货商经营,那么他们之间的竞争会更剧烈,而他们彼此达成一致意见来抬高他们的商品价格的可能性也变得更小。"(斯密,第2卷第372、373页)

既然我们已经知道，垄断价格是尽可能高的价格；既然资本家的利益甚至按照一般国民经济学的观点看来是同社会相敌对的；既然资本利润的提高像复利一样影响商品的价格（斯密，第1卷第201页），——那么，**竞争**就是抵制资本家的惟一手段；根据国民经济学的论述，竞争既对工资的提高产生好影响，也对商品价格的下降产生有利于消费公众的好影响。①

但是，只有当资本增加而且分散在许多人手中的时候，竞争才有可能。只有通过多方面的积累才可能形成许多资本，因为资本一般只有通过积累才形成，而多方面的积累必然转化为单方面的积累。资本之间的竞争扩大各种资本的积累。在私有制的统治下，积累就是资本在少数人手中的积聚，只要听任资本的自然趋向，积累一般说来是一种必然的结果：而资本的这种自然使命恰恰是通过竞争来为自己开辟自由的道路的。

我们已经听说，资本的利润同资本的量成正比。因此，

---

① 马克思在这里转述了亚·斯密在《国民财富的性质和原因的研究》中论述的关于竞争具有良好作用的思想。斯密认为，假如资本分散在二十个商人中间，那么他们之间的竞争就会加剧，而这将给消费者和生产者都带来直接的利益，因为这时各个商人都不得不比整个部门由一两个人垄断时卖得贱些和买的贵些。按照斯密的意见，各个资本之间的竞争加剧，将促进劳动报酬的提高，而且不降低利润。在对劳动力的需求日益增长和资本家之间竞争的条件下，资本家必然要破坏关于不得提高工资的"天然协议"。

即使一开始就把蓄谋的竞争完全撇开不谈,大资本也会按其量的大小相应地比小资本积累得快。

[.VIII] 由此可见,完全撇开竞争不谈,大资本的积累比小资本的积累快得多。不过,我们要进一步探讨这个过程。

随着资本的增长,资本利润由于竞争而减少。因此,受害的首先是小资本家。

资本增长为大量的资本,是以一国财富的日益增长为前提的。

"在财富达到极高程度的国家,普通利润率非常低,从而这个利润能够支付的利息太低,以致除了最富有的人以外任何人都不能靠货币利息生活。因此,所有中等有产者都不得不自己使用自己的资本,经营一种实业,或参与某种商业部门。"(斯密,第1卷第196、197页)

这种状态是国民经济学最喜爱的状态。

"资本总额和收入总额之间的比例无论在什么地方都决定着勤劳和懒惰的比例:资本占优势的地方,普遍勤劳;收入占优势的地方,普遍懒惰。"(斯密,第2卷第325页)

在这种日益扩大的竞争中,资本使用的情况如何呢?

"随着资本的增加,生息信贷基金的数量也必然不断增长。随着这种基金的增加,货币利息会日益降低,(1)因为一切物品的市场价格随着物品数量的增加而降低,(2)因为**随着一国资本的增加**,新资本要找到有利可图的用途**越来越困难**。不同资本之间就产生了竞争,一个资本的占有者千方百计夺取其他资本所占领的位置(营业)①。但是,如果他不提出更优惠的条件做交易,那么他多半不能指望把其他资本挤出所占的位置。他不仅要廉价销售物品,而且往往为了寻找销售的机会,还不得不高价收购物品。指定用来维持生产劳动的基金越多,对劳动的需求也就越大:工人容易找到工作,[Ⅸ]而资本家却难以找到工人。资本家的竞争使工资提高,利润下降。"(斯密,第2卷第358、359页)

因此,小资本家必须作出选择:(1)由于已经不能靠利息生活而把自己的资本吃光,从而不再做资本家;或者(2)亲自经营实业,自己的货品要比更富有的资本家贱卖贵买,并且支付较高的工资;因为市场价格由于所设想的激烈竞争已经降得很,所以小资本家就得陷于破产。相反,大资本家要挤掉小资本家,却拥有对小资本家的一切优势,这些优势是资本家作为资本家对工人所拥有的。对大资本家来说,较少的利润可以由他的较大量的资本来补偿;他甚至可以承受暂时的亏损,直至小资本家破产,直至他摆脱小资本家的竞

---

① 手稿中"营业"写在"位置"的上方。

争。他就是这样把小资本家的利润积累在自己手里。

其次,大资本家总是比小资本家买得便宜,因为他的进货量比较大。因此,他可以贱卖而不亏损。

但是,如果说货币利息下降会使中等资本家由食利者变为企业家,那么反过来,企业资本的增加以及因此引起的利润的减少,会造成货币利息下降。

"随着使用资本所能取得的利润减少,为使用这笔资本所能支付的价格也必然降低。"(斯密,第2卷第359页)

"财富、工业、人口越增长,货币利息.从而资本家的利润就越降低。利润尽管减少,资本本身却不但继续增加,而且比以前增加得更迅速。大资本利润虽低,但一般说来要远比利润高的小资本增长得迅速,俗语说得好:钱能生钱。"([斯密,]第1卷第189页)

如果像在所设想的那种激烈竞争状态下发生的那样,利润低的小资本同这个大资本相对立,那么大资本会把它们完全压垮。

在这种竞争中,商品质量普遍低劣,伪造、假冒,无毒不有,正如在大城市中看到的,这是必然的结果。

[X] 此外,**固定资本**和**流动资本**之间的比例,也是大资本和小资本的竞争中的一个重要情况。

"**流动资本**是用于食品生产、制造业或商业的资本。只要它仍然为自己的主人所占有或者继续保持原状，它就不会给自己的主人带来收入或利润。它不断以一种形式用出去，再以另一种形式收回来，而且只有借助于这种流通，或者说借助于这种连续的转化和交换，才带来利润。**固定资本**是用于改良土地，购置机器、工具、手工业器具之类物品的资本。"（斯密，第2卷第197、198页）

"固定资本维持费的任何节约都意味着纯利润的增长。任何企业家的总资本必然分成固定资本和流动资本。只要资本总额不变，其中一部分越小，另一部分就越大。流动资本供他购买原料、支付工资和推动工业运转。因此，固定资本的任何节约，只要不是减少劳动生产力，都会增加［推动工业运转的］基金。"（斯密，第2卷第226页）

从一开头就可以看出，固定资本和流动资本的比例，对大资本家要比对小资本家有利得多。最大的银行家需要的固定资本只比最小的银行家略多一点。二者的固定资本都只限于银行办公的费用。大土地占有者的生产工具决不会与他的土地面积成比例地增加。同样，大资本家所享有的比小资本家高的信用，就是固定资本即一笔必须经常准备着的货币的更大节约。最后，不言而喻，凡是工业劳动高度发展的地方，也就是几乎所有手工劳动都变成工厂劳动的地方，小资本家仅仅为了拥有必要的固定资本，哪怕把他的全部资本都投入也不够。大家知道，大规模耕作所用的劳动，通常只占用不多的劳动人手。

与较小的资本家相比,在大资本积累时,一般还发生固定资本的相应的积聚和简化。大资本家为自己[XI]采用某种对劳动工具的组织方法。

"同样,在工业领域,每个工场和工厂都已经是相当大一批物质财富为共同的生产目的而同多种多样的智力和技能实行的广泛结合……凡是立法维护大地产的地方,日益增长的人口的过剩部分就涌向工商业,结果,正如在英国那样,大批无产者主要聚集在工业领域。而凡是立法容许土地不断分割的地方,正如在法国那样,小的和负债的所有者的数目就增加,他们由于土地进一步分割而沦为穷人和不满者的阶级。最后,当这种分割和过重的负债达到更高程度时,大地产就重新吞掉小地产,正像大工业吃掉小工业一样;而且因为较大的地产重新形成,大批不再为土地耕作所绝对需要的一无所有的工人就又涌向工业。"(舒尔茨《生产运动》第58、59页)

"同一种商品的性质由于生产方法改变,特别是由于采用机器而发生变化。只是由于排除了人力,才有可能用一磅价值3先令8便士的棉花,纺出350束总长167英里或36德里、商业价值为25基尼的纱。"(同上,第62页)

"四十五年来英国的棉纺织品价格平均降低击,并且据马歇尔计算,相同数量的制品,在1814年需要付16先令,而现在只用交1先令10便士。工业产品的大落价既扩大了国内消费,也扩大了国外市场4因此,英国棉纺织工业的工人人数在采用机器以后不仅没有减少，反而从4万上升到150万。[XII]至于工业企业家和工人的收入，那么由于厂主之间的竞争加剧，厂主的利润同他们供应的产品量相比必然减少。在1820—1833年期间，曼彻斯特的工厂主在每匹印花布上所得的总利润由4先令$1\frac{1}{3}$便士减少到1先令9便士。但是，为了补偿这个损失，生产量更加增大。结果，在个别工业部门部分地出现生产过剩；破产频繁发生，在资本家和雇主的阶级**内部**造成财产的变化不定的波动和动荡，这种波动和动荡把一部分经济破产的人抛入无产阶级队伍；同时经常的和突然的停工或缩减工作成为必然，这种不利情况总是使雇佣劳动者阶级痛感其害。"（同上，第63页）

"出租自己的劳动就是开始自己的奴隶生活；而出租劳动材料就是确立自己的自由……劳动是人，而劳动材料则根本不包括人。"（贝魁尔《社会［经济和政治经济的新］理论》第411、412页）

"材料要素如果没有别的要素即**劳动**，根本不能创造财富；材料要素获得对他们［这种材料要素的所有者］富有成果的魔力，好像他们是自己加进了这种不可缺少的要素。"（同上［，第412页］）

"假定一个工人的日常劳动每年给他平均带来400法郎，而这个数目足够一个成年人维持最起码的生活，那么，这等于说，一个每年拥有2000法郎利息、地租、房租等等收入的所有者在间接地迫使5个人为他劳动；10万法郎的收入表示250人的劳动，而100万法郎则表示2500人的劳动。"（因而，3亿法郎（路易-菲力浦）表示

75万工人的劳动。)①（同上，第412、413页）

"人们制定的法律赋予所有者以使用和滥用即随心所欲地处置任何劳动材料的权利……法律并不责成所有者始终及时地给那些一无所有的人提供工作，而且还付给他们总是够用的工资，等等。"（同上，第413页）"对生产的性质、数量、质量和适宜性的确定，对财富的使用和消费以及对一切劳动材料的支配，都是完全自由的。每个人都可以只考虑他自己的个人利益，随意地自由交换自己的物品。"（同上，第413页）

"竞争不过是任意交换的表现，而任意交换又是使用和滥用任何生产工具的个人权利的直接和合乎逻辑的结果。实际上构成一个统一整体的这三个经济因素——使用和滥用的权利，交换的自由和无限制的竞争——引起如下的后果：每个人都可以按照他乐意的方式，在他乐意的时间和地点，生产他乐意生产的东西；他可以生产得好或坏、过多或过少、过迟或过早、过贵或过贱，没有人知道，他能否卖出去、卖给谁、如何卖、何时卖、在何处卖。买进的情况也是如此。[XIII]生产者既不知道需用的东西也不知道原料来源，既不知道需求也不知道供给。他在他愿意卖和能够卖的时候，在他乐意的地点，按照他乐意的价格，卖给他乐意卖的人。他买进的情况也是如此。他在这一切方面总是偶然情况的玩物，是强者、不受折磨者、富有者所强加的法律的奴隶……一个地方是财富的不足，而另一个地方是财富的过剩和浪费。一个生产者卖得很多或者卖得很贵

---

① 马克思在他收藏的康·贝魁尔这本著作第413页下边的空白处作了这一计算。

并且利润丰厚,而另一个生产者卖不出去或者亏本……供给不知道需求,需求不知道供给。你们根据消费者中出现的爱好和时兴进行生产;可是,当你们准备好提供这种商品的时候,他们的兴趣已经消逝,并转到另一种产品上去了……这一切情况的必然结果就是:连续不断的和日益扩大的破产,失算,突如其来的破落和出乎意料的致富;商业危机,停业,周期性商品滞销或脱销;工资和利润的不稳定和下降;财富、时间和精力在激烈竞争的舞台上的损失或惊人的浪费。"(同上,第414—416页)

李嘉图在他的书①(地租)中说:各国只是生产的工场事人是消费和生产的机器;人的生命就是资本;经济规律盲目地支配着世界。在李嘉图看来,人是微不足道的,而产品则是一切。在法译本第二十六章中说:

"对于一个拥有2万法郎资本,每年获得利润2000法郎的人来说,不管他的资本是雇100个工人还是雇1000个工人,都是无关紧要的……一个国家的实际利益不也是这样吗?只要这个国家的实际纯收入、它的地租和利润不变,这个国家的人口有1000万还是有1200万,它是不会关心的。"② "德·西斯蒙第先生说(第2卷第331页):真的,只盼望国王孤零零地住在自己的岛上,不断地转动

---

① 指大·李嘉图《政治经济学和赋税原理》1835年巴黎第2版第2卷。
② 大·李嘉图《政治经济学和赋税原理》1835年巴黎第2版第2卷第194—195页,引自欧·比雷《论英法工人阶级的贫困》1840年巴黎版第1卷第6—7页。

于柄<Kurbel>，通过自动机来完成英国的全部工作了。"①

"雇主用只够满足工人最迫切需要的低价格来购买工人的劳动，对于工资不足或劳动时间过长，他不负任何责任，因为他自己也要服从他强加给别人的法律……贫困的根源与其说在于人，不如说在于物的力量。"（［比雷，］同上，第82页）

"英国许多地方的居民缺少资本来充分耕种他们的土地。苏格兰南部各郡的羊毛，因为缺少就地加工的资本，大部分不得不通过很糟糕的道路，长途运送到约克郡去加工。英国有许多小工业城市，那里的居民缺少足够的资本把他们的工业产品运往可以找到需求和消费者的遥远市场。这里的商人［XIV］只不过是住在某些大商业城市中的比较富有的商人的代理人。"（斯密，第2卷第382页）"要增加土地和劳动的年产品的价值，就只有增加**生产工人的人数**，或者提高已被雇用的**工人的劳动生产率**……无论哪一种情况几乎总是必须增加资本。"（斯密，第2卷第338页）

"因为按照事物的本性，资本的**积累**是分工的必要的先导，只有资本的积聚越来越多，分工才会越来越细。分工越细，同样数目的人所能加工的材料数量也就增加得越多，因为每个工人的任务在更大程度上逐渐简化，减轻和缩减这些任务的新机器才大量发明出来。因此，随着分工的发展，为了经常雇用同样数目的工人，就必须预先积聚和从前同样多的生活资料，以及比从前分工不大发达时更多的材料、工具和手工业器具。在任何劳动部门，工人人数总是随着

---

① 指德·西斯蒙第《政治经济学新原理》1827年巴黎第2版第2卷第331页，引自欧·比雷《论英法工人阶级的贫困》1840年巴黎版第1卷第6—7页。

这一部门分工的发展而增长,更正确地说,正是工人人数的这种增长才使工人可能实现这种分类和细密分工。"(斯密,第2卷第193、194页)

"劳动生产力的大大提高,非有预先的资本积累不可,同样,资本的积累也自然会[引]起劳动生产力的大大提高。资本家希望利用自己的资本来生产数量尽可能多的产品,因此他力求在自己的工人中间实行最恰当的分工,并把尽可能好的机器供给工人使用。他为在这两方面获得成功而采取的办法,[XV]就看他有多少资本,或者说,要看这个资本能够雇用多少工人。因此,在一个国家里,不仅工业的数量随着推动劳动的**资本的扩大**而增加,而且,同一数量的工业所生产的产品数量,也由于资本的扩大而大大增加。"(斯密,同上,第194、195页)

由此出现了**生产过剩**。

"由于在更大规模的企业中实行更大数量和更多种类的人力和自然力的结合,在工业和商业中……生产力更广泛地联合起来。有些地方,主要的生产部门彼此之间已经更密切地结合起来。例如,大工厂主也力图购置大地产,以便他们的工业企业所需要的原料至少有一部分不必从他人手中得到;或者他们结合自己的工业企业开办商业,不仅为了销售他们自己的产品,而且也为了购买其他种类的产品并把这些产品卖给他们的工人。在英国,单个的工厂主有时拥有10000—12000个工人……不同生产部门在**一个**有才智者的领导之下的这种结合,这种所谓国家中的小国家或国家中的管辖地区,已经屡见不鲜。例如,伯明翰的矿主近来已把制铁的**全部**过程掌握起来,而过去这一过程是分散在许多企业家和占有者手里的。见1838年《德意志季刊》第3期《伯明翰的矿区》一文。最后,我们在目前已如此之多的大股份企业中,还看到**许多**股东的财力同另一些担任实际工作的人的科技知识和才能的广泛结合。这样一来,资本家就有可能以更纷繁多样的方式来利用自己的积蓄,甚至还可以把积蓄同时用于农业、工业和商业。因此他们的利益也就是多方面的了,[XVI]而农业、工业和商业的利益之间的截然对立也缓和下来并趋于消失。然而,这种用不同方式便于资本得利的可能性本身,必定会加深有产者阶级和无产者阶级之间的对立。"(舒尔茨,同上,第40、41页)

房东从贫困中取得巨额利润。房租和工业贫困成反比。

还从堕落的无产者的恶习中抽取利息。(卖淫,酗酒,抵押放债人)

当资本和地产掌握在同一个人手中,并且资本由于数额庞大而能够把各种生产部门联合起来的时候,资本的积累日益增长,而资本间的竞争日益减少。

对人的漠不关心。斯密的二十张彩票。①

萨伊的纯收入和总收入。

---

① 指斯密关于决定工作者的成败和工资的高低的因素的议论。在这些因素中包括"成功的可能性或不可能性"。例如,斯密说道:"送子去学鞋匠,无疑他能学会制鞋技术;但是送他去学法律,那么精通法律并靠这个职业过活的可能性至少是二十对一。就完全公平的彩票而言,中彩者应得到落彩者所失的全部。就成功者一人而不成功者二十人的职业而言,成功者一人应得到不成功者二十人应得而未得的全部。"见亚·斯密《国民财富的性质和原因的研究》1802年巴黎版第1卷第215—216页。

地　租

[**I**] **土地所有者的权利**来源于掠夺。（萨伊，第1卷第136页，注）土地所有者也像所有其他人一样，喜欢在他们未曾播种的地方有所收获，甚至对土地的自然产物也索取地租。（斯密，第1卷第99页）

"也许有人认为，地租不过是土地所有者用来改良土地的资本的利润……有时候，地租可能部分地是这样……但是，土地所有者(1)甚至对未经改良的土地也要求地租，而人们可能看做改良费用的利息或利润的东西，则往往是这种原始地租的附加额（追加费）①；(2)此外，这种改良并不总是用土地所有者的资金，而有时是用租地农场主的资金来进行的，虽然如此，在重订租约时，土地所有者通常要求提高地租，仿佛这种改良全是由他自己出资进行的；(3)而且，他有时甚至对那根本不能用人力来改良的东西也要求地租。"（斯密，第1卷第300、301页）

为说明后一种情况，斯密举叉明草（Seekrapp, salicorne）为例，

"这是一种海洋植物，一经燃烧便产生碱性盐，可用于制造玻

---

① 手稿中"追加费"写在"附加额"的上方。

璃、肥皂等等。这种植物生长在英国各地,特别是苏格兰,但只生长在潮沙(涨潮,marée)可及的岩石上,这些岩石每日两次被海潮淹没,因此这些岩石上的产物决不能通过人的劳动而增多。然而,生长这种植物的土地的所有者也要求地租,就像对谷田要求地租一样。设得兰群岛附近海域盛产鱼类。该群岛很大一部分居民[II]都靠捕鱼为生。但是,要从海产品获利,就必须在近海地带有住所。这里的地租不是同租地农场主可能从土地取得的东西成比例,而是同他可能从土地和海洋这两方面取得的东西的总和成比例。"(斯密,第1卷第301、302页)

"可以把地租看成土地所有者租给租地农场主使用的那些自然力的产物。这种产物的多少,取决于那些自然力的大小,换句话说,取决于土地的自然肥力或人工肥力的大小。地租是扣除或抵消一切可以看做人的劳动产物的东西之后所留下的自然产物。"(斯密,第2卷第377、378页)

"这样一来,被看成是为使用土地而支付的价格的**地租**,自然是一种**垄断价格**。它根本不同土地所有者改良土地所支出的费用成比例,也不间土地所有者为了不亏损而必须取得的数额成比例,而是同租地农场主在不亏损的情况下所能提供的数额成比例。"(斯密,第1卷第302页)

"在这三个阶级①中,土地所有者是这样一个阶级,他们的收入既不用劳力也不用劳心,可说是自然而然地落到他们手中的,并且

---

① 手稿中是"三个生产阶级"。在马克思对亚·斯密著作的摘要中,此处是"三个阶级",见《马克思恩格斯全集》历史考证版第4部分第2卷第356页。

用不着任何洞察力和计划。"（斯密，第2卷第161页）

我们已经听说，地租的数量取决于土地**肥力**的程度。

决定地租数量的另一个因素是土地的**位置**。

"不管土地的产品怎样，地租随着土地的肥力而变动；不管土地的肥力怎样，地租随着土地的位置而变动。"（斯密，第1卷第306页）

"如果土地、矿山或渔场的富饶程度相等，它们的产品就同用来耕作或开发的资本大小以及［Ⅲ］对这种资本的恰当使用的程度成比例。如果资本额相等而且都同样得到恰当使用，它们的产品就同土地、渔场或矿山的自然富饶程度成比例。"（［斯密，］第2卷第210页）

斯密的这些论点之所以重要，是因为它们在生产费用和资本额相等的条件下把地租归结为土地富饶程度的大小。这就清楚地证明了国民经济学颠倒概念，竟把土地富饶程度变成土地占有者的特性。

现在让我们来考察一下地租，看它在现实的关系中是如何形成的。

地租是通过**租地农场主**和**土地所有者之间的斗争**确定的。在国民经济学中，我们到处可以看到，各种利益的敌对性的对立、斗争、战争，被承认是社会组织的基础。

现在我们来看一看土地所有者和租地农场主之间的相互关系是怎样的。

"当决定租约条款时，土地所有者尽量使租地农场主所得的份额仅够补偿他用于置备种子，支付劳动报酬，购买、维持耕畜和其他生产工具的资本，此外，还使他取得该地区农场的普通利润。显然，这是租地农场主在不亏本的条件下所愿意接受的最低份额，而土地所有者是很少愿意多留一点给他的。产品或产品价格超过这一部分的余额，不论它有多大，土地所有者都力图把它作为地租攫为己有。这种地租就是租地农场主在土地现状下所能支付的最高额。[Ⅳ] 这个余额始终可以看做自然地租，或看做大多数土地在出租时自然应该得到的地租。"（斯密，第1卷第299、300页）

萨伊说："土地所有者对租地农场主实行某种垄断。对他们的商品即土地的需求可能不断增长；但是他们的商品数量只能扩展到某一点……土地所有者和租地农场主之间所达成的交易，总是对前者尽可能有利……除了本应得到的好处以外，他还从自己的地位、较大的财产、信誉、声望中得到好处；但是，仅仅前一种好处就足以使他能够总是**独享**他的土地的一切有利条件。运河或道路的开辟，地区人口的增长和富裕程度的提高，总是会提高地租……诚然，租地农场主本人也可能自己花钱来改良土壤；但是他只能在租期内从这笔投资中得到好处；租期一满，好处就转归土地所有者了；从这时起，土地所有者虽然没有预付什么，却获取利益，因为地租相应地增加了。"（萨伊，第2卷第142、143页）

"因此被看成是为使用土地而支付的价格的地租,自然是租地农场主在土地现状下所能支付的最高价格。"(斯密,第1卷第299页)

"因此,土地地面的地租大都……占总产品的二分之一,并且大都是一种固定的、[V]不受收成意外变动的影响的地租。"(斯密,第1卷第351页)"这种地租很少低于总产品的四分之一。"(同上,第2卷第378页)

不可能为一切商品都支付**地租**。例如,在一些地区,就不用为石头支付地租。

"通常人们只能把这样一部分土地产品送往市场,即这种产品的普通价格足够补偿把它们运往市场所需的资本,并能为这笔资本提供普通利润。如果普通价格超过此数,它的余额自然会归入地租。如果普通价格恰好是此数,商品虽然能够完全进入市场,但是不能给土地占有者提供地租。价格是否会超过此数呢?这取决于需求。"(斯密,第1卷第302、303页)

"地租以与工资、资本利润**不同的方式**加入**商品价格**的构成。**工资和利润的高低**是商品价格高低的**原因**,而地租的高低是这一价格的**结果**。"(斯密,第1卷第303、304页)

食物是始终提供**地租**的**产品**之一。

"因为像一切动物一样,人的繁殖自然同其生存资料相称,所以对食物总是有或大或小的需求。食物总是能够购买或多或少的［Ⅵ］劳动量，并且总是有人愿意为获得食物去做某种事情。诚然，由于有时要支付高工资，食物所能购买的劳动量，并不总是同食物被分配得最经济时所能维持的劳动量相等。但是，食物总是能够购买到它按照当地通常标准所能维持的那种劳动的劳动量。几乎在任何情况下，土地生产出的食物都超出为维持有助于使食物上市而必需的全部劳动所用的数量。这食物的超出部分又始终超过那个足够补偿推动这种劳动的资本并提供利润的数量。因此，这里始终有一些余额用来向土地所有者支付地租。"（斯密，第1卷第305、306页）"不仅食物是地租的原始源泉，而且，如果任何其他土地产品后来也提供地租，那么它的价值中的这个超出部分，则归因于：通过<au moyen>土地的耕种和改良，生产食物的劳动生产力有所提高。"（斯密，第1卷第345页）"可见，人的食物总是足够支付地租的。"（第1卷第337页）"一国有多少人口，不是看这个国家的产品能够保证多少人穿衣住宿，而是看这个国家的产品能够保证多少人糊口度日。"（斯密，第1卷第342页）

"除了食物之外，衣服和住宅连同取暖设备，就是人类的两大需要。这些东西大都可以带来地租，但并非必定如此。"（同上，第1卷第338［—339］页）

［Ⅷ］现在让我们来看看土地所有者如何榨取社会的一切利益。

(1)"地租随着人口的增长而增加。"①(斯密,第1卷第335页)

(2)我们已经从萨伊那里听说,地租如何随着铁路等等的修建,随着交通工具的改善、日益安全和多样化而增加。

(3)"社会状况的任何改善,都有**直接**或**间接地**提高地租、扩大土地所有者的实际财富即扩大土地所有者购买他人劳动或他人劳动产品的权力的趋势……土壤改良和耕作上的进步可以直接造成这种结果。土地所有者在产品中得到的那个份额,必然随着产品的增加而增加……这种原料实际价格的提高,例如家畜价格的提高,也可以直接地并以更大的比例提高地租。随着产品的这种实际价值的增长,不仅土地所有者所得份额的实际价值,即这一份额所赋予他的支配他人劳动的实际权力必然增长,而且土地所有者得到的份额在总产品中所占的比重也随着这种价值增长。这种产品的实际价格提高以后,提供这种产品和补偿所使用的资本及其普通利润,并不需要更多的劳动。因此,现在剩下的属于土地所有者的那部分产品在总产品中的比例,将比过去大得多。"(斯密,第2卷第157—159页)

---

① 这是亚·斯密的一个论点:居民对某种大众消费品如马铃薯的需求的增长,这种产品的消费者人数的增加,即使这种产品是从中等土地上收获的,也将使租地农场主在补偿基本开支和维持劳动力的开支以后仍有巨额赢余。而这种赢余的一大部分则将归于土地所有者。因此得出结论说:随着人口数目的增长,地租也将提高。见亚·斯密《国民财富的性质和原因的研究》1802年巴黎版第1卷第335页。

［IX］对原产品的较大需求以及由此而产生的原产品价值的提高，可能部分地是人口及其需要增长的结果。但是，每一项新的发明，工业对于过去从未利用或很少利用的原料的每一次新的采用，都提高地租。例如，随着铁路、轮船等等的出现，煤矿的地租大大提高了。除了土地所有者从工业、各种发现和劳动中获取的这种利益以外，我们现在还会看到另一种利益。

（4）"提高劳动生产力的各种方法既能直接降低工业品的实际价格，也能间接提高实际地租。土地所有者用超过他个人消费的这部分原料或这部分原料的价格来交换工业品。凡是降低工业品实际价格的措施，都能提高农产品的实际价格。这时，同量原产品将相当于较多的工业品，而土地所有者就能得到数量较多的享乐品、装饰品和奢侈品。"（斯密，第2卷第159页）

但是，斯密从土地所有者榨取社会的一切利益这一事实得出［X］结论说（第2卷第161页），土地所有者的利益始终同社会的利益一致，这就荒谬了。根据国民经济学，在私有制的统治下，个人从社会得到的利益同社会从个人得到的利益正好成反比，正像高利贷者挥霍者得到的利益决不同挥霍者的利益相一致一样。

我们现在只是顺便提一下土地所有者针对外国地产的垄

断欲，例如，谷物法①"就来源于这种垄断欲。同样，我们在这里不谈中世纪的农奴制、殖民地的奴隶制、英国的农民（农业短工）②的贫困。让我们继续谈论国民经济学本身的原理吧。

（1）按照国民经济学的原理，土地所有者与社会的繁荣有利害关系s他与人口、工业生产的增长，与社会需要的增长，一句话，与社会财富的增长有利害关系，正如我们上面所考察的，这种增长与贫困和奴役的增长是一致的。房租上涨和贫困增长之间的关系，就是土地所有者与社会有利害关系的一个例子，因为随着房租的上涨，地租，即房基地的租金也增长。

（2）根据国民经济学家自己的看法，土地所有者的利益同租地农场主从而同社会的相当大一部分人的利益是敌

---

① 英国的谷物法是历届托利党内阁为维护大土地占有者的利益从1815年起实施的法令，旨在限制或禁止从国外输入谷物。谷物法规定，当英国本国的谷物价格低于每夸特80先令时，禁止输入谷物。1822年对这项法律作了某些修改，1828年实行了滑动比率制：国内市场谷物价格下跌时谷物进口税就提高，反之，英国谷物价格上涨时谷物进口税就降低。谷物法的实行，严重影响了贫民阶层的生活，同时也不利于工业资产阶级，因为它使劳动力涨价，妨碍国内贸易的发展。谷物法导致工业资产阶级和土地贵族之间的斗争。这一斗争是由曼彻斯特的工厂主科布顿和布莱特于1838年创立的反谷物法同盟领导、在自由贸易的口号下进行的。1846年6月英国议会通过关于废除谷物法的法案。

② 手稿中"农业短工"写在"农民"的上方。

对的。①

[XI]（3）因为租地农场主支付的工资越少，土地所有者[**向**]租地农场主能够索取的地租就越高，因为土地所有者向租地农场主索取的地租越高，租地农场主就把工资压得越低，所以土地所有者的利益同雇农的利益是敌对的，正如工厂主的利益同他的工人的利益是敌对的一样。土地所有者的利益也要求把工资压到最低限度。

（4）因为工业品价格的实际降低可以提高地租，所以土地占有者与工业工人工资的降低、资本家之间的竞争、生产过剩以及工业发展所造成的一切灾难有直接的利害关系。

（5）由此看来，如果说土地所有者的利益同社会的利益完全不一致，并且同租地农场主、雇农、工业工人和资本家的利益相敌对，那么，一个土地所有者的利益，由于竞争，也决不会同另一个土地所有者的利益一致。我们现在就来考察一下这种竞争。

大地产和小地产之间的相互关系一般是与大资本和小资本之间的相互关系一样的。但是，还有一些特殊情况必然引起大地产的积累和大地产对小地产的吞并。

----

① 这里是以大·李嘉图为代表的国民经济学家们关于土地所有者（他凭借作为基本生产资料的土地的所有权，可以不劳动而获得地租）和农产品生产者（在资本主义的工场手工业时代和工厂生产初期是占英国大部分人口的租地农场主）之间的关系的结论。而亚·斯密，则追随重农学派，证明土地所有者的利益和社会的利益的所谓一致性

［XII］（1）工人和劳动工具的相对数量，在任何地方都不像在地产中那样随着资金规模的增大而减少得那么多。同样，全面利用的可能性，生产费用的节约和巧妙的分工，在任何地方都不像在地产中那样随着资金规模的增大而提高得那么多。不管地块多么小，耕种这块土地所必需的劳动工具如犁、锯等等的数量少到一定限度便不能再减，而地产的面积则可以缩小，完全不受此限。

（2）大地产把租地农场主用来改良土地的那笔资本的利息用于自己的积累。小地产则不得不把自己的资本投入这方面。因此，对小地产来说，就没有这全部利润了。

（3）每一项社会改良都对大地产有利而对小地产有害，因为这种改良总是需要小地产付出越来越多的现金。

（4）还要考察一下关于这种竞争的两个重要规律：

（α）生产人们食物的耕地的地租，调节其他大部分耕地的地租。（斯密，第1卷第331页）

归根结底，只有大地产才能生产家畜之类的食物。因此，大地产调节其他土地的地租，并能把它降低到最低限度。

在这种情况下，自耕的小土地所有者和大土地所有者的关系，正像拥有自己的工具的手工业者和工厂主的关系一样。小地产简直成了劳动工具。［XVI］对小土地占有者来说，地租完全消失了，留给他的至多只是他的资本的利息和他的工资；因为通过竞争，地租可能降低到刚好相当于并非土地占有者本人所投入的那笔资本的利息。

（β）此外，我们已经听说，如果土地、矿山或渔场的富饶程度相等和开发程度相等，那么产品就同资本的大小成比例。因此，大土地所有者取得胜利。同样，如果资本相等，那么产品就同土地的富饶程度成比例。因此，在资本相等的条件下，拥有较富饶土地的土地所有者取得胜利。

（γ）"一般说来，一个矿山是富饶还是贫瘠，要看用一定量的劳动从这个矿山所取得的矿物量是多于还是少于用同量劳动从其他大多数同类矿山所取得的矿物量。"（斯密，第1卷第345、346页）"最富饶的煤矿的产品价格也调节邻近其他一切煤矿的煤的价格。土地所有者和企业主二者都发现，如果他们的产品的卖价比邻矿低一些，土地所有者就能得到更多的地租，企业主就能得到更多的利润。这时，邻矿也不得不按同一价格出卖自己的产品，虽然他们不大有可能这样做，虽然这种价格会越来越降低，有时还会使他们失去全部地租和全部利润。结果，一些煤矿就得完全放弃开采，另外一些煤矿提供不了地租，以后只能由土地所有者本人开采。"（斯密，第1卷第350页）"秘鲁银矿被发现以后，欧洲的银矿大都被废弃……波托西银矿被发现以后，古巴和圣多明各的银矿，甚至秘鲁的老矿，也都发生同样的情况。"（第1卷第353页）

斯密在这里关于矿山所讲的这些话，或多或少也适用于一般的地产。

(δ)"应该指出，土地的市场价格始终取决于市场利息率……如果地租大大低于货币利息，那么谁也不愿购买土地，这又会使土地的市场价格很快下跌。反之，如果地租的收益抵补货币利息而绰绰有余，那么，所有的人都愿争购土地，这同样又会使土地的市场价格很快回升。"（［斯密,］第2卷第367、368页）

从地租对货币利息的这种关系可以得出结论说，地租必然越来越降低，以致最后只有最富有的人才能靠地租过活。因而不出租土地的土地所有者之间的竞争便不断加剧。一部分土地所有者破产。大地产进一步集中。

［XVII］这种竞争的结果还会使一大部分地产落入资本家手中，资本家同时也成为土地所有者，正如较小的土地所有者一般说来现在已经仅仅是资本家一样。同样，一部分大土地所有者同时也成为工业家。

因此，最终的结果是资本家和土地所有者之间的差别消失，以致在居民中大体上只剩下两个阶级：工人阶级和资本家阶级。地产买卖，地产转化为商品，意味着旧贵族的彻底没落和金钱贵族的最后形成。

(1) 浪漫主义者为此流下的感伤的眼泪，我们可没有。

他们总是把**土地的买卖**中的卑鄙行为同土地**私有权的买卖**中包含的那些完全合理的、在私有制范围内必然的和值得期待的后果混为一谈。首先，封建地产按其本质来说已是买卖了的土地，已是同人相异化因而以少数大领主的形态与人相对立的土地。

封建的土地占有已经包含土地作为某种异己力量对人们的统治。农奴是土地的附属物。同样，长子继承权享有者，即长子，也属于土地。土地继承了他。私有财产的统治一般是从土地占有开始的；土地占有是私有财产的基础。但是，在封建的土地占有制下，领主至少**在表面上**是领地的君主。同样，在封建的土地占有制下，占有者和土地之间还存在着比单纯**实物**财富的关系更为密切的关系的外观。地块随它的领主而个性化，有它的爵位，随它的领主而有男爵或伯爵的封号；有它的特权、它的审判权、它的政治地位等等。土地仿佛是它的领主的无机的身体。因此，俗语说：**没有无主的土地**。这句话表明领主的权势是同土地占有结合在一起的。同样，地产的统治在这里并不直接表现为单纯的资本的统治。属于这块地产的人们对待这块地产毋宁说就像对待自己的祖国一样。这是一种狭隘的民族性。

[XVIII] 正像一个王国给它的国王以称号一样，封建地产也给它的领主以称号。领主的家庭史，他的家族史等等——对他来说这一切都使他的地产个性化，使地产名正言

顺地归属于他的家族，使地产人格化。同样，那些耕种他的土地的人并不处于**短工**的地位，而是一部分像农奴一样本身就是他的财产，另一部分则对他保持着尊敬、忠顺和纳贡的关系。因此，领主对他们的态度具有直接的政治性，同时又有其**温情的**一面。风尚、性格等等因地块而各不相同，并且仿佛同自己所属的小块土地是一体的，但是后来把人和地块连结在一起的便不再是人的性格、人的个性，而仅仅是人的钱袋了。最后，封建领主并不力求从自己的领地取得最大可能的收益。相反，他消费那里的东西，并且心安理得地让农奴和租地农场主设法为他提供各种消费品。这就是贵族对领地的关系，这种关系给领主罩上浪漫主义的灵光。

　　这种外观必将消失，地产这个私有财产的根源必然完全卷入私有财产的运动而成为商品；所有者的统治必然要失去一切政治色彩而表现为私有财产的、资本的单纯统治；所有者和劳动者之间的关系必然归结为剥削者和被剥削者的国民经济关系；所有者和他的财产之间的一切人格的关系必然终止，而这个财产必然成为纯**实物的**、物质的财富；与土地的荣誉联姻必然被利益的联姻所代替，而土地也像人一样必然降到交易价值的水平。地产的根源，即卑鄙的自私自利，也必然以其无耻的形式表现出来。稳定的垄断必然变成动荡的、不稳定的垄断，变成竞争，而对他人血汗成果的坐享其成必然变为以他人血汗成果来进行的忙碌交易。最后，在这种竞争中，地产必然以资本的形式既表现为对工人阶级的统治，也表现为对那些因资本运动的规律而破产或兴起的所有者本身的统治。从而，中世纪的俗语"没有无领主的土地"被现代俗语"金钱没有主人"所代替。后一俗语清楚地表明了死的物质对人的完全统治。

[XIX]（2）关于地产的分割或不分割的争论①，应该指出下面一点。

地产的分割否定地产的**大垄断**，扬弃它，但只通过下述办法——使这种垄断**普遍化**。地产的分割并不消灭垄断的基础——私有制。它只触及垄断的存在形式，而不触及垄断的本质。结果，地产的分割成了私有制规律的牺牲品。因为地产的分割是适应工业领域的竞争运动的。除了工具分开和劳动相互分离（显然，应当同分工区别开来：这里不是一件工作由许多人来分担，而是大家各自从事同样的劳动，这就是无数次地重复同样的劳动）这种经济上的不利之外，这种分割也和上述的竞争一样，必然重新转化为积累。因此，凡是

---

① 关于地产的分割和不分割的争论，是马克思曾计划撰写的第六届莱茵省议会的辩论的第四篇论文的主要内容（见《第六届莱茵省议会的辩论。第三篇论文。关于林木盗窃法的辩论》）。莱茵省总督冯·博德尔施文格为阻止莱茵省农民贫困化趋势的发展，向1841年第六届莱茵省议会提出限制地产析分的草案，遭到议会大多数的拒绝。议员们维护自由支配土地，并强调指出，自由转让还可使地产扩充，而限制地产析分，则会降低土地的价值。这反映了莱茵省与普鲁士其他省份不同，已开始了封建地产向资产阶级地产的转变。

进行地产分割的地方，就只能或者回到具有更加丑恶形态的垄断，或者否定（扬弃）①地产分割本身。但是，这不是回到式因财产而没落下去。

至于说到大地产，它的维护者总是用诡辩的方式把大农业在国民经济上的好处同大地产混为一谈，仿佛这种好处，恰恰不是通过这种财产的废除，才能一方面获得［XX］最充分发挥，另一方面第一次成为社会的利益。同样，这些维护者还攻击小地产的牟利精神，仿佛大地产甚至在它的封建形式下也没有潜藏着牟利行为，更不用说现代英国的地产形式了，在那里，地主的封建主义是同租地农场主的以产业形式牟利的行为结合在一起的。

地产分割指责大地产实行垄断，大地产可以把这种责难回敬给地产分割，因为地产分割也是以私有财产的垄断为基础的，同样，地产分割可以把说它分割的责难回敬给大地产，因为在大地产那里也是分割占统治地位，只不过采取不动的、冻结的形式罢了。总之，私有财产是以分割为基础的。

此外，正如地产分割要重新导致作为资本财富的大地产一样，封建的地产，不管它怎样设法挣脱，也必然要遭到分割，或者至少要落到资本家手中。

这是因为大地产，像在英国那样，把绝大多数居民推入

---

① 手稿中"扬弃"写在"否定"的上方。

工业的怀抱,并把它自己的工人压榨到赤贫的程度。因此,大地产把国内的贫民和全部活动都推到敌对方面,从而促使自己敌人的势力即资本、工业的势力产生和壮大。大地产把国内的大多数居民变成工业人口,从而使他们成为大地产的敌人。如果工业获得雄厚的实力,像现在英国那样,那么工业就会逐步地迫使大地产把它的垄断针对外国①,并让它投入同外国地产的竞争。因为,在工业的统治下,地产只有通过针对外国的垄断才能确保自己的封建威严,从而不受与它的封建本质相矛盾的一般商业规律支配。地产一旦卷入竞争,就要像其他任何受竞争支配的商品一样,遵循竞争的规律。它同样会动荡不定,时而缩减,时而增加,从一个人手中转入另一个人手中,任何法律都无法使它再保持在少数注定的人手中。[XXI]直接的结果就是地产分散到许多人手中,并且无论如何要服从于工业资本的权力。

最后,那种就这样靠强力维持下来并在自己身旁产生了巨大工业的大地产,要比地产分割更快地导致危机,因为在地产分割条件下工业的权力总是处于次要地位。

正如我们在英国看到的,大地产就它力求赚到尽可能多的货币而言,已经失去自己的封建性质,而具有工业的性质。它给所有者[**带来**]尽可能多的地租,而给租地农场主带来

---

① 手稿中原来写的是"针对外国的垄断"后来马克思把"的垄断"删去。

尽可能多的资本利润。结果，农业工人的工资被降到最低限度，而租地农场主阶级在地产范围内代表着工业和资本的权力。由于同外国竞争，地租在大多数情况下不再能形成一种独立的收入了。很大一部分土地所有者不得不取代租地农场主的地位，而租地农场主就有一部分以这种方式沦为无产阶级。另一方面，有许多租地农场主也会把地产掌握在自己手中；这是因为有优裕收入的大土地所有者大都沉湎于挥霍，并且大多数都不适宜于领导大规模的农业，他们往往既无资本又无能力来开发土地。因此，他们中间也有一部分人完全破产。最后，为了经受住新的竞争，已经降到最低限度的工资不得不进一步降低。而这就必然导致革命。

工业必然以垄断的形式和竞争的形式走向破产，以便学会信任人，同样，地产必然以这两种方式中的任何一种方式发展起来，以便以这两种方式走向必不可免的灭亡。

[异化劳动和私有财产]

[XXII] 我们是从国民经济学的各个前提出发的。我们采用了它的语言和它的规律。我们把私有财产，把劳动、资本、土地的互相分离，工资、资本利润、地租的互相分离以及分工、竞争、交换价值概念等等当做前提。我们从国民经济学本身出发，用它自己的话指出，工人降低为商品，而且降低为最贱的商品，工人的贫困同他的生产的影响和规模成反比；竞争的必然结果是资本在少数人手中积累起来，也就是垄断的更惊人的恢复；最后，资本家和地租所得者之间、农民和工人之间的区别消失了，而整个社会必然分化为两个阶级，即**有产者**阶级和没有财产的**工人**阶级。

国民经济学从私有财产的事实出发。它没有给我们说明这个事实[①]。它把私有财产在现实中所经历的**物质**过程，放进一般的、抽象的公式，然后把这些公式当做**规律**。它不**理解**这些规律，就是说，它没有指明这些规律是怎样从私有财产

[①] 马克思在《让·巴蒂斯特·萨伊〈论政治经济学〉一书摘要》中对萨伊关于财富的性质和流通的原理的论述写有如下评注："私有财产是一个事实,国民经济学对此没有说明理由,但是,这个事实是国民经济学的基础"；"没有私有财产的财富是不存在的,国民经济学按其本质来说是发财致富的科学。因此,没有私有财产的政治经济学是不存在的。这样,整个国民经济学便建立在一个没有必然性的事实的基础上。"(见《马克思恩格斯全集》历史考证版第4部分第2卷第316、319页）

的本质中产生出来的。国民经济学没有向我们说明劳动和资本分离以及资本和土地分离的原因。例如,当它确定工资和资本利润之间的关系时,它把资本家的利益当做最终原因,就是说,它把应当加以阐明的东西当做前提。同样,竞争到处出现,对此它则用外部情况来说明。至于这种似乎偶然的外部情况在多大程度上仅仅是一种必然的发展过程的表现,国民经济学根本没有向我们讲明。我们已经看到,交换本身在它看来是偶然的事实。**贪欲**以及**贪欲者之间的战争即竞争**,是国民经济学家所推动的仅有的车轮。①

正因为国民经济学不理解运动的联系,所以才把例如竞争的学说同垄断的学说,经营自由的学说同同业公会的学说,地产分割的学说同大地产的学说重新对立起来。因为竞争、经营自由、地产分割仅仅被阐述和理解为垄断、同业公会和封建所有制的偶然的、蓄意的、强制的结果,而不是必然的、不可避免的、自然的结果。

因此,我们现在必须弄清楚私有制、贪欲以及劳动、资本、地产三者的分离之间,交换和竞争之间、人的价值和人的贬值之间、垄断和竞争等等之间以及这全部异化和货币制度之间的本质联系。

我们不要像国民经济学家那样,当他想说明什么的时候,

---

① 手稿中这段话下面删去一句话:"我们现在必须回顾上述财产的物质运动的本质。"

总是置身于一种虚构的原始状态。这样的原始状态什么问题也说明不了。①国民经济学家只是使问题堕入五里雾中。他把应当加以推论的东西即两个事物之间的例如分工和交换之间的必然关系,假定为事实、事件。神学家也是这样用原罪来说明恶的起源,就是说,他把他应当加以说明的东西假定为一种具有历史形式的事实。

我们且从**当前的**国民经济的事实出发。工人生产的财富越多,他的生产的影响和规模越大,他就越贫穷。②工人创造的商品越多,他就越变成廉价的商品。物的世界的**增值**同人的世界的**贬值**成正比。劳动生产的不仅是商品,它还生产作为**商品**的劳动自身和工人,而且是按它一般生产商品的比例生产的。

这一事实无非是表明:劳动所生产的对象,即劳动的产品,作为**一种异己的存在物**,作为**不依赖于**生产者的**力量**,同劳动相对立。劳动的产品是固定在某个对象中的、物化的

---

① 马克思在《亚·斯密〈国民财富的性质和原因的研究〉一书摘要》中写有如下评注:"十分有趣的是斯密作的循环论证。为了说明分工,他假定有交换。但是为了使交换成为可能,他就以分工、以人的活动的差异为前提。他把问题置于原始状态,因而未解决问题。"(见《马克思恩格斯全集》历史考证版第4部分第2卷第336页)

② 这个结论在当时的社会批判性著作中相当流行。例如,威·魏特林在其著作《和谐与自由的保证》中就曾写道:"正像在筑堤时要产生土坑一样,在积累财富时也要产生贫穷。"

劳动，这就是劳动的**对象化**。劳动的现实化就是劳动的对象化。在国民经济的实际状况中，劳动的这种现实化表现为工人的**非现实化**[①]，对象化表现为**对象的丧失**和**被对象奴役**，占有表现为**异化**、**外化**[②]。

劳动的现实化竟如此表现为非现实化，以致工人非现实化到饿死的地步。对象化竟如此表现为对象的丧失，以致工人被剥夺了最必要的对象——不仅是生活的必要对象，而且是劳动的必要对象。甚至连劳动本身也成为工人只有通过最大的努力和极不规则的间歇才能加以占有的对象。对对象的占有竟如此表现为异化，以致工人生产的对象越多，他能够占有的对象就越少，而且越受自己的产品即资本的统治。

这一切后果包含在这样一个规定中：工人对**自己的劳动的产品**的关系就是对一个**异己的**对象的关系。因为根据这个前提，很明显，工人在劳动中耗费的力量越多，他亲手创造出来反对自身的、异己的对象世界的力量就越强大，他自身、他的内部世界就越贫乏，归他所有的东西就越少。宗教方面的情况也是如此。人奉献给上帝的越多，他留给自身的就越

---

① 马克思在这里使用了黑格尔的术语及其探讨对立的统一的方法，把Verwirklichung（现实化）与Entwirklichung（非现实化）对立起来。
② 马克思在手稿中往往并列使用两个德文术语"Entfremdung"（异化）和"Entäußerung"（外化）来表示异化这一概念。但他有时赋予"Entäußerung"另一种意义，例如，用于表示交换活动，从一种状态向另一种状态转化，就是说，用于表示那些并不意味着敌对性和异己性的关系的经济现象和社会现象。

少。①工人把自己的生命投入对象,但现在这个生命已不再属于他而属于对象了。因此,这种活动越多,工人就越丧失对象。凡是成为他的劳动的产品的东西,就不再是他自身的东西。因此,这个产品越多,他自身的东西就越少。工人在他的产品中的**外化**,不仅意味着他的劳动成为对象,成为**外部的**存在,而且意味着他的劳动作为一种与他相异的东西不依赖于他而**在他之外**存在,并成为同他对立的独立力量;意味着他给予对象的生命是作为敌对的和相异的东西同他相对立。

[XXIII]现在让我们来更详细地考察一下**对象化**,即工人的生产,以及对象即工人的产品在对象化中的**异化**、**丧失**。

没有**自然界**,没有**感性的外部世界**,工人什么也不能创造。自然界是工人的劳动得以实现、工人的劳动在其中活动、工人的劳动从中生产出和借以生产出自己的产品的材料。

但是,自然界一方面在这样的意义上给劳动提供**生活资料**,即没有劳动加工的对象,劳动就不能**存在**;另一方面,也在更狭隘的意义上提供**生活资料**,即维持**工人**本身的肉体生存的手段。

因此,工人越是通过自己的劳动**占有**外部世界、感性自然界,他就越是在两个方面失去**生活资料**:第一,感性的外

---

① 马克思在这里以自己的理解复述了费尔巴哈哲学关于宗教是人的本质的异化的论点,费尔巴哈说,为了使上帝富有,人就必须贫穷;为了使上帝成为一切,人就必须什么也不是。人在自身中否定了他在上帝身上所肯定的东西。

部世界越来越不成为属于他的劳动的对象，不成为他的劳动的**生活资料**；第二，感性的外部世界越来越不给他提供直接意义的**生活资料**，即维持工人的肉体生存的手段。

因此，工人在这两方面成为自己的对象的奴隶：首先，他得到**劳动的对象**，也就是得到**工作**；其次，他得到生存资料。因此，他首先是作为**工人**，其次是作为**肉体的主体**，才能够生存。这种奴隶状态的顶点就是：他只有作为**工人**才能维持自己作为**肉体的主体**，并且只有作为**肉体的主体**才能是工人。

（按照国民经济学的规律，工人在他的对象中的异化表现在：工人生产得越多，他能够消费的越少，他创造的价值越多，他自己越没有价值、越低贱，工人的产品越完美，工人自己越畸形，工人创造的对象越文明，工人自己越野蛮；劳动越有力量，工人越无力；劳动越机巧，工人越愚笨，越成为自然界的奴隶。）

国民经济学由于不考察工人（劳动）同产品的直接关系而掩盖劳动本质的异化。当然，劳动为富人生产了奇迹般的东西，但是为工人生产了赤贫。劳动生产了宫殿，但是给工人生产了棚舍。劳动生产了美，但是使工人变成畸形。劳动用机器代替了手工劳动，但是使一部分工人回到野蛮的劳动，并使另一部分工人变成机器。劳动生产了智慧，但是给工人生产了愚钝和痴呆。

劳动对它的产品的直接关系，是工人对他的生产的对象的关系。有产者对生产对象和生产本身的关系，不过是这前一种关系的**结果**，而且证实了这一点。对问题的这另一个方面我们将在后面加以考察。因此，当我们问劳动的本质关系是什么的时候，我们问的是工人对生产的关系。

以上我们只是从一个方面，就是从工人**对他的劳动产品的关系**这个方面，考察了工人的异化、外化。但是，异化不仅表现在结果上，而且表现在**生产行为**中，表现在**生产活动**本身中。如果工人不是在生产行为本身中使自身异化，那么工人活动的产品怎么会作为相异的东西同工人对立呢？产品不过是活动、生产的总结。因此，如果劳动的产品是外化，那么生产本身必然是能动的外化，活动的外化，外化的活动。在劳动对象的异化中不过总结了劳动活动本身的异化、外化。

那么，劳动的外化表现在什么地方呢？

首先，劳动对工人来说是**外在的东西**，也就是说，不属于他的本质；因此，他在自己的劳动中不是肯定自己，而是否定自己，不是感到幸福，而是感到不幸，不是自由地发挥自己的体力和智力，而是使自己的肉体受折磨、精神遭摧残。因此，工人只有在劳动之外才感到自在，而在劳动中则感到不自在，他在不劳动时觉得舒畅，而在劳动时就觉得不舒畅。因此，他的劳动不是自愿的劳动，而是被迫的**强制劳动**。因此，这种劳动不是满足一种需要，而只是满足劳动以外的那些需要的一种**手段**。劳动的异己性完全表现在：只要肉体的强制或其他强制一停止，人们就会像逃避瘟疫那样逃避劳动。外在的劳动，人在其中使自己外化的劳动，是一种自我牺牲、自我折磨的劳动。最后，对工人来说，劳动的外在性表现在：这种劳动不是他自己的，而是别人的；劳动不属于他；他在劳动中也不属于他自己，而是属于别人。在宗教中，人的幻想、人的头脑和人的心灵的自主活动对个人发生作用不取决于他个人，就是说，是作为某种异己的活动，神灵的或魔鬼的活动发生作用，同样，工人的活动也不是他的自主活动。① 他的活动属于别人，这种活动是他自身的丧失。

因此，结果是，人（工人）只有在运用自己的动物机能——吃、喝、生殖，至多还有居住、修饰等等——的时候，才觉得自己在自由活动，而在运用人的机能时，觉得自己只不过是动物。动物的东西成为人的东西，而人的东西成为动物的东西。

吃、喝、生殖等等，固然也是真正的人的机能。但是，如果加以抽象，使这些机能脱离人的其他活动领域并成为最后的和唯一的终极目的，那它们就是动物的机能。

————
① 这里表述的思想与费尔巴哈的论点相呼应。费尔巴哈认为宗教和唯心主义哲学是人的存在及其精神活动的异化。费尔巴哈写道，上帝作为对人来说的某种至高的、非人的东西，是理性的客观本质，上帝和宗教就是幻想的对象性本质。他还写道，黑格尔逻辑学的本质是主体的活动，是主体的被窃走的思维，而绝对哲学则使人自身的本质、人的活动在人那里异化。

我们从两个方面考察了实践的人的活动即劳动的异化行为。第一，工人对**劳动产品**这个异己的、统治着他的对象的关系。这种关系同时也是工人对感性的外部世界、对自然对象——异己的与他敌对的世界——的关系。第二，在**劳动**过程中劳动对**生产行为**的关系。这种关系是工人对他自己的活动——一种异己的、不属于他的活动——的关系。在这里，活动是受动；力量是无力，生殖是去势，工人**自己的**体力和智力，他个人的生命——因为，生命如果不是活动，又是什么呢？——是不依赖于他、不属于他、转过来反对他自身的活动。这是**自我异化**，而上面所谈的是**物**的异化。

[XXIV] 我们现在还要根据在此以前考察的**异化劳动**的两个规定推出它的第三个规定。

人是类存在物，不仅因为人在实践上和理论上都把类——他自身的类以及其他物的类——当做自己的对象；而且因为——这只是同一种事物的另一种说法——人把自身当做现有的、有生命的类来对待，因为人把自身当做**普遍的**因而也是自由的存在物来对待。①

无论是在人那里还是在动物那里，类生活从肉体方面来

---

① 马克思在本段和下一段利用了费尔巴哈哲学中表述人和整个人类时所用的术语，并且创造性地吸取了他的思想：人把人的"类本质"、人的社会性质异化在宗教中，宗教以人同动物的本质区别为基础，以意识为基础，而意识严格说来只是在存在物的类成为存在物的对象、本质的地方才存在；人不像动物那样是片面的存在物，而是普遍的、无限的存在物。

说就在于人（和动物一样）靠无机界生活，而人和动物相比越有普遍性，人赖以生活的无机界的范围就越广阔。从理论领域来说，植物、动物、石头、空气、光等等，一方面作为自然科学的对象，一方面作为艺术的对象，都是人的意识的一部分，是人的精神的无机界，是人必须事先进行加工以便享用和消化的精神食粮；同样，从实践领域来说，这些东西也是人的生活和人的活动的一部分。人在肉体上只有靠这些自然产品才能生活，不管这些产品是以食物、燃料、衣着的形式还是以住房等等的形式表现出来。在实践上，人的普遍性正是表现为这样的普遍性，它把整个自然界——首先作为人的直接的生活资料，其次作为人的生命活动的对象（材料）①和工具——变成人的**无机的**身体。自然界，就它自身不是人的身体而言，是人的**无机的身体**。人靠自然界生活。这就是说，自然界是人为了不致死亡而必须与之处于持续不断的交互作用过程的、人的**身体**。所谓人的肉体生活和精神生活同自然界相联系，不外是说自然界同自身相联系，因为人是自然界的一部分。

异化劳动，由于（1）使自然界同人相异化，（2）使人本身，使他自己的活动机能，使他的生命活动同人相异化，因此，异化劳动也就使**类**同人相异化，对人来说，异化劳动把

---

① 手稿中"材料"写在"对象"的上方。

类生活变成维持个人生活的手段。第一，它使类生活和个人生活异化；第二，它把抽象形式的个人生活变成同样是抽象形式和异化形式的类生活的目的。①

因为，首先，劳动这种**生命活动**、这种**生产生活**本身对人来说不过是满足一种需要即维持肉体生存的需要的一种**手段**。而生产生活就是类生活。这是产生生命的生活。一个种的整体特性、种的类特性就在于生命活动的性质，而自由的有意识的活动恰恰就是人的类特性。生活本身仅仅表现为**生活的手段**。

动物和自己的生命活动是直接同一的。动物不把自己同自己的生命活动区别开来。它就是**自己的生命活动**。人则使自己的生命活动本身变成自己意志的和自己意识的对象。他具有有意识的生命活动。这不是人与之直接融为一体的那种规定性。有意识的生命活动把人同动物的生命活动直接区别开来。正是由于这一点，人才是类存在物。或者说，正因为人是类存在物，他才是有意识的存在物，就是说，他自己的

---

① 类、类生活、类本质都是费尔巴哈使用的术语，它们表示人的概念、真正人的生活的概念。真正人的生活以友谊和善良的关系，即以爱为前提，这些都是类的自我感觉或关于个人属于人群这种能动意识。费尔巴哈认为，类本质使每个具体的个人能够在无限多的不同个人中实现自己。费尔巴哈也承认人们之间确实存在着利益的相互敌对和对立关系，但是在他看来，这种关系不是产生于阶级社会的历史的现实条件，即资产阶级社会的经济生活条件，而是人的真正本质即类本质同人相异化的结果，是人同大自然本身预先决定了的和谐的类生活人为地但绝非不可避免地相脱离的结果。

生活对他来说是对象。仅仅由于这一点，他的活动才是自由的活动。异化劳动把这种关系颠倒过来，以致人正因为是有意识的存在物，才把自己的生命活动，自己的**本质**变成仅仅维持自己**生存**的手段。

通过实践创造**对象世界**，**改造**无机界，人证明自己是有意识的类存在物，就是说是这样一种存在物，它把类看做自己的本质，或者说把自身看做类存在物。诚然，动物也生产。动物为自己营造巢穴或住所，如蜜蜂、海狸、蚂蚁等。但是，动物只生产它自己或它的幼仔所直接需要的东西；动物的生产是片面的，而人的生产是全面的；动物只是在直接的肉体需要的支配下生产，而人甚至不受肉体需要的影响也进行生产，并且只有不受这种需要的影响才进行真正的生产；动物只生产自身，而人再生产整个自然界；动物的产品直接属于它的肉体，而人则自由地面对自己的产品。动物只是按照它所属的那个种的尺度和需要来构造，而人却懂得按照任何一个种的尺度来进行生产，并且懂得处处都把固有的尺度运用于对象；因此，人也按照美的规律来构造。

因此，正是在改造对象世界的过程中，人才真正地证明自己是**类存在物**。这种生产是人的能动的类生活。通过这种生产，自然界才表现为**他的**作品和他的现实。因此，劳动的对象是**人的类生活的对象化**：人不仅像在意识中那样在精神上使自己二重化，而且能动地、现实地使自己二重化，从而在他所创造的世界中直观自身。因此，异化劳动从人那里夺去了他的生产的对象，也就从人那里夺去了他的**类生活**，即他的现实的类对象性，把人对动物所具有的优点变成缺点，因为人的无机的身体即自然界被夺走了。

同样，异化劳动把自主活动、自由活动贬低为手段，也就把人的类生活变成维持人的肉体生存的手段。

因此，人具有的关于自己的类的意识，由于异化而改变，以致类生活对他来说竟成了手段。

这样一来，异化劳动导致：

（3）**人的类本质**，无论是自然界，还是人的精神的类能力，都变成了对人来说是异己的本质，变成了维持他的**个人生存的手段**。异化劳动使人自己的身体同人相异化，同样也使在人之外的自然界同人相异化，使他的精神本质、他的**人的本质同人相异化**。

（4）人同自己的劳动产品、自己的生命活动、自己的类本质相异化的直接结果就是**人同人相异化**。当人同自身相对立的时候，他也同他人相对立。凡是适用于人对自己的劳动、对自己的劳动产品和对自身的关系的东西，也都适用于人对他人、对他人的劳动和劳动对象的关系。

总之，人的类本质同人相异化这一命题，说的是一个人同他人相异化，以及他们中的每个人都同人的本质相异化。

人的异化，一般地说，人对自身的任何关系，只有通过人对他人的关系才得到实现和表现。

因此,在异化劳动的条件下,每个人都按照他自己作为工人所具有的那种尺度和关系来观察他人。

[XXV]我们的出发点是国民经济事实即工人及其生产的异化。我们表述了这一事实的概念:**异化的**、**外化的**劳动。我们分析了这一概念,因而我们只是分析了一个国民经济事实。

现在让我们看一看,应该怎样在现实中去说明和表述异化的、外化的劳动这一概念。

如果劳动产品对我来说是异己的,是作为异己的力量面对着我,那么它到底属于谁呢?

如果我自己的活动不属于我,而是一种异己的活动、一种被迫的活动,那么它到底属于谁呢?

属于**另一个**有别于我的存在物。

这个存在物是谁呢?

是**神**吗?确实,起初主要的生产活动,如埃及、印度、墨西哥建造神庙的活动等等,不仅是为供奉神而进行的,而且产品本身也是属于神的。但是,神从来不是劳动的唯一主宰。**自然界**也不是。况且,在人通过自己的劳动使自然界日益受自己支配的情况下,在工业奇迹使神的奇迹日益变得多余的情况下,如果人竟然为讨好这些力量而放弃生产的乐趣和对产品的享受,那岂不是十分矛盾的事情。

劳动和劳动产品所归属的那个**异己的**存在物，劳动为之服务和劳动产品供其享受的那个存在物，只能是**人**自身。

如果劳动产品不是属于工人，而是作为一种异己的力量同工人相对立，那么这只能是由于产品属于**工人之外的他人**。如果工人的活动对他本身来说是一种痛苦，那么这种活动就必然给他人带来**享受**和生活乐趣。不是神也不是自然界，只有人自身才能成为统治人的异己力量。

还必须注意上面提到的这个命题：人对自身的关系只有通过他对他人的关系，才成为对他来说是**对象性的**、**现实的关系**。因此，如果人对自己的劳动产品的关系、对对象化劳动的关系，就是对一个异己的、敌对的、强有力的、不依赖于他的对象的关系，那么他对这一对象所以发生这种关系就在于有另一个异己的、敌对的、强有力的、不依赖于他的人是这一对象的主宰。如果人把他自己的活动看做一种不自由的活动，那么他是把这种活动看做替他人服务的、受他人支配的、处于他人的强迫和压制之下的活动。

人同自身以及同自然界的任何自我异化，都表现在他使自身、使自然界跟另一些与他不同的人所发生的关系上。因此，宗教的自我异化也必然表现在世俗人对僧侣或者世俗人对耶稣基督——因为这里涉及精神世界——等等的关系上。在实践的、现实的世界中，自我异化只有通过对他人的实践的、现实的关系才能表现出来。异化借以实现的手段本身就是**实践的**。因此，通过异化劳动，人不仅生产出他对作为异己的、敌对的力量的生产对象和生产行为的关系，而且还生产出他人对他的生产和他的产品的关系，以及他对这些他人的关系。正像他把他自己的生产变成自己的非现实化，变成对自己的惩罚一样，正像他丧失掉自己的产品并使它变成不属于他的产品一样，他也生产出不生产的人对生产和产品的支配。正像他使他自己的活动同自身相异化一样，他也使与他相异的人占有非自身的活动。

到目前为止，我们只是从工人方面考察了这一关系，下面我们还要从非工人方面来加以考察。

总之，通过**异化的**、**外化的劳动**，工人生产出一个同劳动疏远的、站在劳动之外的人对这个劳动的关系。工人对劳动的关系，生产出资本家——或者不管人们给劳动的主宰起个什么别的名字——对这个劳动的关系。

因此，**私有财产**是**外化劳动**即工人对自然界和对自身的外在关系的产物、结果和必然后果。

因此，我们通过分析，从**外化劳动**这一概念，即从**外化的人**、异化劳动、异化的生命、**异化的人**这一概念得出**私有财产**这一概念。

诚然，我们从国民经济学得到作为私有财产运动之结果的外化劳动（外化的生命）这一概念。但是，对这一概念的分析表明，尽管私有财产表现为外化劳动的根据和原因，但确切地说，它是外化劳动的后果，正像神**原先**不是人类理智迷误的原因，而是人类理智迷误的结果一样。后来，这种关系就变成相互作用的关系。

私有财产只有发展到最后的、最高的阶段，它的这个秘密才重新暴露出来，就是说，私有财产一方面是外化劳动的**产物**，另一方面又是劳动借以外化的**手段**，是**这一外化的实现**。

这些论述使至今没有解决的各种矛盾立刻得到阐明。

（1）国民经济学虽然从劳动是生产的真正灵魂这一点出发，但是它没有给劳动提供任何东西，而是给私有财产提供了一切。蒲鲁东从这个矛盾得出了有利于劳动而不利于私有财产的结论。①然而，我们看到，这个表面的矛盾是**异化劳动**同自身的矛盾，而国民经济学只不过表述了异化劳动的规律罢了。

因此，我们也看到，**工资**和**私有财产**是同一的，因为用劳动产品、劳动对象来偿付劳动本身的工资，不过是劳动异化的必然后果，因为在工资中，劳动并不表现为目的本身，而表现为工资的奴仆。下面我们要详细说明这个问题，现在还只是作出几点［XXVI］结论。②

---

① 马克思显然是指皮·约·蒲鲁东的著作《什么是财产?》。参看该书第3章第4—8节。
② 马克思在这段话里从广义上使用工资范畴，以表达资本家和雇佣工人这两个阶级之间的对抗性关系。

强制提高工资（且不谈其他一切困难，不谈强制提高工资这种反常情况也只有靠强制才能维持），无非是**给奴隶以较多工资**，而且既不会使工人也不会使劳动获得人的身份和尊严。

甚至蒲鲁东所要求的**工资平等**，也只能使今天的工人对自己的劳动的关系变成一切人对劳动的关系。这时社会就被理解为抽象的资本家。①

工资是异化劳动的直接结果，而异化劳动是私有财产的直接原因。因此，随着一方衰亡，另一方也必然衰亡。

（2）从异化劳动对私有财产的关系可以进一步得出这样的结论：社会从私有财产等等解放出来、从奴役制解放出来，是通过**工人解放**这种**政治**形式来表现的，这并不是因为这里

---

① 这是马克思在批判皮·约·蒲鲁东的"平等"观念时所持的基本论点。蒲鲁东在《什么是财产?》一书中表述的"平等"观念是建立在资本主义关系基础上的。他的空想的、改良主义的药方规定，私有财产要由"公有财产"代替，而这种"公有财产"将以平等的小占有的形式，在"平等"交换产品的条件下掌握在直接生产者手中。这实际上是指均分私有财产。蒲鲁东是这样设想交换的"平等"的，即"联合的工人"始终得到同等的工资，因为在相互交换他们的产品时，即使产品实际上不同等，但每个人得到的仍然是相同的，而一个人的产品多于另一个人的产品的余额将处于交换之外，不会成为社会的财产，这样就完全不会破坏工资的平等。马克思认为，在蒲鲁东的理论中，社会是作为抽象的资本家出现的。他指出蒲鲁东没有考虑到即使在小（"平等"）占有制度下也仍然起作用的商品生产的现实矛盾。后来，马克思在《神圣家族》这部著作中表述了这样一个结论：蒲鲁东在经济异化范围内克服经济异化，就是说，实际上根本没有克服它。

涉及的仅仅是工人的解放,而是因为工人的解放还包含普遍的人的解放;其所以如此,是因为整个的人类奴役制就包含在工人对生产的关系中,而一切奴役关系只不过是这种关系的变形和后果罢了。

正如我们通过**分析**从**异化的**、**外化的劳动**的概念得出**私有财产**的概念一样,我们也可以借助这两个因素来阐明国民经济学的一切**范畴**,而且我们将重新发现,每一个范畴,例如买卖、竞争、资本、货币,不过是这两个基本因素的**特定的**、**展开了的表现**而已。

但是,在考察这些范畴的形成以前,我们还打算解决两个任务:

(1) 从**私有财产**对**真正人的**和**社会的财产**的关系来规定作为异化劳动的结果的**私有财产**的普遍**本质**。

(2) 我们已经承认**劳动的异化**、劳动的**外化**这个事实,并对这一事实进行了分析。现在要问,**人**是怎样使自己的**劳动外化**、**异化的**?这种异化又是怎样由人的发展的本质引起的?我们把**私有财产的起源**问题**变为外化劳动**对人类发展进程的关系问题,就已经为解决这一任务得到了许多东西。因为人们谈到**私有财产**时,总以为是涉及人之外的东西。而人们谈到劳动时,则认为是直接关系到人本身。问题的这种新的提法本身就已包含问题的解决。

补入(1)私有财产的普遍本质以及私有财产对真正人的

财产的关系。

在这里外化劳动分解为两个组成部分，它们互相制约，或者说，它们只是同一种关系的不同表现，**占有**表现为**异化、外化**，而**外化**表现为**占有**，**异化**表现为真正**得到公民权**。

我们已经考察了一个方面，考察了**外化**劳动对**工人本身的关系**，也就是说，考察了**外化劳动对自身的关系**。我们发现，这一关系的产物或必然结果是**非工人**对**工人和劳动的财产关系**。**私有财产**作为外化劳动的物质的、概括的表现，包含着这两种关系：**工人对劳动、对自己的劳动产品**和对**非工人的关系**，以及**非工人对工人和工人的劳动产品**的关系。

我们已经看到，对于通过劳动而**占有**自然界的工人来说，占有表现为异化，自主活动表现为替他人活动和表现为他人的活动，生命的活跃表现为生命的牺牲，对象的生产表现为对象的丧失，即对象转归异己力量、**异己的**人所有。现在我们就来考察一下这个同劳动和工人**疏远**的人对工人、劳动和劳动对象的关系。

首先必须指出，凡是在工人那里表现为**外化的、异化的活动**的东西，在非工人那里都表现为**外化的、异化的状态**。

其次，工人在生产中的**现实的**、实践的**态度**，以及他对产品的态度（作为一种内心状态），在同他相对立的非工人那里表现为**理论的态度**。

[XXVII] **第三**，凡是工人做的对自身不利的事，非工人

都对工人做了,但是,非工人做的对工人不利的事,他对自身却不做。

我们来进一步考察这三种关系。

[笔 记 本 Ⅱ]

[私有财产的关系]

[……][XL]构成他的资本的利息。因此,在工人身上主观地存在着这样一个事实,即资本是完全失去自身的人;同样,在资本身上也客观地存在着这样一个事实,即劳动是失去自身的人。但是,**工人**不幸而成为一种**活的**、因而是**贫困的**资本,这种资本只要一瞬间不劳动便失去自己的利息,从而也失去自己的生存条件。作为资本,工人的**价值**按照需求和供给而增长,而且,**从肉体上来说**,他的**存在**、他的**生命**,也同其他任何商品一样,过去和现在都被看成是**商品**的供给。工人生产资本,资本生产工人,因而工人生产自身,而且人作为**工人**、作为**商品**的人就是这整个运动的产物。对于仅仅充当工人而别无其他身份的人来说,他作为工人之所以还保留着人的种种特性,只是因为这些特性是为异己的资本而存在的。但是,因为资本和工人彼此是**异己的**,从而处于漠不关心的、外部的和偶然的相互关系中,所以这种异己性也必定**现实地**表现出来。因此,资本一旦想到——不管是必然地还是任意地想到——不再对工人存在,工人自己对自己来说便不再存在:他没有工作,因而也**没有**工资,并且因为他不是**作为人**,而是**作为工人**才得以存在,所以他就会被

埋葬，会饿死，等等。工人只有当他**对自己**作为资本存在的时候，才作为工人存在；而只有当某种**资本对他**存在的时候，他才作为资本存在。资本的存在是**他的**存在、他的**生活**，资本的存在以一种对他来说无所谓的方式规定他的生活的内容。因此，国民经济学不知道有失业的工人，即处于这种劳动关系之外的劳动人。小偷、骗子、乞丐，失业的、快饿死的、贫穷的和犯罪的劳动人，都是些**在国民经济学看来**并不存在，而只在其他人眼中，在医生、法官、掘墓者、乞丐管理人等等的眼中才存在的**人物**；他们是一些在国民经济学领域之外的幽灵。因此，在国民经济学看来，工人的需要不过是维持**工人在劳动期间的**生活的**需要**，而且只限于保持**工人后代**不致死绝。因此，工资就与其他任何生产工具的**保养**和**维修**，与资本连同利息的再生产所需要的一般**资本的消费**，与为了保持车轮运转而加的润滑油，具有完全相同的意义。可见，工资是资本和资本家的必要**费用**之一，并且不得超出这个必要的需要。因此，英国工厂主在实行1834年的济贫法①以前，

---

① 指1834年英国议会通过的《关于进一步修改和更好地实施英国和威尔士的济贫法的法令》。该法令源于伊丽莎白在位第四十三年即1601年颁布的济贫法。新济贫法只允许用一种办法来救济贫民，那就是把他们安置到习艺所。习艺所里生产条件恶劣，劳动强度大，生产效率低，它所采取的制度与从事苦役的牢狱制度不相上下，因此，有"穷人的巴士底狱"之称。恩格斯在《英国工人阶级状况》一书中对习艺所作了详细的描述（《马克思恩格斯全集》中文第1版第2卷第576—583页）。

把工人靠济贫税得到的社会救济金从他的工资中扣除,并且把这种救济金看做工资的一个组成部分,这种做法是完全合乎逻辑的。——

生产不仅把人当作**商品**、当作**商品人**、当作具有**商品**的规定的人生产出来;它依照这个规定把人当作既**在精神上**又在肉体上**非人化**的存在物生产出来。——工人和资本家的不道德、退化、愚钝。这种生产的产品是具有**自我意识的**和**能够自主活动的商品**……商品人……李嘉图、穆勒等人比斯密和萨伊进了一大步,他们把人的**存在**——人这种商品的或高或低的生产率——说成是**无关紧要的**,甚至**是有害的**。在他们看来,生产的真正目的不是一笔资本养活多少工人,而是它带来多少利息,每年总共**积攒**多少钱。同样,现代[XLI]英国国民经济学①也合乎逻辑地进了一大步,它把**劳动**提升为国民经济学的**唯一**原则,同时十分清楚地阐释了工资和资本利息之间的**反**比例关系,指出资本家通常**只有**通过降低工资才能增加收益,反之则降低收益。它还指出,不是对消费者诈取,而是资本家和工人相互诈取,才是**正常的**关系。——

私有财产的关系潜在地包含着作为**劳动**的私有财产的关系和作为**资本**的私有财产的关系,以及这两种表现的相互**关系**。一方面是作为**劳动**的人的活动的生产,即作为对自身、

---

① 马克思所说的现代英国国民经济学是指大·李嘉图及其追随者其中包括詹·穆勒的学说,显然,还指其他经济学家即李嘉图的同时代人的学说。

对人和自然界，因而也对意识和生命表现来说完全异己的活动的生产，是人作为单纯的**劳动人**的**抽象**存在，因而这种劳动人每天都可能由他的充实的无沦为绝对的无，沦为他的社会的从而也是现实的非存在。另一方面是作为**资本**的人的活动对象的生产，在这里，对象的一切自然的和社会的规定性都**消失了**，在这里，私有财产丧失了自己的自然的和社会的特质（因而丧失了一切政治的和社会的幻象，而且没有任何**表面上的**人的关系混合在一起），在这里，**同一个**资本在各种极不相同的自然的和社会的存在中始终是**同一**的，而完全不管它的**现实**内容如何。劳动和资本的这种对立一达到极端，就必然是整个关系的顶点、最高阶段和灭亡。因此，现代英国国民经济学的又一重大成就是：它指明了地租是最坏耕地的利息和最好耕地的利息之间的差额，揭示了土地所有者的浪漫主义臆想——他的所谓社会重要性和他的利益同社会利益的一致性，而这一点是**亚·斯密**早就继重农学派之后主张过的；它预料到并且准备了这样一个现实的运动：使土地所有者变成极其普通的、平庸的资本家，从而使对立简化和尖锐化，并加速这种对立的消除。这样一来，作为**土地**的**土地**，作为**地租**的**地租**，就失去了自己的**等级**的**差别**，变成了毫无内涵的资本和利息，或者毋宁说，变成了只有货币内涵的资本和利息。——

资本和土地的**差别**，利润和地租的**差别**，这二者和工资的**差别**，**工业**和**农业**之间、私有的**不动产**和私有的**动产**之间的差别，仍然是**历史**的差别，而不是基于事物本质的差别。这种差别是资本和劳动之间的对立形成和产生的一个固定环节。同不动的地产相反，在工业等等中只表现出工业产生的方式以及工业在其中得到发展的那个同农业的对立。这种差别只要在下述情况下就作为**特殊**种类的劳动，作为一个**本质的、重要的、包括全部生活的**差别而存在：同地产（贵族生活（封建生活）①）**相对立**，工业（城市生活）形成了，而且工业本身在垄断、公会、行会和同业公会等形式中还带有自己对立面的封建性质言而在这些形式的规定内，劳动还具有**表面上的社会**意义，**现实的**共同体的意义，还没有达到对自己的内容**漠不关心**和完全自为地存在的地步，就是说，还没有从其他一切存在中抽象出来，从而也还没有成为**获得自由**的资本。[XLII]但是，获得自由的、本身自为地构成的**工业**和**获得自由的资本**，是劳动的必然**发展**。工业对它的对立面的支配立即表现在作为一种真正工业的**农业**的产生上，而过去农业是把主要工作交给土地和耕种这块土地的**奴隶**去做的。随着奴隶转化为**自由**工人即**雇佣工人**，地主本身便实际上转化为工厂主、资本家，而这种转化最初是通过**租地农场主**这个中间环节实现的。但是，租地农场主是土地所有者的代表，

---

① 手稿中"封建生活"写在"贵族生活"的上方。

是土地所有者的公开的**秘密**：只有依靠租地农场主，土地所有者才有**他的国民经济上**的存在，才有他的作为私有者的存在，——因为他的土地的地租只有依靠租地农场主的竞争才能获得。因此，地主以**租地农场主**的身份出现，本质上已**变成普通的**资本家。而这种情况也必然在现实中发生：经营农业的资本家——租地农场主——必然要成为地主，反过来也一样。租地农场主的**以产业形式牟利**就是**土地所有者**的以产业形式牟利，因为前者的存在设定后者的存在。——

但是，当土地所有者和资本家回想起自己的对立面的产生，回想起自己的来历时，土地所有者才知道资本家是自己的目空一切的、获得自由的、发了财的昔日奴隶，并且看出他对自己这个**资本家**的威胁，而资本家则知道土地所有者是自己的坐享其成的、残酷无情的（自私自利的）[①]昔日主人；他知道土地所有者使他这个资本家受损害，虽然土地所有者今天的整个社会地位、财产和享受都应归功于工业；资本家把土地所有者看成**自由**工业和不依赖于任何自然规定的**自由**资本的对立面。他们之间的这种对立极其激烈，而且各自说出对方的真相。只要看一看不动产对动产的攻击，并且反过来看一看动产对不动产的攻击，对双方的卑鄙性就会有一个明确的概念。土地所有者炫耀他的财产的贵族渊源、夸示封

---

① 手稿中"自私自利的"写在"残酷无情的"上方。

建时代留下的纪念物（怀旧）①，标榜他的回忆的诗意、他的耽于幻想的气质、他的政治上的重要性等等，而如果他用国民经济学的语言来表达，那么他就会说：只有农业才是生产的。同时，他把自己的对于描绘为狡黠诡诈的，兜售叫卖的，吹毛求疵的，坑蒙拐骗的，贪婪成性的，见钱眼开的，图谋不轨的，没有心肝和丧尽天良的，背离社会和出卖社会利益的，放高利贷的，牵线撮合的，奴颜婢膝的，阿谀奉承的，圆滑世故的，招摇撞骗的，冷漠生硬的，制造、助长和纵容竞争、赤贫和犯罪的，破坏一切社会纽带的，没有廉耻、没有原则、没有诗意、没有实体、心灵空虚的**贪财恶棍**。（见重农学派**贝尔加斯**的著作，对他，卡米耶·德穆兰在自己的杂志《法国革命和布拉班特革命》中曾经予以抨击；见芬克、兰齐措勒、哈勒、莱奥、科泽加滕的著作；②见爱好夸张的老年黑格尔派神学家**丰克**的著作，他满眼含泪，按照莱奥先生

---

① 手稿中"怀旧"写在"封建时代留下的纪念物"的上方。
② 1843年7—8月，马克思在克罗伊茨纳赫摘录了卡·威·冯·兰齐措勒的著作《论七月革命的原因、性质和后果》(1871年柏林版)。摘录收入马克思《法国史、德国史、美国史和瑞典史笔记》(第4本)，见《马克思恩格斯全集》1981年历史考证版第4部分第2卷。
马克思的巴黎藏书中有威·科泽加滕《论地产的可转让性和可分割性，特别兼顾普鲁士君主国的某些省份》1842年波恩版。他在为《莱茵报》工作期间研究了这本书。显然这与他计划撰写的第六届莱茵省议会的辩论的第四篇论文有关。马克思在《共产主义和奥格斯堡（总汇报）》一文中把这本书称为拥护封建制度的著作。见《马克思恩格斯全集》中文第2版第1卷第295页。

原著
选读

的说法讲述了在废除农奴制时一个奴隶如何拒绝不再充当贵族的财产。还可参看**尤斯图斯·默泽**的《**爱国主义的幻想**》①，这些幻想的特色是它们一刻也没有离开庸人的那种一本正经的、小市民的、"凡俗的"、**平庸**的狭隘眼界；虽然如此，它们仍然不失为**纯粹**的幻想。这个矛盾也使这些幻想如此投合德国人的口味。并见**西斯蒙第**的著作，以及其他各种文献。）

　　动产也显示工业和运动的奇迹，它是现代之子，现代的合法的嫡子；它很遗憾自己的对手是一个对自己的本质**懵然无知**的（这个评价完全正确），想用粗野的、不道德的暴力和农奴制来代替合乎道德的资本和自由的劳动的蠢人，动产把这个对手描绘成一个貌似**率直坦诚**、**一本正经**、**热心公益**、**始终不渝**，而实际上缺乏活动能力、一味贪求享乐、只顾自己、牟求私利、居心不良的唐·吉诃德。它宣布自己的对手是诡计多端的垄断者：它回顾历史，以辛辣嘲讽的口气历数这个对于在浪漫的城堡里干的下流、残忍、挥霍无度、荒淫

---

① 格·路·威·丰克的著作指《地产无限制析分对土地耕种和人口造成的不良影响》1839年汉堡和哥达版。他在该书第56页写道："默泽讲述了……一个农奴的故事；这个农奴在赎身时，就像丧妻失子一样，号啕大哭，不得不强制他离开屋子。"尤·默泽这段描述见他的《爱国主义的幻想》1820年柏林第4修订版第3卷第266页。丰克著作的第56页还提到亨·莱奥及其著作《略论国家的自然科学》。而马克思把这件事写成"按照莱奥先生的说法"，这一疏忽可能由此而起。

无耻、卑鄙龌龊、无法无天和大逆不道的勾当，以此来给对手的怀旧之情、诗意和幻想大泼冷水。[XLIII] 动产宣称自己给人间带来了政治自由，解除了束缚市民社会的桎梏，把各领域彼此连成一体，创造了博爱的商业、纯洁的道德、令人愉悦的文化教养；它使人民摒弃低俗的需要，代之以文明的需要，并提供了满足这种需要的手段；而土地所有者——无所事事的、只会碍事的粮食投机商——则抬高人民最必需的生活资料的价格，从而迫使资本家提高工资而不能提高生产力；因此，土地所有者妨碍国民年收入的增长，阻碍资本的积累，从而减少人民就业和国家增加财富的可能性；最终使这种可能性完全消失，引起普遍的衰退，并且像高利贷一样剥削现代文明的一切利益，而没有对现代文明作丝毫贡献，甚至不放弃自己的封建偏见。最后，动产认为应当让土地所有者看一看自己的**租地农场主**——对土地所有者来说，农业和土地本身仅仅作为赐给他的财源而存在，——并且让土地所有者说说，他是不是这样一个**一本正经的、耽于幻想的、狡猾的**无赖：不管他曾怎样反对工业和商业，也不管他曾怎样絮絮叨叨地讲述历史的回忆以及伦理的和政治的目的，他其实早已在心里并且在实际上属于**自由的**工业和**可爱的**商业了。动产认为，土地所有者实际上提出的为自己申辩的一切，只有用在**耕作者**（资本家和雇农）身上才是符合事实的，而确切地说，土地所有者是耕作者的**敌人**；因此，土地所有者作了不利于自身的论证。动产认为，**没有**资本，地产就是死的、无价值的物质；资本的文明的胜利恰恰在于，资本发现并促使人的劳动代替死的物而成为财富的源泉。（见保尔·路易·库利埃、圣西门、加尼耳、李嘉图、穆勒、麦克库洛赫、德斯杜特·德·特拉西和米歇尔·舍伐利埃的著作。）——

由**现实的**发展进程（这里插一句）产生的结果，是**资本家**必然战胜**土地所有者**，也就是说，发达的私有财产必然战胜不发达的、不完全的私有财产，正如一般说来动必然战胜不动，公开的、自觉的卑鄙行为必然战胜隐蔽的、**不自觉的**卑鄙行为，**贪财欲**必然战胜**享受欲**，直认不讳的、老于世故的、孜孜不息的、精明机敏的**开明**利己主义必然战胜眼界狭隘的、一本正经的、懒散懈怠的、耽于幻想的**迷信利己主义**，**货币**必然战胜其他形式的私有财产一样。——

[笔 记 本 Ⅲ]

[对笔记本Ⅱ第XXXⅥ页的补充]

[私有财产和劳动]

[1] 补入第XXXⅥ页。私有财产的**主体本质**,私有财产作为自为地存在着的活动、作为**主体**、作为**人**,就是**劳动**。因此,十分明显,只有把**劳动**视为自己的原则——**亚·斯密**——,也就是说,不再认为私有财产仅仅是人之外的一种**状态**的国民经济学,只有这种国民经济学才应该被看成私有财产的现实**能量**和现实**运动**的产物(这种国民经济学是私有财产的在意识中自为地形成的独立运动,是现代工业本身),现代**工业**的产物;而另一方面,正是这种国民经济学促进并赞美了这种**工业**的能量和发展,使之变成**意识**的力量。因此,按照这种在私有制范围内揭示出财富的**主体本质**的启蒙国民

经济学①的看法,那些认为私有财产对人来说**仅仅是对象性的本质**的货币主义体系和重商主义体系的拥护者,是**拜物教徒、天主教徒**。因此,**恩格斯**有理由把**亚·斯密**称做**国民经济学的路德**。正像路德把**信仰**看成是**宗教**的外部**世界**的本质,因而起来反对天主教异教一样,正像他把宗教笃诚变成人的**内在**本质,从而扬弃了**外在的**宗教笃诚一样,正像他把僧侣移入世俗人心中,因而否定了在世俗人之外存在的僧侣一样,由于私有财产体现在人本身中,人本身被认为是私有财产的本质,从而人本身被设定为私有财产的规定,就像在路德那里被设定为宗教的规定一样,因此在人之外存在的并且不依赖于人的——也就是只应以外在方式来保存和维护的——财富被扬弃了,换言之,财富的这种**外在的、无思想的对象性**就被扬弃了。由此可见,以劳动为原则的国民经济学表面上

---

① 启蒙国民经济学首先是同亚·斯密的名字连在一起的。继恩格斯之后,马克思也把斯密称为国民经济学的改革者"路德"。马克思认为,"启蒙国民经济学"在经济思想的发展上是比货币主义和重商主义(两种较早的经济学说和相应的经济政策形式)更高的阶段。这两种体系(更确切地说,是实质上同一体系的两个分支)的目标是追求货币顺差(货币主义)或贸易顺差(重商主义)。两者都不外乎是为了货币而积累货币;不惜任何代价来获得货币和积存货币,实际上被宣布为最高目的和目的本身。重商主义者犹如偶像崇拜者和拜物教徒那样对待货币这种财富的特殊形式,而用马克思的话来说,这种财富的特殊形式"只应以外在方式来保存和维护"。同时,这两种体系的信奉者不注意生产本身,不认为生产的发展是社会财富的基础。只有"启蒙国民经济学"才承认生产、劳动是自己的主要原则或基本原理。

承认人，其实是彻底实现对人的否定，因为人本身已不再同私有财产的外在本质处于外部的紧张关系中，而是人本身成了私有财产的这种紧张的本质。以前是**自身之外的存在**——人的真正外化——的东西，现在仅仅变成了外化的行为，变成了外在化。因此，如果上述国民经济学是从表面上承认人、人的独立性、自主活动等等开始，并由于把私有财产移入人自身的本质中而能够不再受制于作为**存在于人之外的本质的私有财产的那些**地域性的、民族的等等**规定**，从而发挥一种**世界主义的**、普遍的、摧毁一切界限和束缚的能量，以便自己作为**唯一的**政策、普遍性、界限和束缚取代这些规定，——那么国民经济学在它往后的发展过程中必定抛弃这种伪善性，而表现出自己的**十足的昔尼克主义**①。它也正是这样做的——它不在乎这种学说使它陷入的那一切表面上的矛盾——，它十分**片面地**，因而也**更加明确**和**彻底地**发挥了关于**劳动**是**财富**的唯一**本质**的论点，然而它表明，这个学说的结论与上述原来的观点相反，实际上是**敌视人的**，最后，它还致命地打击了私有财产和财富源泉的最后的**个别的**、**自然**

---

① 昔尼克主义又译犬儒主义，原本为公元前3世纪古希腊安提西尼创立的哲学学派。昔尼克学派崇尚自然，却把自然和社会绝对对立起来，认为社会生活和文化生活是不自然的，无足轻重的，它蔑视财富，崇尚俭朴，反映了城邦贫民和被剥夺了部分权利的自由民对大奴隶主骄奢淫逸生活的消极反抗。

后来在西方，人们通常在转义上使用昔尼克主义，泛指：蔑视道德；凌辱人的尊严；不知羞耻；冷酷无情；无所顾忌；对眼前事物冷嘲热讽，等等。

的、不依赖于劳动运动的存在形式即**地租**，打击了这种已经完全成了国民经济学的东西因而对国民经济学无法反抗的封建所有制的表现。（**李嘉图**学派。）从斯密经过萨伊到李嘉图、穆勒等等，国民经济学的**昔尼克主义**不仅相对地增长了——因为**工业**所造成的后果在后面这些人面前以更发达和更充满矛盾的形式表现出来——，而且肯定地说，他们总是自觉地在排斥人这方面比他们的先驱者走得更远，但是，这**只是**因为他们的科学发展得更加彻底、更加真实罢了。因为他们使具有活动形式的私有财产成为主体，就是说，既使人成为本质，同时又使作为某种非存在物〔Unwesen〕的人成为本质，所以现实中的矛盾就完全符合他们视为原则的那个充满矛盾的本质。支离破碎的〔Ⅱ〕**工业现实**不仅没有推翻，相反，却证实了他们的**自身支离破碎的**原则。他们的原则本来就是这种支离破碎状态的原则。——

魁奈医生的重农主义学说是从重商主义体系①到亚·斯密

---

① 重商主义是15—16世纪流行于欧洲各国的一个经济学派，反映了那个时期商业资本的利益和要求。重商主义者认为货币是财富的基本形式，主张国家干预经济生活，采取措施在对外贸易上实现出超，使货币流入本国，并严禁货币输出国外，对进口实行保护关税政策。

早期重商主义的形式是货币主义，主张货币差额论，即禁止货币输出，增加金银收入。晚期重商主义盛行于17世纪，主张贸易差额论，即发展工业，扩大对外贸易出超，保证大量货币的输入。

的过渡。**重农学派**①直接是封建所有制**在国民经济学上的解体**，但正因为如此，它同样直接是封建所有制**在国民经济学上的变革**、恢复，不过它的语言这时不再是封建的，而是经济学的了。全部财富被归结为**土地**和**耕作**（农业）。土地还不是**资本**，它还是资本的一种**特殊的**存在形式，这种存在形式应当在它的自然特殊性中并且**由于**它的这种自然特殊性而起作用。但是，土地毕竟是一种普遍的自然**要素**，而重商主义体系只知道**贵金属**是财富的存在。因此，财富的对象、财富的材料立即获得了**自然界范围**之内的最高普遍性，因为它们作为**自然界**仍然是直接对象性的财富。而土地只有通过劳动、耕种才对**人**存在。因而财富的主体本质已经移入劳动中。但是，农业同时是**唯一的生产的**劳动。因此，劳动还不是从它的普遍性和抽象性上被理解的，它还是同一种**作为它的材料的**特殊**自然要素**结合在一起，因而，它也还是仅仅在一种**特**

---

① 重农学派是18世纪法国古典政治经济学的一个学派，主要代表人物是弗·魁奈和雅·杜尔哥。当时在农业占优势的法国，因实行牺牲农业而发展工商业的政策，使农业遭到破坏而陷于极度衰落。重农学派反对重商主义，主张经济自由和重视农业，认为只有农业才能创造"纯产品"，即总产量超过生产费用的剩余，即剩余价值，因而认为只有农业生产者才是生产阶级。这一学派从生产领域寻求剩余价值的源泉，研究社会总资本的再生产和流通，是对资本主义生产进行系统理解的第一个学派。但是，它没有认识到价值的实体是人类的一般劳动，混同了价值和使用价值，因而看不到一切资本主义生产中都有剩余劳动和剩余价值，以致把地租看成是剩余价值的唯一形式，把资本主义的生产形态看成是生产的永久的自然形态。

殊的、**自然规定的存在形式**中被认识的。因此,劳动不过是人的一种**特定的**、**特殊的**外化,正像劳动产品还被理解为一种特定的财富——与其说来源于劳动本身,不如说来源于自然界的财富。在这里,土地还被看做不依赖于人的自然存在,还没有被看做资本,就是说,还没有被看做劳动本身的因素。相反,劳动却表现为**土地**的因素。但是,因为这里把过去的外在的仅仅作为对象存在的财富的拜物教归结为一种极其简单的自然要素,而且已经承认——虽然只是部分地、以一种特殊的方式承认——财富的本质就在于财富的主体存在,所以,认出财富的**普遍本质**,并因此把具有完全绝对性即抽象性的**劳动**提高为原则,是一个必要的进步。人们向重农学派证明,从经济学观点即唯一合理的观点来看,**农业**同任何其他一切生产部门毫无区别,因此,财富的**本质**不是某种**特定的**劳动,不是与某种特殊要素结合在一起的、某种特殊的劳动表现,而是**一般劳动**。

重农学派既然把劳动宣布为财富的**本质**,也就否定了**特殊的**、外在的、仅仅是对象性的财富。但是,在重农学派看来,劳动首先只是地产的**主体本质**(重农学派是以那种在历史上占统治地位并得到公认的财产为出发点的),他们认为,只有地产才成为**外化的人**。他们既然把**生产**(农业)宣布为地产的**本质**,也就消除了地产的封建性质,但是,由于他们宣布**农业是唯一的**生产,他们就对工业世界持否定态度,并且承认封建制度。

十分明显,那种与地产相对立的、即作为工业而确立下来的工业的**主体本质**一旦被理解,那么这种本质同时也包含着自己的那个对立面。因为正像工业包含着已被扬弃了的地产一样,工业的**主体**本质也同时包含着**地产**的主体本质。

地产是私有财产的第一个形式,而工业在历史上最初仅仅作为财产的一个特殊种类与地产相对立——或者不如说它是地产的获得自由的奴隶——,同样,在科学地理解私有财产的**主体**本质,理解**劳动**时,这一过程也在重演。而劳动起初只作为**农业劳动**出现,后来才作为一般**劳动**得到承认。[III] 一切财富都成了**工业的**财富,成了劳动的**财富**,而**工业**是完成了的劳动,正像**工厂制度**是**工业**的即劳动的发达的本质,而**工业资本**是私有财产的完成了的客观形式一样。——我们看到,只有这时私有财产才能完成它对人的统治,并以最普遍的形式成为世界历史性的力量。——

[对笔记本Ⅱ第XXXIX页的补充]

[私有财产和共产主义]

×补入第XXXIX页。但是,无产和有产的对立,只要还没有把它理解为**劳动**和**资本**的对立,它还是一种无关紧要的对立,一种没有从它的**能动关系**上、它的内在关系上来理解的对立,还没有作为**矛盾**来理解的对立。①这种对立即使没有私有财产的前进运动也能以最初的形式表现出来,如在古罗马、土耳其等。因此,它还不**表现为**由私有财产本身设定的对立。但是,作为对财产的排除的劳动,即私有财产的主体本质,和作为对劳动的排除的资本,即客体化的劳动,——这就是作为发展了的矛盾关系、因而也就是作为促使矛盾得到解决的能动关系的**私有财产**。

××补入同一页。自我异化的扬弃同自我异化走的是同一条道路。最初,对**私有财产**只是从它的客体方面来考察,——但是劳动仍然被看成它的本质。因此,它的存在形式就是"本身"应被消灭的**资本**。(蒲鲁东。)或者,劳动的

---

① 黑格尔在他的《逻辑学》中把"对立"和"矛盾"这两个概念作了区分。在对立中两个方面的关系是这样的:其中的每一个方面为另一个方面所规定,因此都只是一个环节,但同时每一个方面也为自身所规定,这就使它具有独立性;相反,在矛盾中两个方面的关系是这样的:每一个方面都在自己的独立性中包含着另一个方面,因此两个方面的独立性都是被排斥的。

特殊方式，即划一的、分散的因而是不自由的劳动，被理解为私有财产的**有害性**的根源，理解为私有财产同人相异化的存在的根源——**傅立叶**，他和重农学派一样，也把农业劳动看成至少是**最好的**劳动①，而**圣西门**则相反，他把工业劳动本身说成本质，因此他渴望工业家**独占**统治，渴望改善工人状况。②最后，**共产主义**是被扬弃了的私有财产的**积极**表现；起先它是作为**普遍的**私有财产出现的。由于这种共产主义是从私有财产的**普遍性**来看私有财产关系的，所以共产主义

（1）在它的最初的形态中不过是私有财产关系的**普遍化**和**完成**。③而作为这种关系的普遍化和完成，共产主义是以双重的形态表现出来的：首先，**实物**财产的统治在这种共产主

---

① 沙·傅立叶对政治经济学抱着极端否定的态度,认为这是一门错误的科学。他在关于未来世界、所谓协作制度的空想中,违反经济发展的现实趋向和政治经济学的基本原理,断言在"合理制度"的条件下,工业生产只能被当做对农业的补充,当做在漫长的冬闲时期和大雨季节"避免情欲消沉的一种手段"。他还断言,上帝和大自然本身确定,协作制度下的人只能为工业劳动拿出四分之一的时间,工业劳动只是辅助性的、使农业多样化的作业。
② 昂·圣百门的这些论点,见他的《实业家问答》1824年巴黎版。
③ 马克思在这里所说的"共产主义"是指法国的格·巴贝夫、埃·卡贝、泰·德萨米,英国的罗·欧文和德国的威·魏特林所创立的空想主义的观点体系。马克思所说的共产主义的最初形态,大概首先是指1789—1794年法国资产阶级革命影响下形成的巴贝夫及其拥护者关于"完全平等"的社会,以及在排挤私人经济的"国民公社"的基础上实现这种社会的空想主义观点。这种观点虽然也表现了当时无产阶级的要求,但整个说来还带有原始的、粗陋的、平均主义的性质。

义面前显得如此强大，以致它想把不能被所有的人作为**私有财产**占有的**一切**都消灭；它想用**强制的**方法把才能等等抛弃。在这种共产主义看来，物质的直接的**占有**是生活和存在的唯一目的，**工人**这个规定并没有被取消，而是被推广到一切人身上，私有财产关系仍然是共同体同物的世界的关系，最后，这个用普遍的私有财产来反对私有财产的运动是以一种动物的形式表现出来的：用**公妻制**——也就是把妇女变为**公有的**和**共有的**财产——来反对**婚姻**（它确实是一种**排他性的私有财产的形式**）。人们可以说，**公妻制**这种思想是这个还相当粗陋的和毫无思想的共产主义的**昭然若揭的秘密**。①正像妇女从婚姻转向普遍卖淫一样，财富——也就是人的对象性的本质——的整个世界，也从它同私有者的排他性的婚姻的关系转向它同共同体的普遍卖淫关系。这种共产主义——由于它到处否定人的**个性**——只不过是私有财产的彻底表现，私有财产就是这种否定。普遍的和作为权力而形成的**忌妒**，是**贪欲**所采取的并且只是用**另一种**方式使自己得到满足的隐蔽形

---

① 在中世纪宗教共产主义共同体中，把妻子公有当做未来社会特征的观念颇为流行。1534—1535年在明斯特掌权的德国再洗礼派试图根据这种观点引进一夫多妻制。托·康帕内拉在《太阳城》一书中就反对一夫一妻制。原始的共产主义共同体还有一些特征，如禁欲主义、对科学和艺术持否定态度。1830年和1840年法国的秘密团体，如平均主义工人社和人道社也曾继承了原始的平均主义思想的某些特征。恩格斯在《大陆上社会改革的进展》（见《马克思恩格斯全集》中文第2版第3卷）一文中对此作过描述。

式。任何私有财产本身所产生的思想，**至少**对于比自己**更富足**的私有财产都含有忌妒和平均主义欲望，这种忌妒和平均主义欲望甚至构成竞争的本质。粗陋的共产主义者不过是充分体现了这种忌妒和这种从**想象的**最低限度出发的平均主义。他具有一个**特定的**、**有限制的**尺度。对整个文化和文明的世界的抽象否定，向**贫穷的**、需求不高的人——他不仅没有超越私有财产的水平，甚至从来没有达到私有财产的水平——的**非自然的**[Ⅳ] 简单状态的倒退，恰恰证明对私有财产的这种扬弃决不是真正的占有。①

共同性只是**劳动**的共同性以及由共同的资本——作为普遍的资本家的**共同体**——所支付的**工资**的平等的共同性。相互关系的两个方面被提高到**想象的**普遍性：**劳动**是为每个人设定的天职，而资本是共同体的公认的普遍性和力量。

把**妇女**当做共同淫欲的**虏获物**和婢女来对待，这表现了人在对待自身方面的无限的退化，因为这种关系的秘密在**男人**对**妇女**的关系上，以及在对**直接的**、**自然的**类关系的理解方式上，都**毫不含糊地**、确凿无疑地、**明显地**、露骨地表现出来。人对人的直接的、自然的、必然的关系是**男人**对**妇女的关系**。在这种**自然的**类关系中，人对自然的关系直接就是

---

① 让-雅克·卢梭在《论科学和艺术》《论人间不平等的起源和原因》等著作中认为，没有受到教育、文化和文明触动的状态，对人来说才是自然的，马克思则认为这种状态是非自然的。

人对人的关系，正像人对人的关系直接就是人对自然的关系，就是他自己的**自然**的规定。因此，这种关系通过**感性**的形式，作为一种显而易见的**事实**，**表现出**人的本质在何种程度上对人来说成为自然，或者自然在何种程度上成为人具有的人的本质。因此，从这种关系就可以判断人的整个文化教养程度。从这种关系的性质就可以看出，人在何种程度上对自己来说成为并把自身理解为**类存在物**、**人**。男人对妇女的关系是人对人**最自然的**关系。因此，这种关系表明人的**自然的**行为在何种程度上是**合乎人性的**，或者，**人的**本质在何种程度上对人来说成为**自然的**本质，他的**人的本性**在何种程度上对他来说成为**自然**。这种关系还表明，人的**需要**在何种程度上成为**合乎人性的**需要，就是说，**别**人作为人在何种程度上对他来说成为需要，他作为最具有个体性的存在在何种程度上同时又是社会存在物。

由此可见，对私有财产的最初的积极的扬弃，即**粗陋的共产主义**，不过是私有财产的卑鄙性的一种**表现形式**，这种私有财产力图把自己设定为**积极的共同体**。

（2）共产主义（α）还具有政治性质，是民主的或专制的；（β）是废除国家的，但同时是尚未完成的，并且仍然处于私有财产即人的异化的影响下。这两种形式的共产主义都已经认识到自己是人向自身的还原或复归，是人的自我异化的扬弃，但是，因为它还没有理解私有财产的积极的本质，也还不了解需要所具有的人的本性，所以它还受私有财产的束缚和感染。它虽然已经理解私有财产这一概念，但是还不理解它的本质。

（3）**共产主义**是对**私有财产**即**人的自我异化**的**积极的扬弃**，因而是通过人并且为了人而对**人的**本质的真正**占有**，因此，它是人向自身、也就是向**社会的**即合乎人性的人的复归，这种复归是完全的复归，是自觉实现并在以往发展的全部财富的范围内实现的复归。这种共产主义，作为完成了的自然主义，等于人道主义，而作为完成了的人道主义，等于自然主义，它是人和自然界之间、人和人之间的矛盾的**真正解决**，是存在和本质、对象化和自我确证、自由和必然、个体和类之间的斗争的真正解决。它是历史之谜的解答，而且知道自己就是这种解答。①

[V] 因此，历史的全部运动，既是这种共产主义的**现实的**产生活动，即它的经验存在的诞生活动，同时，对它的思维着的意识来说，又是它的**被理解**和**被认识到的生成**运动。而上述尚未完成的共产主义则从个别的与私有财产相对立的历史形态中为自己寻找**历史的**证明，在现存的事物中寻找证明，它从运动中抽出个别环节（卡贝、维尔加德尔等人尤其

---

① 马克思在这里使用路·费尔巴哈的术语来表述自己的观点。文中所说的"历史之谜的解答"是指从建立在私有制基础上的社会的客观矛盾的发展中得出共产主义必然性的结论。

喜欢卖弄这一套），把它们作为自己是历史的纯种的证明固定下来；但是，它这样做恰好说明：历史运动的绝大部分是同它的论断相矛盾的，如果它曾经存在过，那么它的这种过去的存在恰恰反驳了对**本质**的奢求。

不难看到，整个革命运动必然在**私有财产**的运动中，即在经济的运动中，为自己既找到经验的基础，也找到理论的基础。这种**物质的**、直接**感性**的私有财产，是**异化了的人的**生命的物质的、感性的表现。私有财产的运动——生产和消费——是迄今为止全部生产的运动的**感性**展现，就是说，是人的实现或人的现实。宗教、家庭、国家、法、道德、科学、艺术等等，都不过是生产的一些**特殊的**方式，并且受生产的普遍规律的支配。因此，对**私有财产**的积极的扬弃，作为对**人的**生命的占有，是对一切异化的积极的扬弃，从而是人从宗教、家庭、国家等等向自己的**合乎人性的**存在即**社会的**存在的复归。宗教的异化本身只是发生在**意识**领域、人的内心领域，而经济的异化是**现实生活**的异化，——因此对异化的扬弃包括两个方面。不言而喻，在不同的民族那里，运动从哪个领域**开始**，这要看一个民族的真正的、**公认的**生活主要是在意识领域还是在外部世界进行，这种生活更多地是观念的生活还是现实的生活。共产主义是径直从无神论开始的

（欧文）[①]，而**无神论**最初还根本不是**共产主义**；那种无神论主要还是一个抽象。——因此，无神论的博爱最初还只是**哲学的**、抽象的博爱，而共产主义的博爱则径直是**现实的**和直接追求**实效的**。——

我们已经看到，在被积极扬弃的私有财产的前提下，人如何生产人——他自己和别人；直接体现他的个性的对象如何是他自己为别人的存在，同时是这个别人的存在，而且也是这个别人为他的存在。但是，同样，无论是劳动的材料还是作为主体的人，都既是运动的结果，又是运动的**出发点**（并且二者必须是这个出发点，私有财产的历史**必然性**就在于此）。因此，**社会性质**是整个运动的普遍性质；**正像**社会本身生产作为**人**的人一样，社会也是由人**生产**的。活动和享受，无论就其内容或就其**存在方式**来说，都是**社会的**活动和**社会的**享受。自然界的**人的**本质只有对**社会的**人来说才是存在的；因为只有在社会中，自然界对人来说才是人与**人联系的纽带**，才是他为别人的存在和别人为他的存在，只有在社会中，自然界才是人自己的**合乎人性的**存在的**基础**，才是人的现实的生活要素。只有在社会中，人的自然的存在对他来说才是人的**合乎人性的**存在，并且自然界对他来说才成为人。因此，

[①] 指罗·欧文对一切宗教的批判言论。用欧文的话来说，宗教给人以危险的和可悲的前提，在社会中培植人为的敌对。欧文指出，宗教的褊狭性是达到普遍的和谐和快乐的直接障碍；欧文认为任何宗教观念都是极端谬误的。

社会是人同自然界的完成了的本质的统一,是自然界的真正复活,是人的实现了的自然主义和自然界的实现了的人道主义。①

[Ⅵ]社会的活动和社会的享受决**不仅仅**存在于**直接**共同的活动和直接**共同的**享受这种形式中,虽然**共同的**活动和共同的享受,即直接通过同别人的**实际交往**表现出来和得到确证的那种活动和享受,在社会性的上述**直接**表现以这种活动的内容的本质为根据并且符合这种享受的本性的地方都会出现。

甚至当我从事**科学**之类的活动,即从事一种我只在很少情况下才能同别人进行直接联系的活动的时候,我也是**社会的**,因为我是作为人活动的。不仅我的活动所需的材料——甚至思想家用来进行活动的语言——是作为社会的产品给予我的,而且我**本身的**存在**就是**社会的活动,因此,我从自身所做出的东西,是我从自身为社会做出的,并且意识到我自己是社会存在物。

我的**普遍**意识不过是以**现实**共同体、社会存在物为生动形态的那个东西的**理论**形态,而在今天,**普遍**意识是现实生

---

① 马克思在这一页结尾标示的通栏线下面写了一句话:"卖淫不过是工人普遍卖淫的一个特殊表现,因为卖淫是一种关系,这种关系不仅包括卖淫者,而且包括逼人卖淫者——后者的下流无耻尤为严重——,因此,资本家等也包括在卖淫这一范畴中。"

活的抽象,并且作为这样的抽象是与现实生活相敌对的。因此,我的普遍意识的**活动**——作为一种活动——也是我作为社会存在物的**理论**存在。

首先应当避免重新把"社会"当做抽象的东西同个体对立起来。个体**是社会存在物**。因此,他的生命表现,即使不采取**共同的**、同他人一起完成的生命表现这种直接形式,也**是社会生活**的表现和确证。人的个体生活和类生活不是**各不相同的**,尽管个体生活的存在方式是——必然是——类生活的较为**特殊的**或者较为**普遍的**方式,而类生活是较为特殊的或者较为**普遍的**个体生活。

作为**类意识**,人确证自己的现实的**社会生活**,并且只是在思维中复现自己的现实存在;反之,类存在则在类意识中确证自己,并且在自己的普遍性中作为思维着的存在物自为地存在着。因此,人是**特殊的**个体,并且正是人的特殊性使人成为个体,成为现实的、**单个的**社会存在物,同样,人也是**总体**,是观念的总体,是被思考和被感知的社会的自为的主体存在,正如人在现实中既作为对社会存在的直观和现实享受而存在,又作为人的生命表现的总体而存在一样。

可见,思维和存在虽有**区别**,但同时彼此又处于**统一**中。

死似乎是类对**特定的**个体的冷酷的胜利,并且似乎是同类的统一相矛盾的;但是,特定的个体不过是一个**特定的类存在物**,而作为这样的存在物是迟早要死的。

//（4）**私有财产**不过是下述情况的感性表现：人变成对自己来说是**对象性的**，同时，确切地说，变成异己的和非人的对象；他的生命表现就是他的生命的外化，他的现实化就是他的非现实化，就是**异己的**现实。同样，对私有财产的积极的扬弃，就是说，为了人并且通过人对人的本质和人的生命、对象性的人和人的**产品**的**感性的**占有，不应当仅仅被理解为**直接的**、片面的**享受**，不应当仅仅被理解为**占有**、**拥有**。人以一种全面的方式，就是说，作为一个完整的人，占有自己的全面的本质。人对世界的任何一种**人的**关系——视觉、听觉、嗅觉、味觉、触觉、思维、直观、情感、愿望、活动、爱，——总之，他的个体的一切器官，正像在形式上直接是社会的器官的那些器官一样，[VII]是通过自己的**对象性**关系，即通过自己**同对象的关系**而对对象的占有，对人的现实的占有，这些器官同对象的关系，是**人的现实的实现**（因此，正像人的**本质规定**和**活动**是多种多样的一样，人的现实也是多种多样的），是人的**能动**和人的**受动**，因为按人的方式来理解的受动，是人的一种自我享受。//

//私有制使我们变得如此愚蠢而片面，以致一个对象，只有当它为我们所拥有的时候，就是说，当它对我们来说作为资本而存在，或者它被我们直接占有，被我们吃、喝、穿、住等等的时候，简言之，在它被我们**使用**的时候，才是**我们的**。尽管私有制本身也把占有的这一切直接实现仅仅看做**生**

活手段，而它们作为手段为之服务的那种生活，是**私有制的生活**——劳动和资本化。//

//因此，**一切**肉体的和精神的感觉都被这**一切**感觉的单纯异化即**拥有**的感觉所代替。人的本质只能被归结为这种绝对的贫困，这样它才能够从自身产生出它的内在丰富性。(关于**拥有**这个范畴，见《二十一印张》文集中**赫斯**的论文。[①]) //

//因此，对私有财产的扬弃，是人的一切感觉和特性的彻底**解放**；但这种扬弃之所以是这种解放，正是因为这些感觉和特性无论在主体上还是在客体上都成为**人的**。眼睛成为**人的**眼睛，正像眼睛的**对象**成为社会的、人的、由人并为了人创造出来的对象一样。因此，**感觉**在自己的实践中直接成为**理论家**。感觉为了物而同物发生关系，但物本身是对自身和对人的一种**对象性的**、**人的**关系，反过来也是这样。// //当物按人的方式同人发生关系时，我才能在实践上按人的方式同物发生关系。因此，需要和享受失去了自己的**利己主义**性质，而自然界失去了自己的纯粹的**有用性**，因为效用成了

---

① 关于拥有(Haben)这个范畴，可参看真·赫斯的一些著作。他在《行动的哲学》一文中写道："正是求存在的欲望，即希求作为特定的个体性、作为受限制的自我、作为有限的存在物而持续存在的欲望，导致贪欲。反之，对一切规定性的否定，抽象的自我和抽象的共产主义，空洞的'自在之物'的结果、批判主义和革命的结果、无从满足的应有的结果，则导致存在和拥有。助动词就这样成了名词。"(见《来自瑞士的二十一印张》1843年苏黎世—温特图尔版第1卷第329页)

马克思和恩格斯在《神圣家族》中也谈到过"拥有"和"不拥有"。

人的效用。

同样，别人的感觉和精神也为我**自己**所占有。因此，除了这些直接的器官以外，还以社会的**形式**形成**社会的**器官。例如，同他人直接交往的活动等等，成为我的**生命表现**的器官和对**人的**生命的一种占有方式。

不言而喻，**人的**眼睛与野性的、非人的眼睛得到的享受不同，人的**耳朵**与野性的耳朵得到的享受不同，如此等等。

我们知道，只有当对象对人来说成为**人的**对象或者说成为对象性的人的时候，人才不致在自己的对象中丧失自身。只有当对象对人来说成为**社会的**对象，人本身对自己来说成为社会的存在物，而社会在这个对象中对人来说成为本质的时候，这种情况才是可能的。//

//因此，一方面，随着对象性的现实在社会中对人来说到处成为人的本质力量的现实，成为人的现实，因而成为人**自己的**本质力量的现实，一切**对象**对他来说也就成为他自身的**对象化**，成为确证和实现他的个性的对象，成为**他的**对象，这就是说，对象成为**他自身**。对象**如何**对他来说成为他的对象，这取决于**对象的性质**以及与之相适应的**本质力量**的性质；因为正是这种关系的**规定性**形成一种特殊的、**现实**的肯定方式。**眼睛**对对象的感觉不同于**耳朵**，眼睛的对象**是**不同于**耳朵**的对象的。每一种本质力量的独特性，恰好就是这种本质力量的独特的本质，因而也是它的对象化的独特方式，是它的**对象性的**、**现实的**、活生生的**存在**的独特方式。因此，人不仅通过思维，[VIII] 而且以**全部**感觉在对象世界中肯定自己。

另一方面，即从主体方面来看：只有音乐才激起人的音乐感；对于没有音乐感的耳朵来说，最美的音乐也**毫无**意义，**不是**对象，因为我的对象只能是我的一种本质力量的确证，就是说，它只能像我的本质力量作为一种主体能力自为地存在着那样才对我而存在，因为任何一个对象对我的意义（它只是对那个与它相适应的感觉来说才有意义）恰好都以**我的**感觉所及的程度为限。因此，社会的人的**感觉不同于**非社会的人的感觉。只是由于人的本质客观地展开的丰富性，主体的、**人的**感性的丰富性，如有音乐感的耳朵、能感受形式美的眼睛，总之，那些能成为人的享受的感觉，即确证自己是人的本质力量的**感觉**，才一部分发展起来，一部分产生出来。因为，不仅五官感觉，而且连所谓精神感觉、实践感觉（意志、爱等等），一句话，人的感觉、感觉的人性，都是由于**它的**对象的存在，由于**人化的**自然界，才产生出来的。

五官感觉的**形成**是迄今为止全部世界历史的产物。囿于粗陋的实际需要的**感觉**，也只具有**有限的**意义。//对于一个忍饥挨饿的人来说并不存在人的食物形式，而只有作为食物的抽象存在，食物同样也可能具有最粗糙的形式，而且不能说，这种进食活动与**动物的**进食活动有什么不同。忧心忡忡的、贫穷的人对最美丽的景色都没有什么**感觉**；经营矿物的商人只看到矿物的商业价值，而看不到矿物的美和独特性，他没有矿物学的感觉。因此，一方面为了使人的**感觉**成为**人的**，另一方面为了创造同人的本质和自然界的本质的全部丰富性相适应的**人的感觉**，无论从理论方面还是从实践方面来说，人的本质的对象化都是必要的。

通过**私有财产**及其富有和贫困——或物质的和精神的富有和贫困——的运动，正在生成的社会发现这种形成所需的全部材料；//**同样，已经生成的**社会创造着具有人的本质的这种全部丰富性的人，创造着**具有丰富的、全面而深刻的感觉**的人作为这个社会的恒久的现实。——//

我们看到，主观主义和客观主义，唯灵主义和唯物主义，活动和受动，只是在社会状态中才失去它们彼此间的对立，从而失去它们作为这样的对立面的存在；我们看到，//**理论的**对立本身的解决，**只有**通过**实践**方式，只有借助于人的实践力量，才是可能的；因此，这种对立的解决绝对不只是认识的任务，而是**现实**生活的任务，而**哲学**未能解决这个任务，正是因为哲学把这**仅仅**看做理论的任务。——//

//我们看到，**工业**的历史和工业的已经生成的**对象性的**存在，是一本**打开了的关于人的本质力量**的书，是感性地摆在我们面前的人的**心理学**；对这种心理学人们至今还没有从它同人的**本质**的联系，而总是仅仅从外在的有用性这种关系来理解，因为在异化范围内活动的人们仅仅把人的普遍存在，宗教，或者具有抽象普遍本质的历史，如政治、艺术和文学等等，[IX] 理解为人的本质力量的现实性和**人的类活动**。在**通常的、物质的工业**中（人们可以把这种工业理解为上述普遍运动的一部分，正像可以把这个运动本身理解为工业的一个**特殊**部分一样，因为全部人的活动迄今为止都是劳动，也就是工业，就是同自身相异化的活动），人的**对象化的本质力量**以**感性的、异己的、有用的对象**的形式，以异化的形式呈现在我们面前。如果**心理学**还没有打开这本书即历史的这个恰恰最容易感知的、最容易理解的部分，那么这种心理学就不能成为内容确实丰富的和**真正的**科学。//如果科学从人的活动的如此广泛的丰富性中只知道那种可以用"需要"、"一般需要！"的话来表达的东西，那么人们对于这种**高傲地**撇开人的劳动的这一巨大部分而不感觉自身不足的科学究竟应该怎样想呢？——

自然科学展开了大规模的活动并且占有了不断增多的材料。而哲学对自然科学始终是疏远的，正像自然科学对哲学也始终是疏远的一样。过去把它们暂时结合起来，不过是**离奇的幻想**。存在着结合的意志，但缺少结合的能力。甚至历史学也只是顺便地考虑到自然科学，仅仅把它看做是启蒙、有用性和某些伟大发现的因素。然而，自然科学却通过工业日益**在实践上**进入人的生活，改造人的生活，并为人的解放作准备,尽管它不得不直接地使非人化充分发展。**工业**是自然界对人,因而也是自然科学对人的**现实的**历史关系。因此,如果把工业看成人的**本质力量**的**公开的**展示,那么自然界的**人的**本质,或者人的**自然的**本质,也就可以理解了;因此,自然科学将抛弃它的抽象物质的方向,或者更确切地说,是抛弃唯心主义方向,从而成为**人的**科学的基础,正像它现在已经——尽管以异化的形式——成了真正人的生活的基础一样;说生活还有**别的**什么基础,**科学**还有别的什么基础——这根本就是谎言。//在人类历史中即在人类社会的形成过程中生成的自然界,是人的**现实的**自然界;因此,通过工业——尽管以**异化**的形式——形成的自然界,是真正的、**人本学**的自然界。——//

  感性(见费尔巴哈)必须是一切科学的基础。科学只有从**感性**意识和**感性**需要这两种形式的感性出发,因而,科学只有从自然界出发,才是**现实的**科学。[①]可见,全部历史是为了使"人"成为**感性**意识的对象和使"人作为人"的需要成为需要而作准备的历史(发展的历史)[②]。历史本身是**自然史**的一个**现实**部分,即自然界生成为人这一过程的一个**现实**部

---

① 路·费尔巴哈《关于哲学改革的临时纲要》(《德国现代哲学和政论界轶文集》1843年苏黎世—温特图尔版第2卷第84—85页)以及《未来哲学原理》1843年苏黎世—温特图尔版第58—70页。
② 手稿中"发展的历史"写在"作准备的历史"的上方。

分。自然科学往后将包括关于人的科学,正像关于人的科学包括自然科学一样:这将是一门科学。[X] **人**是自然科学的直接对象;因为直接的**感性自然界**,对人来说直接是人的感性(这是同一个说法),直接是**另一个**对他来说感性地存在着的人;因为他自己的感性,只有通过**别**人,才对他本身来说是人的感性。但是,**自然界**是**关于人的科学**的直接对象。人的第一个对象——人——就是自然界、感性,而那些特殊的、人的、感性的本质力量,正如它们只有在**自然**对象中才能得到客观的实现一样,只有在关于自然本质的科学中才能获得它们的自我认识。思维本身的要素,思想的生命表现的要素,即**语言**,具有感性的性质。自然界的**社会的**现实和**人的**自然科学或**关于人的自然科学**,是同一个说法。——

//我们看到,**富有的人**和**人的**丰富的需要代替了国民经济学上的**富有**和**贫困**。**富有的**人同时就是**需要**有人的生命表现的完整性的人,在这样的人的身上,他自己的实现作为内在的必然性、作为**需要**而存在。不仅人的**富有**,而且人的**贫困**,——在社会主义的前提下——同样具有人的因而是社会的意义。贫困是被动的纽带,它使人感觉到自己需要的最大财富是他人。因此,对象性的本质在我身上的统治,我的本质活动的感性爆发,是**激情**,从而激情在这里就成了我的本质的**活动**。——//

(5)任何一个**存在物**只有当它用自己的双脚站立的时候,

才认为自己是独立的，而且只有当它依靠自己而**存在**的时候，它才是用自己的双脚站立的。靠别人恩典为生的人，把自己看成一个从属的存在物。但是，如果我不仅靠别人维持我的生活，而且别人还**创造了我的生活**，别人还是我的生活的**泉源**，那么我就完全靠别人的恩典为生，如果我的生活不是我自己的创造，那么我的生活就必定在我自身之外有这样一个根源。因此，**创造**［Schöpfung］是一个很难从人民意识中排除的观念。自然界的和人的通过自身的存在，对人民意识来说是**不能理解的**，因为这种存在是同实际生活的一切**明显的事实**相矛盾的。

大地创造说，受到了**地球构造学**①即说明地球的形成、生成是一个过程、一种自我产生的科学的致命打击。自然发生说②是对创世说［Schöpfungstheorie］的唯一实际的驳斥。

现在对单个人讲讲亚里士多德已经说过的下面这句话，当然是容易的：你是你父亲和你母亲所生；这就是说，两个

---

① 地球构造学是弗赖贝格（萨克森）矿业科学院的矿物学家阿·哥·韦尔纳于1780年创立的关于地球的形成、地球的结构和岩石的构成的学科。有关论述还可参看黑格尔《自然哲学讲演录》1842年柏林版第2部分第432—440页。
② 马克思在这里把 generatio aequivoca 这一用语当做法文 génération spontanée 的同义词来使用，照字面直译就是自然发生的意思。
有关论述还可参看黑格尔《自然哲学讲演录》1842年柏林版第2部分第455—470页。

人的交媾即人的类行为生产了你这个人。①这样，你看到，人的肉体的存在也要归功于人。因此，你应该不是仅仅注意**一个方面即无限的**过程，由于这个过程你会进一步发问：谁生出了我的父亲？谁生出了他的祖父？等等。你还应该紧紧盯住这个无限过程中的那个可以通过感觉直观的**循环运动**，由于这个运动，人通过生儿育女使自身重复出现，因而**人**始终是主体。

但是，你会回答说：我向你承认这个循环运动，那么你也要向我承认那个无限的过程，那个过程驱使我不断追问，直到我提出问题：谁生出了第一个人和整个自然界？

我只能对你作如下的回答：你的问题本身就是抽象的产物。请你问一下自己，你是怎样想到这个问题的，请你问一下自己，你的问题是不是来自一个因为荒谬而使我无法回答的观点。请你问一下自己，那个无限的过程本身对理性的思维来说是否存在。既然你提出自然界和人的创造问题，你也就把人和自然界抽象掉了。你设定它们是**不存在的**，你却希望我向你证明它们是**存在的**。那我就对你说：放弃你的抽象，你也就会放弃你的问题，或者，你想坚持自己的抽象，你就要贯彻到底，如果你设想人和自然界是**不存在的**，[Ⅺ]那么你就要设想你自己也是不存在的，因为你自己也是自然界和

———
① 参看亚里士多德《形而上学》第8卷第4章。有关论述还可参看黑格尔《自然哲学讲演录》1842年柏林版第2部分第646—647页。

人。不要那样想，也不要那样向我提问，因为一旦你那样想，那样提问，你就会把自然界的存在和人的存在**抽象掉**，这是没有任何意义的。也许你是个设定一切都不存在，而自己却想存在的利己主义者吧？

你可能反驳我：我并不想设定自然界等等不存在；我是问你自然界的**形成过程**，正像我问解剖学家骨髓如何形成等等一样。

但是，因为对社会主义的人来说，**整个所谓世界历史**不外是人通过人的劳动而诞生的过程，是自然界对人来说的生成过程，所以关于他通过自身而**诞生**、关于他的**形成过程**，他有直观的、无可辩驳的证明。因为人和自然界的**实在性**，即人对人来说作为自然界的存在以及自然界对人来说作为人的存在，已经成为实际的、可以通过感觉直观的，所以关于某种**异己的**存在物、关于凌驾于自然界和人之上的存在物的问题，即包含着对自然界的和人的非实在性的承认的问题，实际上已经成为不可能的了。**无神论**，作为对这种非实在性的否定，已不再有任何意义，因为无神论是**对神的否定**，并且正是通过这种否定而设定**人的存在**；但是，社会主义作为社会主义已经不再需要这样的中介；它是从把人和自然界看做**本质**这种**理论上和实践上的感性意识**开始的。社会主义是人的不再以宗教的扬弃为中介的**积极的自我意识**，正像**现实生活**是人的不再以私有财产的扬弃即**共产主义**为中介的积极的现实一样。共产主义是作为否定的否定的肯定,因此,它是人的解放和复原的一个**现实的**、对下一段历史发展来说是必然的环节。**共产主义**是最近将来的必然的形态和有效的原则,但是,这样的共产主义并不是人类发展的目标,并不是人类社会的形态。——

[对黑格尔的辩证法和整个哲学的批判]

（6）在这一部分，为了便于理解和论证，对黑格尔的整个辩证法，特别是《现象学》和《逻辑学》中有关辩证法的叙述，以及最后对现代批判运动同黑格尔的关系略作说明，也许是适当的。——

现代德国的批判着意研究旧世界的内容，而且批判的发展完全拘泥于所批判的材料，以致对批判的方法采取完全非批判的态度，同时，对于我们如何对待黑格尔的**辩证法**这一**表面上看来是形式的**问题，而实际上是**本质的**问题，则完全缺乏认识。对于现代的批判同黑格尔的整个哲学，特别是同辩证法的关系问题是如此缺乏认识，以致像**施特劳斯**[①]和**布鲁诺·鲍威尔**这样的批判家仍然受到黑格尔逻辑学的束缚；前者是完全被束缚，后者在自己的《符类福音作者》中（与施特劳斯相反，他在这里用抽象的人的"自我意识"代替了"抽象的自然界"的实体）[②]，甚至在《基督教真相》中，至少是有可能完全地被束缚。例如，《基督教真相》一书中说：

---

① 大·施特劳斯《耶稣传》1835—1836年蒂宾根版第1—2卷；《为我的著作〈耶稣传〉辩护和关于评述现代神学特性的论争文集》1837年蒂宾根版第1—3册；《评述和批判：神学、人类学和美学方面的轶文集》1839年莱比锡版；《基督教教理的历史发展及其同现代科学的斗争》1840—1841年蒂宾根—斯图加特版第1—2卷。

② 布·鲍威尔《符类福音作者的福音故事考证》1841年莱比锡版第1卷第Ⅵ—ⅩⅤ页。

"自我意识设定世界、设定差别,并且在它所创造的东西中创造自身,因为它重新扬弃了它的创造物同它自身的差别,因为它只是在创造活动中和运动中才是自己本身,——这个自我意识在这个运动中似乎就没有自己的目的了",等等。或者说:"他们《法国唯物主义者》还未能看到,宇宙的运动只有作为自我意识的运动,才能实际上成为自为的运动,从而达到同自身的统一。"①

这些说法甚至在语言上都同黑格尔的观点毫无区别,实际上,这是在逐字逐句重述黑格尔的观点。

[XII] 鲍威尔在他的《自由的正义事业》一书中对格鲁培先生提出的"那么逻辑学的情况如何呢?"这一唐突的问题避而不答,却让他去问未来的批判家。②这表明,鲍威尔在进行批判活动(鲍威尔《符类福音作者》)时对于同黑格尔辩证法的关系是多么缺乏认识,而且在物质的批判活动之后也还缺乏这种认识。

但是,即使现在,在**费尔巴哈**不仅在收入《轶文集》的《纲要》中,而且更详细地在《未来哲学》中从根本上推翻了

---

① 布·鲍威尔《基督教真相》1843年苏黎世—温特图尔版第113—115页。
② 见布·鲍威尔《自由的正义事业和我自己的事业》1842年苏黎世—温特图尔版第85、193—194页。鲍威尔在这本书中既分析批判了奥·弗·格鲁培的小册子《布鲁诺·鲍威尔和大学的教学自由》(1842年柏林版),也批判了菲·马尔海内克的《关于黑格尔哲学对基督教神学的意义的公开演讲绪论》(1842年柏林版)。
未来的批判家指在《文学总汇报》上发表言论的青年黑格尔分子。

旧的辩证法和哲学之后;在无法完成这一事业的上述批判反而认为这一事业已经完成,并且宣称自己是"纯粹的、坚决的、绝对的、洞察一切的批判"之后;在批判以唯灵论的狂妄自大态度把整个历史运动归结为世界的其他部分——它把这部分世界与它自身对立起来而归入"群众"这一范畴——和它自身之间的关系,并且把一切独断的对立消融于它本身的聪明和世界的愚蠢之间、批判的基督和作为"**群氓**"的人类之间的一个独断的对立中之后;在批判每日每时以群众的愚钝无知来证明它本身的超群出众之后;在批判终于宣称这样一天——那时整个正在堕落的人类将聚集在批判面前,由批判加以分类,而每一类人都将得到一份赤贫证明书——即将来临,即以这种形式宣告批判的**末日审判**①之后;在批判于报刊上宣布它既对人的感觉又对它自己独标一格地雄踞其上的世界具有优越性,而且只是不时从它那尖酸刻薄的口中发出奥林波斯山众神的哄笑声②之后,——在以批判的形式消逝着的唯心主义(青年黑格尔主义)做出这一切滑稽可笑的动作之后,这种唯心主义甚至一点也没想到现在已经到了同自己的母亲即黑格尔辩证法批判地划清界限的时候,甚至一点

---

① 见梅·希策尔《苏黎世通讯》(1844年《文学总汇报》第5期第12、15页)。并见马克思和恩格斯《神圣家族》第7章第1节"批判的群众"、第9章"批判的末日的审判")(《马克思恩格斯全集》中文第1版第2卷)。

② 见布·鲍威尔《本省通讯》(1844年《文学总汇报》第6期第30—32页)。并见本卷第348—355页。

也没表明它对费尔巴哈辩证法的批判态度。这是对自身持完全非批判的态度。

费尔巴哈是唯一对黑格尔辩证法采取**严肃的**、**批判的**态度的人,只有他在这个领域内作出了真正的发现,总之,他真正克服了旧哲学。费尔巴哈成就的伟大以及他把这种成就贡献给世界时所表现的那种谦虚纯朴,同批判所持的相反的态度形成惊人的对照。

费尔巴哈的伟大功绩在于:(1)证明了哲学不过是变成思想的并且通过思维加以阐明的宗教,不过是人的本质的异化的另一种形式和存在方式;因此哲学同样应当受到谴责;①

(2)创立了**真正的唯物主义**和**实在的科学**,因为费尔巴哈使社会关系即"人与人之间的"关系也同样成为理论的基本原则;②

(3)他把基于自身并且积极地以自身为根据的肯定的东西同自称是绝对肯定的东西的那个否定的否定对立起来。③

费尔巴哈这样解释了黑格尔的辩证法(从而论证了要从肯定的东西即从感觉确定的东西出发):

黑格尔从异化出发(在逻辑上就是从无限的东西、抽象的普遍的东西出发),从实体出发,从绝对的和不变的抽象出

---

① 路·费尔巴哈《未来哲学原理》1843年苏黎世—温特图尔版第1—33页。
② 路·费尔巴哈《未来哲学原理》1843年苏黎世—温特图尔版第77—84页。
③ 路·费尔巴哈《未来哲学原理》1843年苏黎世—温特图尔版第62—70页。

发,就是说,说得更通俗些,他从宗教和神学出发。

第二,他扬弃了无限的东西,设定了现实的、感性的、实在的、有限的、特殊的东西。(哲学,对宗教和神学的扬弃。)

第三,他重新扬弃了肯定的东西,重新恢复了抽象、无限的东西。宗教和神学的恢复。①

由此可见,费尔巴哈把否定的否定**仅仅**看做哲学同自身的矛盾,看做在否定神学(超验性等等)之后又肯定神学的哲学,即向自身相对立而肯定神学的哲学。

否定的否定所包含的肯定或自我肯定和自我确证,被认为是对自身还不能确信因而自身还受对立面影响的、对自身怀疑因而需要证明的肯定,即被认为是没有用自己的存在证明自身的、没有被承认的〔XIII〕肯定;因此,感觉确定的、以自身为根据的肯定是同这种肯定直接地而非间接地对立着的。

费尔巴哈还把否定的否定、具体概念看做在思维中超越自身的和作为思维而想直接成为直观、自然界、现实的思维。②

但是,因为黑格尔根据否定的否定所包含的肯定方面把

---

① 路·费尔巴哈《未来哲学原理》1843年苏黎世—温特图尔版第33—58页。
② 马克思在这里转述了路·费尔巴哈在《未来哲学原理》1843年苏黎世—温特图尔版第29—30节中针对黑格尔的批判性意见。

否定的否定看成真正的和唯一的肯定的东西,而根据它所包含的否定方面把它看成一切存在的唯一真正的活动和自我实现的活动,所以他只是为历史的运动找到**抽象的**、**逻辑的**、**思辨的**表达,这种历史还不是作为既定的主体的人的**现实**历史,而只是人的**产生的活动**、人的**形成的历史**。——我们既要说明这一运动在黑格尔那里所采取的抽象形式,也要说明这一运动在黑格尔那里同现代的批判即同费尔巴哈的《基督教的本质》一书所描述的同一过程①的区别,或者更正确些说,要说明这一在黑格尔那里还是非批判的运动所具有的**批判的**形式。——

现在看一看黑格尔的体系。必须从黑格尔的《现象学》②即从黑格尔哲学的真正诞生地和秘密开始。

现象学。

(A) **自我意识**。

Ⅰ.**意识**。(α) 感觉确定性或"这一个"和**意谓**。(自)**知觉**,或具有特性的事物和**幻觉**。(γ) 力和知性,现象和超感觉世界。

Ⅱ.**自我意识**。自身确定性的真理性。(a) 自我意识的独立性和非独立性,主人和奴隶。(b) 自我意识的自由。斯多

---

① 路·费尔巴哈《基督教的本质》1841年莱比锡版第37—247页。
② 黑格尔的《精神现象学》第1版于1807年出版。《逻辑学》共三册,分别于1812、1813和1816年出版。1817年,《哲学全书纲要》出版,1821年,《法哲学原理》出版。

亚主义[1]，怀疑主义[2]，苦恼的意识。

Ⅲ．理性。理性的确定性和真理性。（a）观察的理性，对自然界和自我意识的观察。（b）理性的自我意识通过自身来实现。快乐和必然性。心的规律和自大狂。德行和世道。（c）自在和自为的实在的个体性。精神动物世界和欺骗，或事情本

---

[1] 斯多亚主义是公元前4世纪末产生于古希腊的一个哲学派别，因其创始人芝诺通常在雅典集市的画廊（画廊的希腊文是"στοά"）讲学，故称斯多亚派，又译画廊学派。

斯多亚派哲学分为逻辑学、物理学和伦理学，以伦理学为中心，逻辑学和物理学只是为伦理学提供基础。这个学派主要宣扬服从命运的观念和带有浓厚宗教色彩的泛神论思想，其中既有唯物主义倾向，又有唯心主义思想。早期斯多亚派认为，认识来源于对外界事物的感觉，但又承认关于神、善恶、正义等的先天观念。他们把赫拉克利特的火和逻各斯看成一个东西，认为宇宙实体既是物质性的，同时又是创造一切并统治万物的世界理性，也是神、天命和命运，或称自然。人是自然的一部分，也受天命支配，人应该顺应自然的规律而生活，即遵照理性和道德而生活。合乎理性的行为就是德行，只有德行才能使人幸福。人要有德行，成为善人，就必须用理性克制情欲，达到清心寡欲以至无情无欲的境界。中期斯多亚派强调社会责任、道德义务，加强了道德生活中禁欲主义倾向。晚期斯多亚派宣扬安于命运、服从命运，认为人的一生注定是有罪的、痛苦的，只有忍耐和克制欲望，才能摆脱痛苦和罪恶，得到精神的安宁和幸福。晚期斯多亚派的伦理思想为基督教的兴起准备了思想条件。

[2] 怀疑主义是公元前3至前4世纪产生于古希腊的一个哲学派别，代表人物有皮浪、阿克西劳、卡内亚德、埃奈西德穆及恩披里柯。

怀疑派哲学是对客观世界和客观真理是否存在、能否认识表示怀疑的哲学学说。它认为事物是不可认识的，因为对每一事物都可以有两种相互排斥的意见；既然人们什么也不能确定，就应该放弃判断，放弃认识，平心静气地求得精神的安宁。怀疑主义揭示了人们认识中的矛盾，在认识史上有一定的意义。但是它反对唯物主义，不相信理性的力量，否定科学知识，实际上为宗教迷信和神秘主义的传播提供了条件。

身。立法的理性。审核法律的理性。

（B）**精神**。

Ⅰ.**真的精神**；伦理。Ⅱ.**自我异化的精神**，教养。Ⅲ.**确定自身的精神**，道德。

（C）宗教。**自然**宗教，**艺术宗教**，启示宗教。

（D）**绝对知识**。——

因为黑格尔的《哲学全书》以逻辑学，以**纯粹的思辨的思想**开始，而以**绝对知识**，以自我意识的、理解自身的哲学的或绝对的即超人的抽象精神结束[①]，所以整整一部《哲学全书》不过是哲学精神的**展开的本质**，是哲学精神的自我对象化，而哲学精神不过是在它的自我异化内部通过思维方式即通过抽象方式来理解自身的、异化的世界精神。——**逻辑学**是精神的**货币**，是人和自然界的思辨的、**思想的价值**——人和自然界的同一切现实的规定性毫不相干地生成的因而是非现实的本质，——是**外化的**因而是从自然界和现实的人抽象出来的**思维**，即**抽象思维**。——**这种抽象思维的外在性**就是……**自然界**，就像自然界对这种抽象思维所表现的那样。自然界对抽象思维来说是外在的，是抽象思维的自我丧失，而

---

① 黑格尔《哲学全书纲要》1830年海德堡第3版。马克思所用版本的章节分立如下：
第1部：逻辑学
第2部：自然哲学
第3部：精神哲学

抽象思维也是外在地把自然界作为抽象的思想来理解，然而是作为外化的抽象思维来理解。——最后，**精神**，这个回到自己的诞生地的思维，在它终于发现自己和肯定自己是**绝对**知识因而是绝对的即抽象的精神之前，在它获得自己的自觉的、与自身相符合的存在之前，它作为人类学的、现象学的、心理学的、伦理的、艺术的、宗教的精神，总还不是自身。因为它的现实的存在是**抽象**[①]……——

黑格尔有双重错误。

第一个错误在黑格尔哲学的诞生地《现象学》中表现得最为明显。例如，当他把财富、国家权力等等看成同**人的**本质相异化的本质时，这只是就它们的思想形式而言……它们

[①] 黑格尔《哲学全书纲要》1830年海德堡第3版第3部分"精神哲学"的分节如下：
第1篇：主观精神
A. 人类学
B. 精神现象学
C. 心理学
第2篇：客观精神
A. 法
B. 道德
c. 伦理
第3篇：绝对精神
A. 艺术
B. 启示宗教
C. 哲学

是思想本质，因而只是**纯粹的**即抽象的哲学思维的异化。因此，整个运动是以绝对知识结束的。这些对象从中异化出来的并以现实性自居而与之对立的，恰恰是抽象的思维。**哲学家**——他本身是异化的人的抽象形象——把自己变成异化的世界的尺度。因此，全部**外化历史**和外化的全部**消除**，不过是抽象的、绝对的［XVII］（见第XIII页）思维的**生产史**，即逻辑的思辨的思维的**生产史**。因此，**异化**——它从而构成这种外化的以及这种外化之扬弃的真正意义——是**自在**和**自为**之间、**意识**和**自我意识**之间、**客体**和**主体**之间的对立，就是说，是抽象的思维同感性的现实或现实的感性在思想、本身范围内的对立。其他一切对立及其运动，不过是这些唯一有意义的对立的**外观**、**外壳**、**公开**形式，这些唯一有意义的对立构成其他世俗对立的**含义**。在这里，不是人的本质**以非人的方式**在同自身的对立中的对象化，而是人的本质以不同于抽象思维的方式在同抽象思维的**对立**中的**对象化**，被当做异化的被设定的和应该扬弃的本质。

［XVIII］因此，对于人的已成为对象而且是异己对象的本质力量的占有，首先不过是那种在**意识**中、在**纯思维**中即在**抽象**中实现的**占有**，是对这些作为**思想和思想运动**的对象的占有；因此，在《现象学》中，尽管已有一个完全否定的和批判的外表，尽管实际上已包含着往往早在后来发展之前就先进行的批判，黑格尔晚期著作的那种非批判的实证主义和同样非批

判的唯心主义——现有经验在哲学上的分解和恢复——已经以一种潜在的方式，作为萌芽、潜能和秘密存在着了。**其次**，要求把对象世界归还给人——例如，有这样一种认识：**感性**意识不是**抽象的**感性意识，而是**人的**感性意识；宗教、财富等等不过是人的对象化的异化了的现实，是客体化了的**人的本质力量的异化了的现实**；因此，宗教、财富等等不过是通向真正**人的**现实的**道路**，——这种对人的本质力量的占有或对这一过程的理解，在黑格尔那里是这样表现的：**感性**、**宗教**、国家权力等是**精神的**本质，因为只有**精神**才是人的**真正的**本质，而精神的真正的形式则是思维着的精神，逻辑的、思辨的精神。自然界的**人性**和历史所创造的自然界——人的产品——**的人性**，就表现在它们是抽象精神的产品，因此，在这个限度内，它们是**精神的**环节即**思想本质**。可见，《现象学》是一种隐蔽的、自身还不清楚的、神秘化的批判，但是，因为《现象学》紧紧抓住人的**异化**不放——尽管人只是以精神的形式出现——，所以它潜在地包含着批判的**一切**要素，而且这些要素往往已经以远远超过黑格尔观点的方式**准备好和加过工了**。关于"苦恼的意识"、"诚实的意识"，关于"高尚的意识和卑鄙的意识"的斗争等等这些章节，包含着对宗教、国家、市民生活等整个领域的**批判的**要素，不过也还是通过异化的形式。正像**本质**、**对象**表现为思想本质一样，**主体**也始终是**意识**或**自我意识**，或者更正确些说，对象仅仅表现为**抽象的**意识,而人仅仅表现为**自我意识**。因此,在《现象学》中出现的异化的各种不同形式,不过是意识和自我意识的不同形式。正像抽象的意识**本身**——对象就被看成这样的意识——仅仅是自我意识的一个差别环节一样,这一运动的结果也表现为自我意识和意识的同一,即绝对知识,也就是那种已经不是向外部而是仅仅在自身内部进行的抽象思维运动,这就是说,纯思想的辩证法是结果。(下接第XXII页)

[XXII](见第XVIII页)因此,黑格尔的《**现象学**》及其最后成果——辩证法,作为推动原则和创造原则的否定性——的伟大之处首先在于,黑格尔把人的自我产生看做一个过程,把对象化看做非对象化,看做外化和这种外化的扬弃;可见,他抓住了**劳动**的本质,把对象性的人、现实的因而是真正的人理解为人**自己的劳动**的结果。①人同作为类存在物的自身发生**现实的**、**能动的**关系,或者说,人作为现实的类存在物即作为人的存在物的实现,只有通过下述途径才有可能:人确实显示出自己的全部**类力量**——这又只有通过人的全部活动、只有作为历史的结果才有可能——并且把这些

---

① 黑格尔在《精神现象学》的"自我意识"部分,首先叙述了劳动和享受在实现自我意识的自由时所起的作用。关于这一点,还可参看卡·路·米希勒出版的黑格尔《哲学史讲演录》1833年柏林版第1卷第12页:"我们现代的世界所具有的自觉的理性,不是一下子形成的,也不仅是从现代土壤中生长起来的,而是本质上就存在其中的一种遗产,进一步说,是劳动的成果,而且是人类先前世世代代劳动的成果。"

力量当做对象来对待，而这首先又只有通过异化的形式才有可能。

我们将以《现象学》的最后一章——绝对知识——来详细说明黑格尔的片面性和局限性。这一章既包含经过概括的《现象学》的精神，包含《现象学》同思辨的辩证法的关系，也包含黑格尔对这二者及其相互关系的**理解**。

且让我们先指出一点：黑格尔是站在现代国民经济学家的立场上的。①他把**劳动**看做人的**本质**，看做人的自我确证的本质，他只看到劳动的积极的方面，没有看到它的消极的方面。劳动是人在外化范围之内的或者作为**外化的**人的**自为的生成**。黑格尔唯一知道并承认的劳动是**抽象的精神的**劳动。因此，黑格尔把一般说来构成哲学的本质的那个东西，即**知道自身的人的外化**或者**思考自身的、外化的**科学，看成劳动的本质；因此，同以往的哲学相反，他能把哲学的各个环节加以总括，并称自己的哲学才是**哲学**。至于其他哲学家做过的事情——把自然界和人类生活的各个环节看做自我意识的而且是抽象的自我意识的环节——，黑格尔**认为**那只是哲学的**行动**。因此，他的科学是绝对的。

---

① 马克思在这里不仅指黑格尔关于劳动以及某些其他范畴的观点同英国的古典经济学家的看法一致，而且也说明黑格尔具有经济学的知识。黑格尔1803—1804年在耶拿大学的演讲中曾引用过亚·斯密的著作。他在《法哲学原理》第3篇第2章"市民社会"阐述"需要的体系"时，就在第189节及其附释中讲到斯密、让·巴·萨伊和大·李嘉图，说明经济学思想的迅速发展。

现在让我们转向我们的本题。

绝对知识。《现象学》的最后一章。①

主要之点就在于：**意识的对象**无非是**自我意识**；或者说，对象不过是**对象化的自我意识**、作为对象的自我意识。（设定人=自我意识。）

因此，需要克服**意识的对象**。**对象性**本身被认为是人的**异化了的**、同**人的本质**即自我意识不相适应的关系。因此，**重新占有**在异化规定内作为异己的东西产生的人的对象性本质，不仅具有扬弃**异化**的意义，而且具有扬弃**对象性**的意义，就是说，因此，人被看成**非对象性的**、**唯灵论的**存在物。

黑格尔对**克服意识的对象**的运动作了如下的描述：

对象不仅表现为向**自我**［das Selbst］复归的东西（在黑格尔看来，这是对这一运动的**片面的**即只抓住了一个方面的

---

① 大约在1844年下半年，马克思在其笔记中写了如下的评注：
黑格尔的现象学的结构。
（1）自我意识代替人。主体。客体。
（2）差别。这些事情之所以重要，是因为实体被看做是自我区别，或者说，是因为自我区别、差别、知性的活动被看做是本质的东西。因此，黑格尔在思辨范围内提供了把握事物的真正差别。
（3）扬弃异化等于扬弃对象性。（特别是由费尔巴哈予以发挥的一个方面。）
（4）因此，扬弃想象中的对象、作为意识对象的对象，等于真正的对象性的扬弃，等于与思维有差别的感性行动、实践以及现实的活动。（需要认真加以发挥。）

理解）。设定人=自我。但是，自我不过是被抽象地理解的和通过抽象产生出来的人。人**是**自我的［selbstisch］。人的眼睛、人的耳朵等等都是自我的，人的每一种本质力量在人身上都具有**自我性**［Selbstigkeit］这种特性。但是，正因为这样，说**自我意识**具有眼睛、耳朵、本质力量，就完全错了。毋宁说，**自我意识**是人的自然即人的眼睛等等的质，而并非人的自然是［XXIV］**自我意识**的质。①

本身被抽象化和固定化的自我，是作为**抽象的利己主义者**的人，他被提升到自己的纯粹抽象、被提升到思维的**利己主义**。（下文还要谈到这一点。）

人的本质，人，在黑格尔看来=**自我意识**。因此，人的本质的全部异化**不过是自我意识的异化**。自我意识的异化没有被看做人的本质的**现实**异化的**表现**，即在知识和思维中反映出来的这种异化的表现。相反，**现实的**即真实地出现的异化，就其潜藏在**内部最深处的**——并且只有哲学才能揭示出来的——本质来说，不过是现实的人的本质即**自我意识**的异化**现象**。因此，掌握了这一点的科学就叫做**现象学**。因此，对异化了的对象性本质的全部重新占有，都表现为把这种本质合并于自我意识；掌握了自己本质的人，**仅仅**是掌握了对象性本质的自我意识。因此，对象向自我的复归就是对对象的

---

① 参看马克思《乔治·威廉·弗里德里希·黑格尔〈精神现象学〉摘要〈绝对知识〉章》(《马克思恩格斯全集》中文第2版第3卷第366—367页)。

重新占有。——

意识的对象的克服可**全面**表述如下：

（1）对象本身对意识来说是正在消逝的东西；

（2）自我意识的外化设定物性；

（3）这种外化不仅有否定的意义，而且有肯定的意义；

（4）它不仅对我们有这种意义或者说自在地有这种意义，而且对它本身也有这种意义；

（5）对象的否定，或对象的自我扬弃，**对意识**所以有**肯定的**意义，或者说，它所以**知道**对象的这种虚无性，是由于它把**自身**外化了，因为它在这种外化中把自身设定为对象，或者说，为了**自为存在**的不可分割的统一性而把对象设定为自身；

（6）另一方面，这里同时包含着另一个环节，即意识扬弃这种外化和对象性，同样也把它们收回到自身，因此，它在**自己的**异在**本身**中就**是在自身**；

（7）这就是意识的运动，因而也是意识的各个环节的总体；

（8）意识必须依据对象的各个规定的总体来对待对象，同样也必须依据这个总体的每一个规定来把握对象。对象的各个规定的这种总体使对象**自在地**成为**精神的本质**，而对意识来说，对象所以真正成为**精神的本质**，是由于把这个总体的每一个别的规定理解为**自我**的规定，或者说，是由于对这些规定采取了上述的精神的态度。①

补入（1）。所谓对象本身对意识来说是正在消逝的东西，就是上面提到的**对象向自我的复归**。

补入（2）。**自我意识的外化设定物性**。因为人=自我意识，所以人的外化的、对象性的本质即**物性**（**对他来说是对象**的**那个东西**，而且只有对他来说是本质的对象并因而是他的**对象性的**本质的那个东西，才是他的真正的对象。既然被当做主体的不是**现实的人**本身，因而也不是**自然**——人是**人的自然**——而只是人的抽象，即自我意识，所以物性只能是外化的自我意识）=**外化的自我意识**，而**物性**是由这种外化设定的。一个有生命的、自然的、具备并赋有对象性的即物质的本质力量的存在物，既拥有它的本质的**现实的**、自然的**对象**，而它的自我外化又设定一个**现实的**、却以**外在性**的形式表现出来因而不属于它的本质的、极其强大的对象世界，这是十分自然的。这里并没有什么不可捉摸的和神秘莫测的东西。相反的情况倒是神秘莫测的。但是，同样明显的是，**自我意识**通过自己的外化所能设定的只是物性，即只是抽象物、抽象的物，而不是**现实的**物。[XXVI]②此外还很明显的是：

---

① 上述有关"意识的对象的克服"这八点说明，几乎逐字逐句摘自黑格尔《精神现象学》最后一章"绝对知识"。参看《马克思恩格斯全集》中文第2版第3卷第366—367页。

② 马克思在手稿的页码中漏编了第XXV页。

物性因此对自我意识来说决不是什么**独立的**、**实质的东西**，而只是纯粹的创造物，是自我意识所**设定的东西**，这个被设定的东西并不证实自己，而只是证实设定这一行动，这一行动在一瞬间把自己的能力作为产物固定下来，使它**表面上**具有独立的、现实的本质的作用——但仍然只是一瞬间。

当现实的、肉体的、站在坚实的呈圆形的地球上呼出和吸入一切自然力的人通过自己的外化把自己现实的、对象性的**本质力量设定**为异己的对象时，**设定**并不是主体；它是**对象性的**本质力量的主体性，因此这些本质力量的活动也必定是**对象性的**活动。对象性的存在物进行对象性活动，如果它的本质规定中不包含对象性的东西，它就不进行对象性活动。它之所以创造或设定对象，只是因为它是被对象设定的，因为它本来就是**自然界**。因此，并不是它在设定这一行动中从自己的"纯粹的活动"转而**创造对象**，而是它的**对象性的**产物仅仅证实了它的**对象性**活动，证实了它的活动是对象性的自然存在物的活动。

我们在这里看到，彻底的自然主义或人道主义，既不同于唯心主义，也不同于唯物主义，同时又是把这二者结合起来的真理。我们同时也看到，只有自然主义能够理解世界历史的行动。①

  //**人**直接地是**自然存在物**。②人作为自然存在物,而且作为有生命的自然存在物,一方面具有**自然力**、**生命力**,是**能动的**自然存在物;这些力量作为天赋和才能、作为**欲望**存在于人身上;另一方面,人作为自然的、肉体的、感性的、对象性的存在物,同动植物一样,是**受动的**③、受制约的和受限制的存在物,就是说,他的欲望的**对象**是作为不依赖于他的**对象**而存在于他之外的;但是,这些对象是他的**需要**的**对象**;是表现和确证他的本质力量所不可缺少的、重要的**对象**。说

---

① 路·费尔巴哈称自己的哲学观点为自然主义和人道主义,同时却回避唯物主义这一术语。这显然表明他不同意先前英法两国的唯物主义的某些原则,特别是不同意抽象性,不同意把感性视为知识的基础和唯一源泉的感觉论。马克思在这里说的是在费尔巴哈以前的唯物主义哲学形式,他也像费尔巴哈那样对这些唯物主义哲学形式感到不满,认为不是旧唯物主义,也不是唯心主义,而是费尔巴哈的哲学——自然主义、人道主义——才能够理解世界历史的秘密。

② 马克思关于人是直接的和能动的自然存在物的论点,基本上是以路·费尔巴哈反对宗教唯心主义和哲学唯心主义而阐发的原则为依据的:把人看成自然界特殊的、有意识的存在物,本质由外在对象的性质规定,任何存在物、任何本质必定具有对象的性质,在感性存在物之外的其他物是感性存在物的生存所必需的,如空气供呼吸,水供饮用,光供照明,动植物产品供食用,等等。

③ "受动的"(leidend)这个术语来自路·费尔巴哈。费尔巴哈把这个术语解释为周围环境、外部世界对人发生作用的表现形式和方式。他说,只有受动的和需要的存在物才是必然的存在物,没有需要的存在是多余的存在;只有受动的东西才值得存在。马克思赞同费尔巴哈的上述观点,而且对"受动的"这一经验原则进行了极其重要的加工和扩充,把社会实践即人为了掌握和改造外部世界而进行的有意识的和有目的的活动也包括进去了。

人是**肉体的**、有自然力的、有生命的、现实的、感性的、对象性的存在物,这就等于说,人有**现实的**、**感性的对象**作为自己本质的即自己生命表现的对象;或者说,人只有凭借现实的、感性的对象才能**表现**自己的生命。说一个东西**是**对象性的、自然的、感性的,又说,在这个东西自身之外有对象、自然界、感觉,或者说,它自身对于第三者来说是对象、自然界、感觉,这都是同一个意思。//**饥饿**是自然的**需要**,因此,为了使自身得到满足,使自身解除饥饿,它需要自身之外的**自然界**、自身之外的**对象**。饥饿是我的身体对某一**对象**的公认的需要,这个对象存在于我的身体之外,是使我的身体得以充实并使本质得以表现所不可缺少的。太阳是植物的**对象**,是植物所不可缺少的、确证它的生命的对象,正像植物是太阳的对象,是太阳的唤醒生命的力量的**表现**,是太阳的**对象性的**本质力量的**表现**一样。

一个存在物如果在自身之外没有自己的自然界,就不是自然存在物,就不能参加自然界的生活。一个存在物如果在自身之外没有对象,就不是对象性的存在物。一个存在物如果本身不是第三存在物的对象,就没有任何存在物作为自己的**对象**,就是说,它没有对象性的关系,它的存在就不是对象性的存在。[XXVII]非对象性的存在物是**非存在物**[Un-wesen]。

假定一种存在物本身既不是对象,又没有对象。这样的存在物首先将是一个**唯一的**存在物,在它之外没有任何存在物存在,它孤零零地独自存在着。因为,只要有对象存在于我之外,只要我不是**独自**存在着,那么我就是和在我之外存在的对象不同的**他物**、**另一个现实**。因此,对这个第二对象来说,我是和它不同的**另一个现实**,也就是说,我是**它的**对象。这样,一个存在物如果不是另一个存在物的对象,那么就要以没有**任何一个**对象性的存在物存在为前提。只要我有一个对象,这个对象就以我作为对象。而**非对象性**的存在物是一种非现实的、非感性的、只是思想上的即只是想象出来的存在物,是抽象的东西。说一个东西是**感性的**即现实的,是说它是感觉的对象,是**感性的**对象,也就是说在自身之外有感性的对象,有自己的感性的对象。说一个东西是感性的,是说它是**受动的**。

因此,人作为对象性的、感性的存在物,是一个**受动的**存在物;因为它感到自己是受动的,所以是一个**有激情的**存在物。激情、热情是人强烈追求自己的对象的本质力量。

//但是,人不仅仅是自然存在物,而且是**人的**自然存在物,就是说,是自为地存在着的存在物,因而是**类存在物**。他必须既在自己的存在中也在自己的知识中确证并表现自身。// //因此,正像**人的**对象不是直接呈现出来的自然对象一样,直接地**存在着**的、客观地存在着的**人的感觉**,也不是**人的**感性、人的对象性。自然界,无论是客观的还是主观的,

都不是直接同**人的**存在物相适合地存在着。//

正像一切自然物必须**形成**一样，**人**也有自己的形成过程即**历史**，但历史对人来说是被认识到的历史，因而它作为形成过程是一种有意识地扬弃自身的形成过程。历史是人的真正的自然史。——（关于这一点以后还要回过来谈。）

第三，因为物性的这种设定本身不过是一种外观，一种与纯粹活动的本质相矛盾的行为，所以这种设定也必然重新被扬弃，物性必然被否定。

补入（3）、（4）、（5）、（6）。（3）意识的这种外化不仅有**否定的**意义，而且也有**肯定的**意义。（4）它不仅**对我们**有这种肯定的意义或者说自在地有这种肯定的意义，而且对它即意识本身也有这种肯定的意义。（5）对象的否定，或对象的自我扬弃，**对意识**所以有**肯定的**意义，或者说，它所以**知道**对象的这种虚无性，是由于它把**自身**外化了，因为意识在这种外化中**知道**自身是对象，或者说，由于**自为存在**的不可分割的统一性而知道对象是它自身。（6）另一方面，这里同时包含着另一个环节，即意识扬弃这种外化和对象性，同样也把它们收回到自身，因此，它在自己的**异在本身**中就是**在自身**。

我们已经看到，对于被异化的对象性本质的占有，或在**异化**——它必然从漠不关心的异己性发展到现实的、敌对的异化——这个规定内对于对象性的扬弃，在黑格尔看来，同时或甚至主要地具有扬弃**对象性**的意义，因为并不是对象的**一定**的性质，而是它的**对象性**的性质本身，对自我意识来说是一种障碍和异化。因此，对象是一种否定的东西、自我扬弃的东西，是一种**虚无性**。对象的这种虚无性对意识来说不仅有否定的意义，而且有**肯定**的意义，因为对象的这种**虚无性**正是它自身的非对象性的即［XXVIII］**抽象**的**自我确证**。对于**意识本身**来说，对象的虚无性所以有肯定的意义，是因为意识知道这种虚无性、这种对象性本质是它自己的**自我外化**，知道这种虚无性只是由于它的自我外化才存在……意识的存在方式，以及对意识来说某个东西的存在方式，就是**知识**。知识是意识的唯一的行动。因此，只要意识**知道某个东西**，那么这个东西对意识来说就生成了。知识是意识的唯一的对象性的关系。——意识所以知道对象的虚无性，就是说，意识所以知道对象同它之间的差别的非存在，对象对它来说是非存在，是因为意识知道对象是它的**自我外化**，就是说，意识所以知道自己——作为对象的知识——，是因为对象只是对象的**外观**、障眼的云雾，而就它的本质来说不过是知识本身，知识把自己同自身对立起来，从而把某种**虚无性**，即在知识之外没有任何对象性的某种东西同自身对立起来；或者说，知识知道，当它与某个对象发生关系时，它只是**在自身之外**，使自身外化；它知道**它本身**只**表现为**对象，或者说，对它来说表现为对象的那个东西仅仅是它本身。

另一方面，黑格尔说，这里同时包含着另一个环节，即意识扬弃这种外化和对象性，同样也把它们收回到自身，因此，它在自己的**异在本身**中就是**在自身**。

这段议论汇集了思辨的一切幻想。

第一，意识、自我意识在**自己的异在本身**中就是**在自身**。因此，自我意识——或者，如果我们在这里撇开黑格尔的抽象而设定人的自我意识来代替自我意识——在自己的**异在本身**中就是**在自身**。

这里首先包含着：意识——作为知识的知识——作为思维的思维——直接地冒充为它自身的**他物**，冒充为感性、现实、生命，——在思维中超越自身的思维。（费尔巴哈。）[①]这里所以包含着这一方面，是因为仅仅作为意识的意识所碰到的障碍不是异化了的对象性，而是**对象性本身**。

第二，这里包含着：因为有自我意识的人认为精神世界——或人的世界在精神上的普遍存在——是自我外化并加以扬弃，所以他仍然重新通过这个外化的形态确证精神世界，把这个世界冒充为自己的真正的存在，恢复这个世界，假称在**自己的异在本身**中就是**在自身**。因此，在扬弃例如宗教之后，在承认宗教是自我外化的产物之后，他仍然在作为**宗教的宗教**中找到自身的确证。黑格尔的**虚假的**实证主义或他那

[①] 路·费尔巴哈在《未来哲学原理》1843年苏黎世—温特图尔版第55页第30条称"黑格尔是一位在思维中超越自身的思想家"。

只是**虚有其表的**批判主义的根源就**在于**此，这也就是费尔巴哈所说的宗教或神学的设定、否定和恢复，然而这应当以更一般的形式来表述。①因此，理性在作为非理性的非理性中就是在自身。一个认识到自己在法、政治等等中过着外化生活的人，就是在这种外化生活本身中过着自己的真正的人的生活。因此，与自身相**矛盾**的，既与知识又与对象的本质相矛盾的自我肯定、自我确证，是真正的**知识**和真正的**生活**。

因此，现在不用再谈关于黑格尔对宗教、国家等等的适应了，因为这种谎言是他的原则的谎言。

［XXIX］如果我**知道**宗教是**外化的**人的自我意识，那么我也就知道，在作为宗教的宗教中得到确证的不是我的自我意识，而是我的外化的自我意识。这就是说，我知道我的属于自身的、属于我的本质的自我意识，不是在**宗教**中，倒是在**被消灭**、**被扬弃的**宗教中得到确证的。

因此，在黑格尔那里，否定的否定不是通过否定假本质来确证真本质，而是通过否定假本质来确证假本质或同自身相异化的本质，换句话说，否定的否定是否定作为在人之外的、不依赖于人的对象性本质的这种假本质，并使它转化为主体。

因此，把否定和保存即肯定结合起来的**扬弃**起着一种独

---

① 路·费尔巴哈《未来哲学原理》1843年苏黎世—温特图尔版第34—42页。

特的作用。

例如，在黑格尔法哲学中，扬弃了的**私法=道德**，扬弃了的**道德=家庭**，扬弃了的家庭**=市民社会**①，扬弃了的市民社会等于**国家**，扬弃了的国家**=世界历史**。在**现实**中，私法、道德、家庭、市民社会、国家等等依然存在着，它们只是变成**环节**，变成人的存在和存在方式，这些存在方式不能孤立地发挥作用，而是互相消融，互相产生等等。**运动的环节**。

在它们的现实存在中它们的**运动的**本质是隐蔽的。这种本质只是在思维中、在哲学中才表露、显示出来；因此，我的真正的宗教存在是我的**宗教哲学的**存在，我的真正的政治存在是我的**法哲学的**存在，我的真正的自然存在是**自然哲学的**存在，我的真正的艺术存在是**艺术哲学的**存在，我的真正的人的存在是我的哲学的存在。同样，宗教、国家、自然界、艺术的真正存在=宗教**哲学**、自然**哲学**、国家哲学、艺术哲学。但是，如果只有宗教哲学等等对我来说才是真正的宗教存在，那么我也就只有作为**宗教哲学家**才算是真正信教的，而这样一来，我就否定了**现实的**宗教信仰和现实的**信教的人**。但是，我同时确证了它们：一方面，是在我自己的存在中或

---

① 市民社会（bürgerliche Gesellschaft）这一术语出自黑格尔《法哲学原理》第182节（见《黑格尔全集》1833年柏林版第8卷）。在马克思的早期著作中，这一术语有两重含义。广义地说，是指社会发展各历史时期的经济制度，即决定政治制度和意识形态的物质关系总和；狭义地说，是指资产阶级社会的物质关系。因此，应按照上下文作不同的理解。

在我使之与它们相对立的那个异己的存在中，因为异己的存在仅仅**是**它们的**哲学的**表现；另一方面，则是在它们自己的最初形式中，因为在我看来它们不过是**虚假的**异在、比喻，是隐蔽在感性外壳下面的它们自己的真正存在即我的**哲学的**存在的形式。

同样地，扬弃了的**质**=**量**，扬弃了的量=**度**，扬弃了的度=**本质**，扬弃了的本质=**现象**，扬弃了的现象=**现实**，扬弃了的现实=**概念**，扬弃了的概念=**客观性**，扬弃了的客观性=**绝对观念**，扬弃了的绝对观念=**自然界**，扬弃了的自然界=**主观精神**，扬弃了的主观精神=**伦理的**客观精神，扬弃了的伦理精神=**艺术**，扬弃了的艺术=**宗教**，扬弃了的宗教=**绝对知识**。①

一方面，这种扬弃是对思想上的本质的扬弃，就是说，**思想上的**私有财产在道德的**思想**中进行自我扬弃。而且因为思维自以为直接就是和自身不同的另一个东西，即**感性的现实**，从而认为自己的活动也是**感性的现实的**活动，所以这种思想上的扬弃，在现实中没有触动自己的对象，却以为实际上克服了自己的对象；另一方面，因为对象对于思维来说现在已成为一个思维环节，所以对象在自己的现实中也被思维看做思维本身的即自我意识的、抽象的自我确证。

---

① 见黑格尔《哲学全书纲要》，1830年海德堡第3版。存在论：A. 质。B. 量。C. 度。本质论：A. 本质作为实存的根据。B. 现象。C. 现实。概念论：A. 主观概念。B. 客体。C. 观念。——自然哲学。

[XXX]因此,从一方面来说,黑格尔在哲学中**扬弃**的存在,并不是**现实的**宗教、国家、自然界,而是已经成为知识的对象的宗教本身,即**教义学**,**法学**、**国家学**、**自然科学**也是如此。因此,从一方面来说,黑格尔既同**现实的**本质相对立,也同直接的、非哲学的**科学**或这种本质的非哲学的**概念**相对立。因此,黑格尔是同它们的通用的概念相矛盾的。

另一方面,信奉宗教等等的人可以在黑格尔那里找到自己的最后的确证。

现在应该考察——在异化这个规定之内——黑格尔辩证法的**积极的**环节。

//(a)**扬弃**是**把**外化**收回到**自身的、对象性的运动。——这是在异化之内表现出来的关于通过扬弃对象性本质的异化来**占有**对象性本质的见解;这是异化的见解,它主张人的**现实的对象化**,主张人通过消灭对象世界的**异化的**规定、通过在对象世界的异化存在中扬弃对象世界而现实地占有自己的对象性本质,//正像无神论作为神的扬弃就是理论的人道主义的生成,而共产主义作为私有财产的扬弃就是要求归还真正人的生命即人的财产,就是实践的人道主义的生成一样;或者说,无神论是以扬弃宗教作为自己的中介的人道主义,共产主义则是以扬弃私有财产作为自己的中介的人道主义。只有通过对这种中介的扬弃——但这种中介是一个必要的前提——积极地从自身开始的即**积极的**人道主义才能产生。

　　然而，无神论、共产主义决不是人所创造的对象世界的消逝、舍弃和丧失，决不是人的采取对象形式的本质力量的消逝、舍弃和丧失，决不是返回到非自然的、不发达的简单状态去的贫困。恰恰相反，无神论、共产主义才是人的本质的现实的生成，是人的本质对人来说的真正的实现，或者说，是人的本质作为某种现实的东西的实现。

　　这样，因为黑格尔理解到——尽管又是通过异化的方式——有关自身的否定具有的**积极**意义，所以同时也把人的自我异化、人的本质的外化、人的非对象化和非现实化理解为自我获得、本质的表现、对象化、现实化。//简单地说，他——在抽象的范围的——把劳动理解为人的**自我产生的行动**，把人对自身的关系理解为对异己存在物的关系，把作为异己存在物的自身的实现理解为生成着的**类意识**和**类生活**。//

　　（b）但是，撇开上述的颠倒说法不谈，或者更正确地说，作为上述颠倒说法的结果，在黑格尔那里，这种行动，第一，**仅仅**是**形式的**，因为它是抽象的，因为人的本质本身仅仅被看做**抽象的**、**思维着的本质**，即自我意识；而

　　第二，因为这种观点是**形式的**和**抽象的**，所以外化的扬弃成为外化的确证，或者说，在黑格尔看来，**自我产生**、**自我对象化**的运动，作为**自我外化和自我异化**的运动，是**绝对的**因而也是最后的、以自身为目的的、安于自身的、达到自

己本质的**人的生命表现**。因此，这个运动在其抽象 [XXXI] 形式上，作为辩证法，被看成**真正人的生命**；而因为它毕竟是人的生命的抽象、异化，所以它被看成**神性的过程**，然而是人的神性的过程，——人的与自身有区别的、抽象的、纯粹的、绝对的本质本身所经历的过程。

第三，这个过程必须有一个承担者、主体，但主体只作为结果出现，因此，这个结果，即知道自己是绝对自我意识的主体，就是**神**，**绝对精神**，就是**知道自己并且实现自己的观念**。现实的人和现实的自然界不过是成为这个隐蔽的非现实的人和这个非现实的自然界的谓语、象征。因此，主语和谓语之间的关系被绝对地相互颠倒了：这就是**神秘的主体—客体**，或**笼罩在客体上的主体性**，作为**过程**的**绝对主体**，作为使自身**外化**并且从这种外化返回到自身的、但同时又把外化收回到自身的**主体**，以及作为这一过程的主体；这就是在自身内部的纯粹的、**不停息的**旋转。①

关于第一：对人的自我产生的行动或自我对象化的行动

---

① 马克思依据路·费尔巴哈并利用费尔巴哈的术语来批判黑格尔的论点。例如，费尔巴哈在他的《关于哲学改革的临时纲要》中写道：在黑格尔看来，思想就是存在、主语，而存在同时又是谓语；逻辑学是他所特有的那种形式的思维，是作为无谓语的主语的思想，或者是同时兼为主语和谓语的思想；黑格尔将客体仅仅想象为能思维的思想的谓语。"在自身内部的纯粹的、不停息的旋转"这个说法，看来是套用黑格尔《逻辑学》一书中的"一个自身旋绕的圆圈"、"圆圈的圆圈"等说法。

的**形式的**和**抽象的**理解。

因为黑格尔设定人=自我意识，所以人的异化了的对象、人的异化了的本质现实性，无非就是**意识**，就是异化的思想，就是异化的抽象的因而无内容的和非现实的表现，即**否定**。因此，外化的扬弃也不外是对这种无内容的抽象进行抽象的、无内容的扬弃，即**否定的否定**。因此，自我对象化的内容丰富的、活生生的、感性的、具体的活动，就成为这种活动的纯粹抽象，成为**绝对的否定性**，而这种抽象又作为抽象固定下来，并且被想象为独立的活动，或者干脆被想象为活动。因为这种所谓否定性无非是上述现实的、活生生的行动的**抽象的无内容的**形式，所以它的内容也只能是**形式的**、抽去一切内容而产生的内容。因此，这就是普遍的，抽象的，适合于任何内容的，从而既超脱任何内容同时又恰恰对任何内容都有效的，脱离**现实**精神和现实自然界的**抽象形式**、思维形式、逻辑范畴。（下文我们将阐明绝对的否定性的**逻辑**内容。）

黑格尔在这里——在他的思辨的逻辑学里——所完成的积极的东西在于：独立于自然界和精神的**特定概念**、普遍的**固定的思维形式**，是人的本质普遍异化的必然结果，因而也是人的思维普遍异化的必然结果；因此，黑格尔把它们描绘成抽象过程的各个环节并且把它们联贯起来了。例如，扬弃了的存在是本质，扬弃了的本质是概念，扬弃了的概念……

是绝对观念。①然而，绝对观念究竟是什么呢？如果绝对观念不想再去从头经历全部抽象行动，不想再满足于充当种种抽象的总体或充当理解自我的抽象，那么绝对观念也要再一次扬弃自身。但是，把自我理解为抽象的抽象，知道自己是无；它必须放弃自身，放弃抽象，从而达到那恰恰是它的对立面的本质，达到**自然界**。因此，全部逻辑学都证明，抽象思维本身是无，绝对观念本身是无，只有**自然界**才是某物。[XXXII]绝对观念、**抽象**观念，

"从它与自身统一这一方面来**考察**就是**直观**"（黑格尔《全书》第3版第222页），它"在自己的绝对真理中决心把自己的特殊性这一环节，或最初的规定和异在这一环节，即作为自己的反映的**直接观念**，从自身释放出去，就是说，把自身作为**自然界从自身释放出去**"（同上），

举止如此奇妙而怪诞、使黑格尔分子伤透了脑筋的这整个观念，无非始终是**抽象**，即抽象思维者，这种抽象由于经验而变得聪明起来，并且弄清了它的真相，于是在某些——虚假的甚至还是抽象的——条件下决心**放弃自身**，而用自己

---

① 见黑格尔《哲学全书纲要》1830年海德堡第3版第1部分逻辑学。黑格尔把自己的逻辑学划分成客观逻辑（《存在论》和《本质论》属于这一部分），以及主观逻辑或《概念论》，这一部分以"绝对观念"章结束。

的异在，即特殊的东西、特定的东西，来代替自己的在自身的存在（非存在）①，代替自己的普遍性和不确定性，决心把那只是作为抽象、作为思想物而隐藏在它里面的**自然界从自身释放出去**，就是说，决心抛弃抽象而去观察一番**摆脱了**它的自然界。直接成为**直观**的抽象观念，无非始终是那种放弃自身并且决心成为**直观**的抽象思维。从逻辑学到自然哲学的这整个过渡，无非是对抽象思维者来说如此难以实现、因而由他作了如此离奇的描述的从**抽象**到**直观**的过渡。有一种**神秘**的感觉驱使哲学家从抽象思维转向直观，那就是**厌烦**，就是对内容的渴望。

（同自身相异化的人，也是同自己的**本质**即同自己的自然的和人的本质相异化的思维者。因此，他的那些思想是居于自然界和人之外的僵化的精灵。黑格尔把这一切僵化的精灵统统禁锢在他的逻辑学里，先是把它们每一个都看成否定，即**人的**思维的**外化**，然后又把它们看成否定的否定，即看成这种外化的扬弃，看成人的思维的现实表现；但是，这种否定的否定——尽管仍然被束缚在异化中——，一部分是使原来那些僵化的精灵在它们的异化中恢复，一部分是停留于最后的行动中，也就是在作为这些僵化的精灵的真实存在的外化中自身同自身相联系｜（这就是说，黑格尔用那在自身内

---

① 手稿中"非存在"写在"在自身的存在"的上方。

部旋转的抽象行动来代替这些僵化的抽象概念；于是，他就有了这样的贡献：他指明了就其起源来说属于各个哲学家的一切不适当的概念的诞生地，把它们综合起来，并且创造出一个在自己整个范围内穷尽一切的抽象作为批判的对象，以代替某种特定的抽象。）（我们在下面将会看到，黑格尔为什么把思维同**主体**分隔开来；但就是现在也已经很清楚：如果没有人，那么人的本质表现也不可能是人的，因此思维也不能被看做是人的本质表现，即在社会、世界和自然界生活的有眼睛、耳朵等等的人的和自然的主体的本质表现）¦。一部分则由于这种抽象理解了自身并且对自身感到无限的厌烦，所以，在黑格尔那里放弃抽象的、只在思维中运动的思维，即无眼、无牙、无耳、无一切的思维，便表现为决心承认**自然界**是本质并且转而致力于直观。）

[XXXIII] 但是，被抽象地理解的、自为的、被确定为与人分隔开来的**自然界**，对人来说也是**无**。不言而喻，这位决心转向直观的抽象思维者是抽象地直观自然界的。正像自然界曾经被思维者禁锢于他的这种对他本身来说也是隐秘的和不可思议的形式即绝对观念、思想物中一样，现在，当他把自然界从自身释放出去时，他实际上从自身释放出去的只是这个**抽象的自然界**——不过现在具有这样一种意义，即这个自然界是思想的异在，是现实的、被直观的、有别于抽象思维的自然界——，只是自然界的**思想物**。或者用人的语言来

说，抽象思维者在它直观自然界时了解到，他在神性的辩证法中以为是从无、从纯抽象中创造出来的那些本质——在自身中转动的并且在任何地方都不向现实看一看的思维劳动的纯粹产物——无非是**自然界诸规定的抽象概念**。因此，对他来说整个自然界不过是在感性的、外在的形式下重复逻辑的抽象概念而已。他重新把自然界**分解**为这些抽象概念。因此，他对自然界的直观不过是他把对自然界的直观加以抽象化的确证行动①，不过是他有意识地重复的他的抽象概念的产生过程。例如，时间＝自身同自身相联系的否定性（前引书②，第238页）。扬弃了的运动即物质——在自然形式中——同扬弃了的生成即定在相符合。光是**反射于自身**的**自然**形式。像**月亮和彗星**这样的物体，是**对立物**的**自然**形式，按照《逻辑学》，这种对立物一方面是**以自身为根据的肯定的东西**，而另一方面又是以自身为根据的否定的东西。地球是作为对立物的否定性统一的逻辑**根据**的**自然**形式，等等。

作为自然界的自然界，这是说，就它还在感性上不同于它自身所隐藏的神秘的意义而言，与这些抽象概念分隔开来并与这些抽象概念不同的自然界，就是**无**，是**证明**自己为**无的无**，是**无意义的**，或者只具有应被扬弃的外在性的意义。

---

① 手稿中删去下面一段话："我们姑且考察一下黑格尔的自然界诸规定以及从自然界到精神的过渡。自然界是作为具有异在形式的观念产生的。因为观念……"

② 指黑格尔《哲学全书纲要》1830年海德堡第3版。

"有限的**目的论**的观点包含着一个正确的前提,即自然界本身并不包含着绝对的目的。"(第225页)①

自然界的目的就在于对抽象的确证。

"结果自然界成为具有**异在**形式的观念。既然观念在这里表现为对自身的否定或**外在于自身的东西**,那么自然界并非只在相对的意义上对这种观念来说是外在的,而是**外在性**构成这样的规定,观念在其中表现为自然界。"(第227页)②

在这里不应把**外在性**理解为**显露在外的**并且对光、对感性的人敞开的**感性**;在这里应该把外在性理解为外化,理解为不应有的偏差、缺陷。因为真实的东西毕竟是观念。自然界不过是观念的**异在**的**形式**。而既然抽象思维是**本质**,那么外在于它的东西,就其本质来说,不过是某种**外在的东西**。抽象思维者同时承认**感性**、同**在自身中**转动的思维相对立的**外在性**,是自然界的本质。但是,他同时又把这种对立说成这样,即**自然界的**这种**外在性**,自然界同思维的**对立**,是自然界的**缺陷**;就自然界不同于抽象而言,自然界是个有缺陷的存在物。[XXXIV]一个不仅对我来说、在我的眼中有缺

---

① 黑格尔《哲学全书纲要》1830年海德堡第3版第225页第245节。
② 黑格尔《哲学全书纲要》1830年海德堡第3版第227页第247节。

陷而且本身就有缺陷的存在物，在它自身之外有一种为它所缺少的东西。这就是说，它的本质是不同于它自身的另一种东西。因此，对抽象思维者来说，自然界必须扬弃自身，因为他已经把自然界设定为潜在的**被扬弃的**本质。

"**对我们来说**，精神以**自然界**为自己的**前提**，精神是自然界的**真理**，因而对自然界来说，精神也是某种**绝对第一性的东西**。在这个真理中自然界消逝了，结果精神成为达到其自为的存在的观念，而**概念**则既是观念的**客体**，又是观念的**主体**。这种同一性是**绝对的否定性**，因为概念在自然界中有自己的完满的外在的客观性，但现在它的这种外化被扬弃了。而概念在这种外化中成了与自身同一的东西。因此，概念只有作为从自然界的回归才是这种同一性。"（第392页）①

"**启示**，作为**抽象**观念，是向自然界的直接的过渡，是自然界的**生成**，而作为自由精神的启示，则是自由精神把自然界**设定**为**自己的世界**，——这种设定，作为反思，同时又是把世界**假定**为独立的自然界。概念中的启示，是精神把自然界创造为自己的存在，而精神在这个存在中获得自己的自由的**确证**和**真理**。""**绝对的东西是精神**；这是绝对的东西的最高定义。"②

---

① 黑格尔《哲学全书纲要》1830年海德堡第3版第392页第381节。
② 黑格尔《哲学全书纲要》1830年海德堡第3版第393页第384节。

[**私有财产和需要**]

[XIV] (7) 我们已经看到，在社会主义的前提下，人的需要的**丰富性**具有什么样的意义，从而某种**新的生产方式**和某种新的生产**对象**具有什么样的意义。**人的**本质力量得到新的证明，人的本质得到新的充实。而在私有制范围内，这一切却具有相反的意义。每个人都指望使别人产生某种**新的**需要，以便迫使他作出新的牺牲，以便使他处于一种新的依赖地位并且诱使他追求一种新的**享受**，从而陷入一种新的经济破产。每个人都力图创造出一种支配他人的、**异己的**本质力量，以便从这里面获得他自己的利己需要的满足。因此，随着对象的数量的增长，奴役人的异己存在物王国也在扩展，而每一种新产品都是产生相互欺骗和相互掠夺的新的**潜在力量**。人作为人更加贫穷，他为了夺取敌对的存在物，更加需要**货币**，而他的货币的力量恰恰同产品数量成反比，就是说，他的需求程度随着货币的**力量**的增加而日益增长。——因此，对货币的需要是国民经济学所产生的真正需要，并且是它所产生的唯一需要。——货币的**量**越来越成为货币的唯一**强有力的**属性；正像货币把任何存在物都归结为它的抽象一样，货币也在它自己的运动中把自身归结为**量的**存在物。**无度**和**无节制**成了货币的真正尺度。

从主观方面来说，这一点部分地表现在：产品和需要范围的扩大，要**机敏地**而且总是**精打细算地**屈从于非人的、精致的、非自然的和**幻想出来的**欲望。私有制不懂得要把粗陋的需要变为**人的**需要。它的**理想主义**不过是幻想、**任意的奇想**、**突发的怪想**；没有一个宦官不是厚颜无耻地向自己的君主献媚，并力图用卑鄙的手段来刺激君主的麻木不仁的享受能力，以骗取君主的恩宠；工业的宦官即生产者则更厚颜无耻地用更卑鄙的手段来骗取银币，从自己按照基督教教义说来本应去爱的邻人的口袋里诱取黄金鸟（每一种产品都是人们想用来诱骗他人的本质、他人的货币的诱饵，每一个现实的或可能的需要都是诱使苍蝇飞近涂胶竿的弱点；对共同的人的本质的普遍利用，正像人的每一个缺陷一样，对人来说是同天国联结的一个纽带，是使僧侣能够接近人心的途径；每一项急需都是一个机会，使人能够摆出一副格外殷勤的面孔走向自己的邻人并且对他说：亲爱的朋友，你需要什么，我给你，但是你知道，有先决条件，你知道，你应当用什么样的墨水给我写字据，既然我给你提供了享受，我也要敲诈你一下），——工业的宦官迎合他人的最下流的念头，充当他和他的需要之间的牵线人，激起他的病态的欲望，默默地盯着他的每一个弱点，然后要求对这种殷勤服务付酬金。

这种异化也部分地表现在：一方面出现的需要的精致化和满足需要的资料的精致化，却在另一方面造成需要的牲畜般的野蛮化和彻底的、粗陋的、抽象的简单化，或者毋宁说这种精致化只是再生出相反意义上的自身。对于工人来说，甚至对新鲜空气的需要也不再成其为需要了。人又退回到洞穴中居住，不过这洞穴现在已被文明的污浊毒气所污染，而且他在洞穴中也是**朝不保夕**，仿佛这洞穴是一个每天都可能离他而去的异己力量，如果他［XV］付不起房租，他每天都可能被赶走。他必须为这停尸房**支付租金**。**明亮的**居室，这个曾被埃斯库罗斯笔下的普罗米修斯称为使野蛮人变成人的伟大天赐之一①，现在对工人来说已不再存在了。光、空气等等，甚至**动物的**最简单的爱清洁习性，都不再是人的需要了。**肮脏**，人的这种堕落、腐化，文明的**阴沟**（就这个词的本义而言），成了工人的**生活要素**。完全**违反自然**的荒芜，日益腐败的自然界，成了他的生活要素。他的任何一种感觉不仅不再以人的方式存在，而且不再以**非人的**方式因而甚至不再以动物的方式存在。人类劳动的最粗陋的**方式（工具）**又重新出现了：例如，罗马奴隶的**踏车**又成了许多英国工人的生产方式和存在方式。人不仅没有了人的需要，他甚至连**动物的**需要也不再有了。爱尔兰人只知道有吃的需要，确切地说，只知道**吃马铃薯**，而且只是**感染上斑点病的马铃薯**②，那是质量最差的一种马铃薯。而如今在英国和法国的每一个工业城

---

① 埃斯库罗斯《被缚的普罗米修斯》第5幕。
② 欧·比雷《论英法工人阶级的贫困》1840年巴黎版第1卷第110—111页。

市都已有一个小爱尔兰①。连野蛮人、动物都还有猎捕、运动等等的需要，有和同类交往的需要。机器、劳动的简单化，被利用来把正在成长的人、完全没有发育成熟的人——**儿童**——变成工人，而工人则变成了无人照管的儿童。机器迁就人的**软弱性**，以便把**软弱**的人变成机器。——

//需要和满足需要的资料的增长如何造成需要的丧失和满足需要的资料的丧失，国民经济学家（和资本家：每当我们谈到国民经济学家，我们一般总是指**经验的**生意人，国民经济学家是他们的**科学的**自白和存在）是这样论证的：（1）他把工人的需要归结为维持最必需的、最悲惨的肉体生活，并把工人的活动归结为最抽象的机械运动，于是他说：人无论在活动方面还是在享受方面都没有别的需要了，因为他**甚至**把这样的生活宣布为**人的**生活和**人的**存在，（2）他把尽可能**贫乏的**生活（生存）当做**计算**的标准，而且是普遍的标准：说普遍的标准，是因为它适用于大多数人。他把工人变成没有感觉和没有需要的存在物，正像他把工人的活动变成抽去一切活动的纯粹抽象一样。因此，工人的任何**奢侈**在他看来都是不可饶恕的，而一切超出最抽象的需要的东西无论是被动的享受或能动的表现——在他看来都是奢侈。因此，国民

---

① "小爱尔兰"是曼彻斯特南部的一个工人区，在这里居住的主要是爱尔兰人。恩格斯在《英国工人阶级状况》中，对这一地区的状况作过较为详细的描述（见《马克思恩格斯全集》中文第1版第2卷第342—343页）。

经济学这门关于**财富**的科学，同时又是关于克制、穷困和**节约**的科学，而实际上它甚至要人们节约对新鲜**空气**或身体**运动**的需要。这门关于惊人的勤劳的科学，同时也是关于**禁欲**的科学，而它的真正理想是**禁欲的**却又**进行重利盘剥的**吝啬鬼和**禁欲的**却又**进行生产的**奴隶。它的道德理想就是把自己的一部分工资存入储蓄所的**工人**，而且它甚至为了它喜爱的这个想法发明了一种奴才的**艺术**。人们怀着感伤的情绪把这些搬上了舞台。因此，国民经济学，尽管它具有世俗的和纵欲的外表，却是真正道德的科学，最最道德的科学。它的基本教条是：自我节制，对生活乃至人的一切需要都加以节制。你越是少吃，少喝，少买书，少去剧院，少赴舞会，少上餐馆，少思考，少爱，少谈理论，少唱，少画，少击剑，等等，你**积攒**的就越多，你的那些既不会被虫蛀也不会被贼偷的财宝①，即你的**资本**，也就会**越多**。你的**存在**越微不足道，你表现自己的生命越少，你拥有的就越多，你的**外化的**生命就越大，你的异化本质也积累得越多。[XVI] 国民经济学家把从你的生命和人性中夺去的一切，全用**货币**和**财富**补偿给你。你自己不能办到的一切，你的货币都能办到：它能吃，能喝，能赴舞会，能去剧院，它能获得艺术、学识、历史珍品、政治权力，它能旅行，它能为你占有这一切；它能购买这一切；

---

① 《新约全书·马太福音》第6章第19—20节。

它是真正的**能力**。但是，货币尽管是这一切，它除了自身以外却**不愿**创造任何东西，除了自身以外不愿购买任何东西，因为其余一切都是它的奴仆，而当我拥有了主人，我就拥有了奴仆，我也就不需要去追求他的奴仆了。因此，一切情欲和一切活动都必然湮没在**贪财欲**之中。工人只能拥有他想活下去所必需的那么一点，而且只是为了拥有这么一点，他才想活下去。//

诚然，在国民经济学领域掀起了一场争论。一方（罗德戴尔、马尔萨斯等）推崇**奢侈**而咒骂节约，另一方（萨伊、李嘉图等）则推崇节约而咒骂奢侈。但是，一方承认，它要求奢侈是为了生产出**劳动**即绝对的节约，而另一方承认，它推崇节约是为了生产出**财富**即奢侈。前者沉湎于**浪漫主义**的臆想，认为不应仅仅由贪财欲决定富人的消费，并且当它把**挥霍**直接当做发财致富的手段时，它是跟它自己的规律相矛盾。因此，后者极其严肃而详尽地向前者证明，我通过挥霍只会减少而不会增加**我的财产**。后者装腔作势地不承认，正是突发的怪想和念头决定生产，它忘记了"考究的需要"；它忘记了没有消费就不会有生产；它忘记了，通过竞争，生产只会变得日益全面、日益奢侈；它忘记了，按照它的理论，使用决定物的价值，而时尚决定使用；它希望看到仅仅生产"有用的东西"，但它忘记了生产过多的有用的东西就会生产出过多的**无用的**人口。双方都忘记了，挥霍和节约，奢侈和困苦，富有和贫穷是画等号的。

而且，如果你愿意节俭行事，并且不愿意毁于幻想，那么你不仅应当在你的直接感觉，如吃等等方面节约，而且也应当在普遍利益、同情、信任等等这一切方面节约。

//你必须把你的一切变成**可以出卖的**，就是说，变成有用的。如果我问国民经济学家：当我靠失去贞操、出卖自己的身体满足别人的淫欲来换取金钱时，我是不是遵从经济规律（法国工厂工人把自己妻女的卖淫称为额外的劳动时间，这是名副其实的），而当我把自己的朋友出卖给摩洛哥人时，我是不是在按国民经济学行事呢（而像征兵买卖等等的直接贩卖人口的现象，在一切文明国家里都有）？于是，国民经济学家回答我：你的行为并不违反我的规律；但你要考虑到道德教母和宗教教母说些什么；我的**国民经济学的**道德和宗教丝毫不反对你的行为方式，但是——但是，我该更相信谁呢，是国民经济学还是道德？国民经济学的道德是**谋生**、劳动和节约、节制，——但是，国民经济学答应满足我的需要。——道德的国民经济学就是富有良心、美德等等；但是，如果我根本不存在，我又怎么能有美德呢？如果我什么都不知道，我又怎么会富有良心呢？//——//每一个领域都用不同的和相反的尺度来衡量我：道德用一种尺度，而国民经济学又用另一种尺度。这是以异化的本质为根据的，因为每一个领域都是人的一种特定的异化，每一个//［XVII］领域都把异化的本质活动的特殊范围固定下来，并且每一个领域都同另一种异化保持着异化的关系……例如，**米歇尔·舍伐利埃**先生责备李嘉图撇开了道德。①但是，李嘉图让国民经济学用它自己的语言说话。如果说这种语言不合乎道德，那么这不是李嘉图的过错。当米·舍伐利埃论述道德的时候，他撇开了国民经济学；而当他研究国民经济学的时候，他必然地而且实际上撇开了道德。如果国民经济学家同道德的关系，并非任意的、偶然的因而并非无根据的和不科学的，如果这种关系不是**装装样子**，而是被设想为**本质的**，那么这只能是国民经济学规律同道德的关系；如果实际上并非如此，或者恰恰出现相反的情况，那么李嘉图对此又有什么办法呢？何况，国民经济学和道德之间的对立也只是一种**表象，它既是对立**，又不是对立。国民经济学不过是**以自己的方式**表现道德规律。——

//节制需要，这个国民经济学的原则在它的**人口论**中**最鲜明地**表现出来。人太**多**了。甚至连人的存在都是十足的奢侈，而如果工人是"**道德的**"（穆勒曾建议公开赞扬那些在两性关系上表现节制的人，并公开谴责那些违背这一结婚不生育原则的人……②难道这不是禁欲主义的道德、学说吗？），那么他就会在生育方面实行节约。人的生产表现为公众的不

---

① 见米·舍伐利埃《论法国的物质利益》1839年巴黎第4版。
② 詹·穆勒《政治经济学原理》1823年巴黎版第59页。

幸。——//

生产对富人所具有的意义，**明显地**表现在生产对穷人所具有的意义中；对于上层来说总是表现得讲究、隐蔽、含糊，是表象，而对于下层来说则表现得粗陋、明白、坦率，是本质。工人的**粗陋的**需要是比富人的**讲究的**需要大得多的赢利来源。伦敦的地下室住所给房产主带来的收入比宫殿带来的更多，就是说，这种住所对房产主来说是**更大的财富**，因此，用国民经济学的语言来说，是更大的**社会**财富。——正像工业利用需要的讲究来进行投机一样，工业也利用需要的**粗陋**，而且是人为地造成需要的粗陋来进行投机。因此，对于这种粗陋来说，**自我麻醉**，这种对需要的**虚假**满足，这种包容在需要的粗陋野蛮**之中**的文明，是一种真正的享受。——因此，英国的酒店是私有制的具有**象征意义**的表现。酒店的**奢侈**表明工业的奢侈和工业的财富对人的真正的关系。因此，酒店理所当然地是人民唯一的、至少得到英国警察从宽对待的星期日娱乐场所。——

[增补]

[XVIII] 我们已经看到，国民经济学家怎样用各种各样的方式设定劳动和资本的统一：(1) 资本是**积累的劳动**；(2) 生产范围内的资本的使命——部分地是会带来利润的资本再生产，部分地是作为原料（劳动材料）的资本，部分地是作为本身工作着的工具（机器是被直接设定为与劳动等同的资本）——就在于**生产劳动**；(3) 工人是资本；(4) 工资属于资本的费用；(5) 对工人来说，劳动是他的生命资本的再生产；(6) 对资本家来说，劳动是他的资本的活动的因素。

最后，(7) 国民经济学家把劳动和资本的原初的统一假定为资本家和工人的统一；这是一种天堂般的原始状态。这两个因素如何[XIX]作为两个人而互相对立，这对国民经济学家来说是一种**偶然的**因而只应用外部原因来说明的事情。(见穆勒。①) ——

那些仍然被贵金属的感性光辉照得眼花缭乱，因而仍然是金属货币的拜物教徒的民族，还不是完全的货币民族。法国和英国之间的对立。——

例如，从拜物教就可看出，理论之谜的解答在何种程度上是实践的任务并以实践为中介，真正的实践在何种程度上

---

① 见詹·穆勒《政治经济学原理》1823年巴黎版第32—33页。

是现实的和实证的理论的条件。拜物教徒的感性意识不同于希腊人的感性意识,因为他的感性存在还不同于希腊人的感性存在。只要人对自然界的感觉,自然界的人的感觉,因而也是**人**的**自然**感觉还没有被人本身的劳动创造出来,那么感觉和精神之间的抽象的敌对就是必然的。——

平等不过是德国人所说的自我=自我①译成法国的形式即政治的形式。平等,作为共产主义的**基础**,是共产主义的政治的论据。这同德国人借助于把人理解为**普遍的自我意识**来论证共产主义,是一回事。不言而喻,异化的扬弃总是从作为**统治力量**的异化形式出发:在德国是**自我意识**;在法国是**平等**,因为这是政治;在英国是现实的、物质的、仅仅以自身来衡量自身的**实际**需要。对于蒲鲁东,应当从这点出发来加以批判和承认。②——

如果我们把**共产主义**本身——因为它是否定的否定——称为对人的本质的占有,而这种占有以否定私有财产作为自己的中介,因而还不是**真正的**、从自身开始的肯定,而只是从私有财产开始的肯定,[……]③可见,既然人的生命的现实的异化仍在发生,而且人们越意识到它是异化,它就越成

---

① 德国哲学家约·哥·费希特用的一个公式。
② 参见埃·鲍威尔《蒲鲁东》,载于《文学总汇报》第5期第41—42页。并见《神圣家族,或对批判的批判所做的批判》中马克思写的第4章第4节《蒲鲁东。批判性评注3》(《马克思恩格斯全集》中文第1版第2卷第47—52页)。
③ 手稿这一页的左下角破损,最后六行原文残缺不全,本卷没有翻译。

为更大的异化；所以，对异化的扬弃只有通过付诸实行的共产主义才能完成。要扬弃私有财产的**思想**，有**思想上的**主义就完全够了。而要扬弃现实的私有财产，则必须有**现实的**共产主义行动。历史将会带来这种共产主义行动，而我们**在思想中**已经认识到的那正在进行自我扬弃的运动，在现实中将经历一个极其艰难而漫长的过程。但是，我们从一开始就意识到了这一历史运动的局限性和目的，并且有了超越历史运动的意识，我们应当把这一点看作是现实的进步。——

当共产主义的**手工业者**联合起来的时候，他们首先把学说、宣传等等视为目的。但是同时，他们也因此而产生一种新的需要，即交往的需要，而作为手段出现的东西则成了目的。当法国社会主义工人联合起来的时候，人们就可以看出，这一实践运动取得了何等光辉的成果。吸烟、饮酒、吃饭等等在那里已经不再是联合的手段，不再是联系的手段。交往、联合以及仍然以交往为目的的叙谈，对他们来说是充分的；人与人之间的兄弟情谊在他们那里不是空话，而是真情，并且他们那由于劳动而变得坚实的形象向我们放射出人类崇高精神之光。——

[XX] //当国民经济学主张需求和供给始终相符的时候，它立即忘记，按照它自己的主张，**人**的供给（人口论）始终超过对人的需求；因而，需求和供给之间的比例失调在整个生产的重要结果——人的生存——上得到最显著的表现。—//

//作为手段出现的货币在什么程度上成为真正的**力量**和唯一的目的，那使我成为本质并使我占有异己的对象性本质的手段在什么程度上成为**目的本身**……可以从下面一点看出来：地产（在土地是生活的源泉的地方）以及**马和剑**（在它们是真正的生存手段的地方）也都被承认为真正的政治的生命力。在中世纪，一个等级，只要它能佩**剑**，就成为自由的了。在游牧民族那里，有**马**就使人成为自由的人，[笔记本Ⅲ]，成为共同体的参加者。——//

　　//我们在上面说过，人又退回到**洞穴中居住**，等等，然而是在一种异化的、敌对的形式下退回到那里的。野人在自己的洞穴——这个自由地给他们提供享受和庇护的自然要素——中并不感到陌生，或者说，感到如同**鱼**在水中那样自在。但是，穷人的地下室住所却是敌对的、"具有异己力量的住所，只有当他把自己的血汗献给它时才让他居住"；他无权把这个住所看成自己的家园，而只有在自己的家园，他才能够说：这里就是我的家；相反，他是住在**别人**的家里，住在一个每天都在暗中监视着他，只要他不交房租就立即将他抛向街头的**陌生人**的家里。他同样知道，就质量来说，他的住所跟**彼岸的**在财富天国中的人的住所是迥然不同的。//

　　//异化既表现为**我的**生活资料属于**别人**，**我**所希望的东西是我不能得到的、**别人的**占有物；也表现为每个事物本身都是不同于它本身的**另一个东西**，我的活动是**另一个东西**，

而最后——这也适用于资本家,——则表现为一种**非人的**力量统治一切。//

//仅仅供享受的、不活动的和供挥霍的财富的规定在于:享受这种财富的人,一方面,仅仅作为**短暂的**、恣意放纵的个人而**行动**,并且把别人的奴隶劳动、把人的**血汗**看作自己的贪欲的虏获物,所以他把人本身,因而也把自己本身看做可牺牲的无价值的存在物。在这里,对人的蔑视,表现为狂妄放肆,表现为对那可以维持成百人生活的东西的任意糟蹋,又表现为一种卑鄙的幻觉,即仿佛他的无节制的挥霍浪费和放纵无度的非生产性消费决定着别人的**劳动**,从而决定着别人的**生存**;他把人的**本质力量**的实现,仅仅看作自己无度的要求、自己突发的怪想和任意的奇想的实现。但是,另一方面,财富又被仅仅看做手段,看做应当加以消灭的东西。因而,他既是自己财富的奴隶,同时又是它的主人;既是慷慨大方的,同时又是卑鄙无耻的、性情乖张的、傲慢自负的、目空一切的、文雅的、有教养的和机智的。他还没有体验到这种财富是一种作为凌驾于自己之上的完全**异己的力量**的**财富**。他宁愿把财富仅仅看作自身的力量,而且〔……〕①终极目的〔不是〕财富,而是**享受**。面对着这种财富〔……〕②〔XXI〕同这种为感性外观所眩惑的关于财富本质的美妙幻想

---

① 手稿此处缺损。
② 手稿此处缺损。

相对立的，是**实干的、清醒的、朴素的（节俭的）**①、看清财富本质的工业家；不过，当他为挥霍者的享受欲开辟越来越大的范围，并且用自己的各种产品向挥霍者百般献媚时——他的一切产品正是对挥霍者欲望的卑劣恭维——，他也懂得以唯一**有利的**方式把挥霍者的正在消失的力量据为己有。//因此，如果说工业财富在开始时表现为挥霍的、幻想的财富的结果，那么后来工业财富的运动就以能动的方式即通过它本身的运动排除了挥霍的、幻想的财富。//**货币利息**的降低是工业运动的必然后果和结果。因此，挥霍的食利者的资金日益减少，同享受的手段和诱惑的增加恰成**反**比。这样，他必定或者吃光自己的资本，从而走向破产，或者自己成为工业资本家……另一方面，**地租**固然由于工业运动的进程而直接不断地提高，但是，正如我们已经看到的，总有一天，地产必定和其他一切财产一样，落入那会带来利润的、自行再生产的资本的范畴，而且这是同一个工业运动的结果。因此，挥霍的地主也必定或者吃光自己的资本，从而走向破产，或者自己成为他自己土地的租地农场主，即经营农业的实业家。——

因此，货币利息降低蒲鲁东把这看成资本的扬弃和资本

---

① 手稿中"节俭的"写在"朴素的"上方。

社会化的倾向[①]——不如说直接地就是劳动的资本对挥霍的财富的彻底胜利的征兆，也就是一切私有财产向**工业**资本转化。这是私有财产对它的**表面上**还合乎人性的一切性质的彻底胜利，是私有者对私有财产的本质——**劳动**——的完全服从。

当然，工业资本家也享受。他决不退回到违反自然的粗陋需要。但是，他的享受仅仅是次要的事情，是一种服从于生产的休息；同时，他的享受是**精打细算的**，从而本身就是一种经济的享受，因为资本家把自己的享受也算入资本的费用。因此，他为自己的享受所挥霍的钱只限于这笔花费能通过会带来利润的资本再生产而重新得到补偿。可见，享受服从于资本，享受的个人服从于资本化的个人，而以前的情况恰恰相反。因此，利息的减少，只有当它是资本的统治正在完成的征兆，也就是异化正在完成因而加速其扬弃的征兆的时候，才是资本的扬弃的征兆。一般说来，这就是存在的东西确证自己的对立面的唯一方式。——//

因此，国民经济学家关于奢侈和节约的争论，不过是已弄清了财富本质的国民经济学同还沉湎于浪漫主义的反工业的回忆的国民经济学之间的争论。但是，双方都不善于把争论的对象用简单的词句表达出来，因而双方相持不下。——

[XXXIV] 其次，**地租**作为地租已经被推翻了，因为现

---

① 参看皮·约·蒲鲁东《什么是财产？》第4章的第七个论题的历史评述，见该书1841年巴黎版230—231页。

代国民经济学与断言土地所有者是唯一真正的生产者的重农学派相反,证明土地所有者本身倒是唯一的完全不生产的食利者。现代国民经济学认为,农业是资本家的事情,资本家只要有希望从农业得到通常的利润,他就会这样使用自己的资本。因此,重农学派所提出的论点,即认为土地所有者作为唯一生产的所有者应当单独支付国税,从而也唯有他们才有权对国税进行表决并参与国事,就变成了相反的论断,即地租税是对非生产收入征收的单一税,因而也是无损于国民生产的单一税。显然,照这样理解,土地所有者的政治特权就再也不可能来源于他们是主要纳税人这一事实了。——

凡是蒲鲁东认为是劳动反对资本的运动,都不过是具有资本的规定即**工业资本**的规定的劳动反对那种不是**作为**资本即不是以工业方式来消费的资本的运动。而且,这一运动正沿着胜利的道路即**工业**资本胜利的道路前进。——因此,我们知道,只有把**劳动**理解为私有财产的本质,才能同时弄清楚国民经济学的运动本身的真正规定性。——

[片断]

[分工]

在国民经济学家看来，**社会**是**市民社会**，在这里任何个人都是各种需要的整体，并且［XXXV］就人人互为手段而言，个人只为别人而存在，别人也只为他而存在。正像政治家议论**人权**时那样，国民经济学家把一切都归结为人，即归结为个人，从个人那里他抽去一切规定性，把个人确定为资本家或工人。——

分工是关于异化范围内的**劳动社会性**的国民经济学用语。换言之，因为**劳动**只是人的活动在外化范围内的表现，只是作为生命外化的生命表现，所以**分工**也无非是人的活动作为**真正类活动**或作为类存在物的人的活动的**异化的**、**外化的**设定。

关于**分工的本质**——**劳动**一旦被承认为**私有财产的本质**，分工就自然不得不被理解为财富生产的一个主要动力，——就是说，关于**作为类活动的人的活动**这种**异化的和外化的形式**，国民经济学家们讲得极不明确并且自相矛盾。

亚·斯密：

"**分工**原不是人类智慧的结果。它是交换倾向和互相买卖产品缓慢而逐步发展的必然结果。这种交换倾向或许是应用理性和语言的必然结果。它为一切人所共有，在任何动物中间是找不到的。动物一旦长大，就独立生活。人则经常需要别人的帮助，如果他单单指望别人发善心给以帮助，那是徒劳的。如果他能求助于他们的个人利益，并能说服这些人，说他们自己的利益要求他们去做他希望他们做的事，这样就可靠得多了。在向他人求助的时候，我们不是求助于他们的**人性**，而是求助于他们的**利己主义**。我们对他们决不说**我们有需要**，而总是说**对他们有利**……这样一来，因为我们相互需要的帮助大部分是通过交换、交易、买卖获得的，所以**分工**的起因也正是这种**买卖**倾向。例如，在狩猎或游牧部落中，有个人制造弓矢比其他人更迅速、更有技巧。他往往用自己日常制作的这类东西去同部落的伙伴交换家畜和野味。他很快发觉，他用这种方法可以比他亲自去狩猎更容易获得这些东西。因此，他从自己的利益考虑，就把制作弓等等当作自己的主要工作。个人**天赋才能**的差别与其说是分工的**原因**，不如说是分工的**结果**……如果人没有交易和交换的倾向，那么每个人就得亲自生产一切生活上必需的和提供方便的东西。一切人都将不得不做**同样的日常工作**，这样，唯一能够造成才能上巨大差别的**职业上的巨大差别**就不会存在……正像这种交换倾向造成人们的才能差异一样，这同一种倾向也使这种差异成为有益的。——动物的许多种，尽管是同类，都具有天生不同的属性，就其禀赋来说，它们比在没有受过教育的人那里看到的要显著得多。就才能和智力来说，哲学家和搬运夫之间的差异生来就比家犬和灵（猩）猎犬之间、灵（猩）猎犬和长毛垂耳犬之间、长毛垂耳犬和牧羊犬之间的差异要小得多。可是动物的这些不同的种，尽管是同类，却几乎无法相互为用。家犬无法［XXXVI］利用灵（猩）猎犬的敏捷以补充自己力气大的优势，等等。由于缺乏交易和交换的能力或倾向，这些不同的才能和不同程度的智力的作用不能全汇集在一起，而且丝毫不能有助于**类的优势**或**共同的方便**……每个动物都必须独立生活和保卫自己；自然界让同类动物在能力上有差异，动物却不能由此得到丝毫好处。相反，人的各种极不相同的才能则能相互为用，因为依靠交易和交换这种普遍倾向，可以说，他们的每个不同工业部门的**不同产品**汇集成共同的资源，每个人可以按照自己的需要从中购买别人的劳动产品的一部分。——因为**交换**这种倾向产生了**分工**，所以**这种分工的发展程度**总是受**交换能力大小**，或换句话说，受**市场大小**的限制。如果市场非常小，那就不会鼓励人们完全致力于某一种职业，因为他不能用他本身消费不了的自己劳动产品的剩余部分，换取自己想获得的他人劳动产品的剩余部分……"在**进步的**状态下，"每个人都靠 échanges〈靠交换〉来生活，并成为一种**商人**，而**社会本身**，严格说也成为**商业**社会。〈见德斯杜特·德·特拉西：'社会是一系列的相互交换事商业就是社会的整个本质'①〉……资本的积累随着分工的发展而增长，反之亦然。"

---

① 德斯杜特·德·特拉西《意识形态原理》第4、5部分《论意志及其作用》1826年巴黎版第68、78页。

以上是亚·斯密说的。①

"如果每个家庭都生产自己的全部消费品,那么社会即使在不实行任何交换的情况下也可以继续存在。——交换虽然**不是基本的东西**,但在我们的进步的社会状态下是不可缺少的。——分工是对人力的巧妙运用;分工可以增加社会产品、社会威力和社会享受,但是它剥夺、降低每一单个人的能力。——没有交换就不可能有生产。"

以上是让·巴·**萨伊**说的。②

"人生来就有的力量:他的智力和他从事劳动的身体素质。而来源于社会状态的力量,则在于**分工**的能力和**在不同的人中间分配不同工作**的能力……在于交换相互服务和交换那些构成生活资料的产品的能力……一个人为什么向别人提供自己的服务,其动机是利己心——他要求得到为别人服务的报酬。——排他性的私有财产的权利是人们之间进行交换所不可缺少的。""交换和分工是相互制约的。"

---

① 亚·斯密《国民财富的性质和原因的研究》1802年巴黎版第1卷第29—37页和46页。
② 让·巴·萨伊《论政治经济学》1817年巴黎第3版第1卷第76—77页。

以上是**斯卡尔培克**说的。①

穆勒把发达的交换即商业说成是**分工的结果**。

"人的活动可以归结为极简单的要素。实际上，人能做的不过是引起运动；他能移动物品，使它们相互［XXXVII］离开或相互接近；其余的事情则由物质的特性来完成。人们在使用劳力和机器时常常发现，把彼此妨碍的操作分开并把一切能以某种方式相辅相成的操作结合起来，通过这样巧妙的分配，就可以加强效果。鉴于人们一般地不能以习惯使他们练就的从事少数几项操作的能力即以相同的速度和技巧来从事多项不同的操作，因此，尽可能地限制每个人的操作项目，总是有利的。——为了最有利地进行分工以及分配人力和机器力，在多数情况下，必须进行大规模操作，换句话说，必须大批地生产财富。这种好处是促使大制造业产生的原因。少数在有利条件下建立起来的这种大制造业，有时不仅向一个国家，而且向几个国家，按照那里要求的数量，供应它们所生产的产品。"

以上是**穆勒**说的。②

但是，全部现代国民经济学一致同意：分工同生产的丰富，分工同资本的积累是相互制约的，只有**自由放任的**、自行其是的私有财产才能创造出最有利的和无所不包的分工。

―――――――
① 弗·斯卡尔培克《社会财富的理论》1829年巴黎版第1卷第25—26、27、75和121页。
② 詹·穆勒《政治经济学原理》1823年巴黎版第7、11—12页。

亚·斯密的论述可以归纳如下：分工给劳动以无限的生产能力。它起源于**交换和买卖的倾向**，这是人所特有的一种倾向，这种倾向很可能不是偶然的，而是通过应用理性和语言来决定的。进行交换的人们的动机不是**人性**而是**利己主义**。人的才能的差异与其说是分工即交换的原因，不如说是它的结果。也只有交换才使这种差异成为有用的。同类而不同种的动物的特殊属性生来就比人的禀赋和活动的差异显著得多。但是，因为动物不能从事**交换**，所以同类而不同种的动物具有的不同属性，对任何动物个体都没有用。动物不能把自己同类的不同属性汇集起来：它们丝毫无助于自己同类的**共同优势和方便**。**人**则不同，各种极不相同的才能和活动方式可以相互为用，**因为**人能够把各自的**不同**产品汇集成共同的资源，每个人都可以从中购买东西。因为分工是从**交换**的倾向产生的，所以分工依**交换的大小**、**市场的大小**而发展或受到限制。在进步的状态下，每个人都是**商人**，社会则是**商业社会**。

萨伊把**交换**看成偶然的、不是基本的东西。社会没有交换也可以存在。在进步的社会状态下，交换是不可缺少的。但是，**没有交换**就不可能有**生产**。分工对于社会财富来说是一个**方便的**、**有用的**手段，是对人力的巧妙运用，但是它降低**每一单个人的能力**。最后这个意见是萨伊的一个进步。

斯卡尔培克把个人的、**人生来就有**的力量即智力和从事劳动的身体素质，同来源于社会的力量即相互制约的**交换**和**分工**区别开来。但是，**私有财产**是交换的必要前提。在这里，斯卡尔培克用客观的形式表述了斯密、萨伊、李嘉图等人所说的东西，因为斯密等人把**利己主义**、**私人利益**称为交换的基础，或者把**买卖**称为交换的**本质的**和**适合的**形式。

穆勒把**商业**说成是**分工**的结果。他认为，**人的**活动可归结为**机械的运动**，分工和使用机器可以促进生产的丰富。委托给每个人的操作范围必须尽可能小。分工和使用机器也决定着财富的大量生产即产品的生产。这是大制造业产生的原因。——

[XXXVIII] 对**分工**和**交换**的考察具有极为重要的意义，因为分工和交换是人的**活动**和**本质力量**——作为**类的**活动和本质力量——**的明显外化**的表现。

断言**分工**和**交换**以**私有财产**为基础，不外是断言**劳动**是私有财产的本质，国民经济学家不能证明这个论断而我们则愿意替他证明。**分工**和**交换**是私有财产的形式，这一情况恰恰包含着双重证明：一方面**人的**生命为了本身的实现曾经需要**私有财产**；另一方面人的生命现在需要消灭私有财产。

分工和**交换**是这样的两个**现象**，国民经济学家在考察它们时夸耀自己的科学的社会性，同时也无意中说出了他的科学所包含的矛盾，即依靠非社会的特殊利益来论证社会。

我们应当考察的各个因素：第一，**交换的倾向**——利己主义被认为是它的基础——被看作是分工的原因或分工的相互作用的因素。萨伊认为交换对于社会的本质来说不是**基本的东西**。用分工和交换来说明财富、生产。承认分工使个人活动贫乏和丧失。交换和分工被认为是产生**人的才能**的巨大**差异**的原因,这种差异又由于交换而成为**有用的**。斯卡尔培克把人的生产的本质力量或者说生产性的本质力量分为两部分:(1) 个人的、他所固有的力量,即他的智力和从事一定劳动的特殊素质或能力;(2) **来源于**社会——不是**来源于**现实个人——的力量,即分工和交换。——其次:分工受**市场**的限制。——人的劳动是简单的**机械的运动**;最主要的事情由对象的物质特性去完成。——分配给每一个人的操作应当尽可能少。——劳动的划分和资本的积聚,个人生产的无效果和财富的大量生产。——自由的私有财产对于分工的意义。

[货币]

[XLI] 如果人的**感觉**、激情等等不仅是[本来]意义上的人本学规定,而且是对本质(自然)的真正**本体论的**肯定,如果感觉、激情等等仅仅因为它们的**对象**对它们是**感性地**存在的而真正地得到肯定,那么不言而喻:(1) 对它们的肯定方式决不是同样的,相反,不同的肯定方式构成它们的存在的、它们的生命的特殊性,对象对它们的存在方式,就是它们的**享受**的特有方式;(2) 如果感性的肯定是对采取独立形式的对象的直接扬弃(吃、喝、对象的加工,等等),那么这就是对对象的肯定;(3) 只要人是**合乎人性的**,因而他的感觉等等也是**合乎人性的**,那么对象为别人所肯定,这同样也就是他自己的享受(4) 只有通过发达的工业,也就是以私有财产为中介,人的激情的本体论本质才既在其总体上、又在其人性中存在;因此,关于人的科学本身是人在实践上的自我实现的产物;(5) 私有财产的意义——撇开私有财产的异化——就在于**本质的对象**——既作为享受的对象,又作为活动的对象——对人的**存在**。——

货币,因为它具有购买一切东西的**特性**,因为它具有占有一切对象的特性,所以是最突出的**对象**。货币的**特性**的普遍性是货币的本质的万能;因此,它被当成万能之物……货币是需要和对象之间、人的生活和生活资料之间的**牵线人**。

但是，在我和**我的**生活之间充当中介的**那个东西**，也在我和对我来说的他人的存在之间**充当中介**。对我来说**他**人就是这个意思。

"见鬼！脚和手，
还有屁股和头，当然都归你所有！
可我获得的一切实在的享受，
难道不同样也为我所拥有？

假如我能付钱买下六匹骏马，
我不就拥有了它们的力量？
我骑着骏马奔驰，我这堂堂男儿
真好像生就二十四只脚一样。"
　　　　　歌德《浮士德》（靡菲斯特斐勒司的话）①

莎士比亚在**《雅典的泰门》**中说：

"金子？黄黄的、发光的、宝贵的金子？
不，天神们啊，
我不是无聊的拜金客。
……

---

① 歌德《浮士德》第1部第4场"书斋"。

> 这东西，只这一点点儿，
>
> 就可以使黑的变成白的，丑的变成美的，
>
> 错的变成对的，卑贱变成尊贵，
>
> 老人变成少年，懦夫变成勇士。
>
> 这东西会把……祭司和仆人从你们的身旁拉走，
>
> 把壮汉头颅底下的枕垫抽去，
>
> 这黄色的奴隶可以使异教联盟，同宗分裂，
>
> 它可以使受咒诅的人得福，
>
> 使害着灰白色的痛病的人为众人所敬爱，
>
> 它可以使窃贼得到高爵显位，和元老们分庭抗礼；
>
> 它可以使鸡皮黄脸的寡妇重做新娘，
>
> 即使她的尊容会使那身染恶疮的人见了呕吐，
>
> 有了这东西也会恢复三春的娇艳。
>
> 该死的土块①，你这人尽可夫的娼妇，
>
> 你惯会在乱七八糟的列国之间挑起纷争。"

并且下面又说：

> "啊，你可爱的凶手，
>
> 帝王逃不过你的掌握，
>
> 亲生的父子会被你离间！

---

① 马克思引用的是莎士比亚《雅典的泰门》德文版，此处为"Metal"（金属）。

你灿烂的奸夫,

淫污了纯洁的婚床!

你勇敢的玛尔斯!

你永远年轻韶秀、永远被人爱恋的娇美的情郎,

你的羞颜可以融化黛安娜女神膝上的冰雪!

你有形的神明,

你会使冰炭化为胶棒,仇敌互相亲吻!

[XLII] 为了不同的目的,

你会说任何的方言!

你这动人心坎的宝物啊!

你的奴隶,那些人类,要造反了,

快快运用你的法力,让他们互相砍杀,

留下这个世界来给兽类统治吧!"①

莎士比亚把**货币**的本质描绘得十分出色。为了理解他,我们首先从解释歌德那几行诗句开始。

依靠**货币**而对我存在的东西,我能为之付钱的东西,即货币能购买的东西,那**是我**——货币占有者本身。货币的力量多大,我的力量就多大。货币的特性就是我的——货币占有者的——特性和本质力量。因此,我**是**什么和我**能够**做什么,决不是由我的个人特征决定的。我**是**丑的,但我能给我

---

① 莎士比亚《雅典的泰门》第4幕第3场。

买到**最美的**女人。可见，我并不**丑**，因为**丑**的作用，丑的吓人的力量，被货币化为乌有了。我——就我的个人特征而言——是个**跛子**，可是货币使我获得二十四只脚；可见，我并不是跛子。我是一个邪恶的、不诚实的、没有良心的、没有头脑的人，可是货币是受尊敬的，因此，它的占有者也受尊敬。货币是最高的善，因此，它的占有者也是善的。此外，货币使我不用费力就能进行欺诈，因为我事先就被认定是诚实的。我是**没有头脑的**，但货币是万物的**实际的头脑**，货币占有者又怎么会没有头脑呢？再说他可以给自己买到颇有头脑的人，而能够支配颇有头脑者的人，他不是比颇有头脑者更有头脑吗？既然我有能力凭借货币得到人心所渴望的**一切**，那我不是具有人的一切能力了吗？这样，我的货币不是就把我的种种无能变成它们的对立物了吗？

如果**货币**是把我同**人的**生活，同社会，同自然界和人联结起来的纽带，那么货币难道不是一切**纽带**的纽带吗？它难道不能够把一切纽带解开和联结在一起吗？因此，它难道不也是通用的**分离剂**吗？它既是地地道道的**辅币**①，也是地地道道的**黏合剂**；它是社会的［……］②**化合力**。

莎士比亚特别强调了货币的两个特性：

---

① "辅币"原文是 Scheidemünze，其构成与前一句中的 Scheidungsmittel（分离剂）一样，都同动词 scheiden（分离）相联系。
② 手稿此处缺损。

(1) 它是有形的神明，它使一切人的和自然的特性变成它们的对立物，使事物普遍混淆和颠倒，它能使冰炭化为胶漆。

(2) 它是人尽可夫的娼妇，是人们和各民族的普遍牵线人。

使一切人的和自然的性质颠倒和混淆，使冰炭化为胶漆，货币的这种**神力**包含在它的**本质**中，即包含在人的异化的、外化的和外在化的**类本质**中。它是**人类的**外化的**能力**。

凡是我作为**人**所不能做到的，也就是我个人的一切本质力量所不能做到的，我凭借货币都能做到。因此，货币把这些本质力量的每一种都变成它本来不是的那个东西，即变成它的**对立物**。

当我渴望食物或者我因无力步行而想乘邮车的时候，货币就使我获得食物和乘上邮车，就是说，它把我的那些愿望从观念的东西，把那些愿望从它们的想象的、表象的、期望的存在改变成和转化成它们的**感性的**、**现实的**存在，从观念转化成生活，从想象的存在转化成现实的存在。作为这样的中介，货币是**真正的创造力**。

当然，没有货币的人也有**需求**，但他的需求是纯粹观念的东西，它对我、对第三者、对［其他人］［XLIII］是不起任何作用的，是不存在的，因而对于我本人依然是**非现实的**、**无对象的**。以货币为基础的有效需求和以我的需要、我的激情、我的愿望等等为基础的无效需求之间的差别，是**存在**和**思维**之间的差别，是只在我心中**存在的**观念和那作为**现实对象**在我之外对我而存在的观念之间的差别。

如果我没有供旅行用的货币，那么我也就没有旅行的**需要**，就是说，没有现实的和可以实现的旅行的需要。如果我有进行研究的**本领**，而没有进行研究的货币，那么我也就**没有**进行研究的本领，即没有进行研究的**有效的**、**真正的**本领。相反，如果我实际上**没有**进行研究的本领，但我有愿望**和货币**，那么我也就有进行研究的有效的本领。**货币**是一种外在的、并非从作为人的人和作为社会的人类社会产生的、能够把**观念**变成**现实**而把**现实**变成**纯观念**的普遍**手段**和**能力**，它把**人的和自然界的现实的本质力量**变成纯抽象的观念，并因而变成**不完善性**和充满痛苦的幻象；另一方面，同样地把**现实的不完善性和幻象**，个人的实际上无力的、只在个人想象中存在的本质力量，变成**现实的本质力量**和**能力**。因此，仅仅按照这个规定，货币就已经是个性的普遍颠倒：它把个性变成它们的对立物，赋予个性以与它们的特性相矛盾的特性。

其次，对于个人和对于那些以独立**本质**自居的、社会的和其他的联系，货币也是作为这种**起颠倒作用的**力量出现的。它把坚贞变成背叛，把爱变成恨，把恨变成爱，把德行变成恶行，把恶行变成德行，把奴隶变成主人，把主人变成奴隶，把愚蠢变成明智，把明智变成愚蠢。

因为货币作为现存的和起作用的价值概念把一切事物都混淆了、替换了,所以它是一切事物的普遍的**混淆**和**替换**,从而是颠倒的世界,是一切自然的品质和人的品质的混淆和替换。

谁能买到勇气,谁就是勇敢的,即使他是胆小鬼。因为货币所交换的不是特定的品质,不是特定的事物,不是人的本质力量,而是人的、自然的整个对象世界,所以,从货币占有者的观点看来,货币能把任何特性和任何对象同其他任何即使与它相矛盾的特性和对象相交换,货币能使冰炭化为胶漆,能迫使仇敌互相亲吻。

我们现在假定人就是人,而人对世界的关系是一种人的关系,那么你就只能用爱来交换爱,只能用信任来交换信任,等等。如果你想得到艺术的享受,那你就必须是一个有艺术修养的人。如果你想感化别人,那你就必须是一个实际上能鼓舞和推动别人前进的人。你对人和对自然界的一切关系,都必须是你的**现实的个人**生活的、与你的意志的对象相符合的**特定表现**。如果你在恋爱,但没有引起对方的爱,也就是说,如果你的爱作为爱没有使对方产生相应的爱,如果你作为恋爱者通过你的**生命表现**没有使你成为**被爱的人**,那么你的爱就是无力的,就是不幸。

卡·马克思写于1844年4—8月

第一次发表于《马克思恩格斯全集》1932年历史考证版

第1部分第3卷

　　原文是德文

　　中文根据《马克思恩格斯全集》1982年历史考证版第1部分第2卷并参考《马克思恩格斯全集》德文版第40卷翻译